RHODOS

Zeit für das Beste

HIGHLIGHTS | GEHEIMTIPPS | WOHLFÜHLADRESSEN

»Nirgends woanders wird man so friedlich und behaglich
aus der Wirklichkeit in den Traum versetzt.«

Nikos Kazantzákis

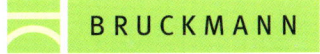
BRUCKMANN

RHODOS
Zeit für das Beste

Klio Verigou
Rainer Hackenberg

BRUCKMANN

INHALT

Die Wappentiere von Rhodos grüßen am Mandráki-Hafen.

Idyllisch: Fischerboote vor der Insel Chalki

GENNÁDI UND DER INSELSÜDEN

S. 1: Kostbare Mosaiken begeistern im Großmeisterpalast in Rhodos-Stadt.
Vorangehende Doppelseite:
Der Tássos-Strand bei Kallithéa
Rechts: Das Kunsthandwerk wird auf Rhodos gepflegt.

MEHR WISSEN

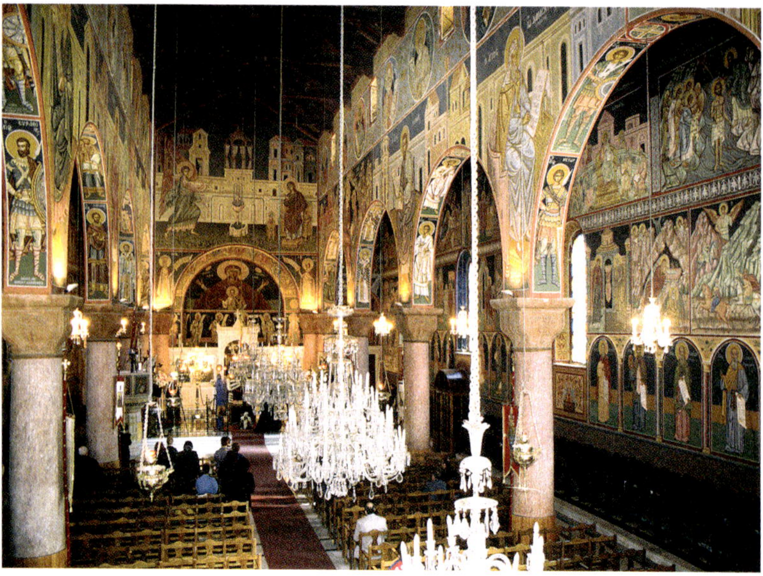

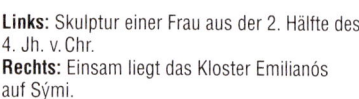

Fresken im byzantinischen Stil, ausgemalt in der Kirche Evangelismós in Rhodos-Stadt

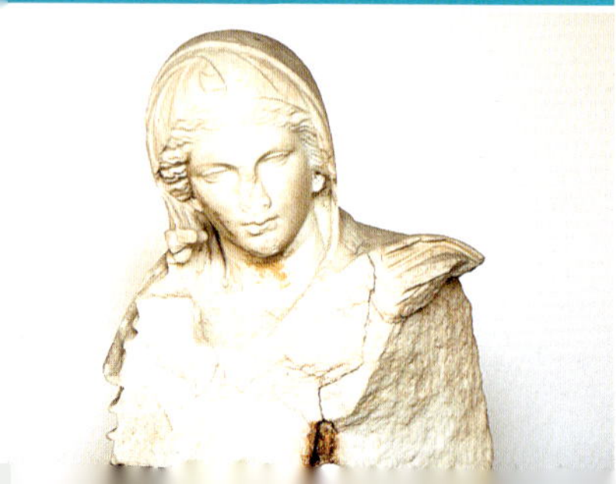

MEHR ERLEBEN

Links: Skulptur einer Frau aus der 2. Hälfte des 4. Jh. v. Chr.
Rechts: Einsam liegt das Kloster Emilianós auf Sými.

Hübsche Besen als Opfergaben im Kloster Panormitis auf Sými

REISEINFOS

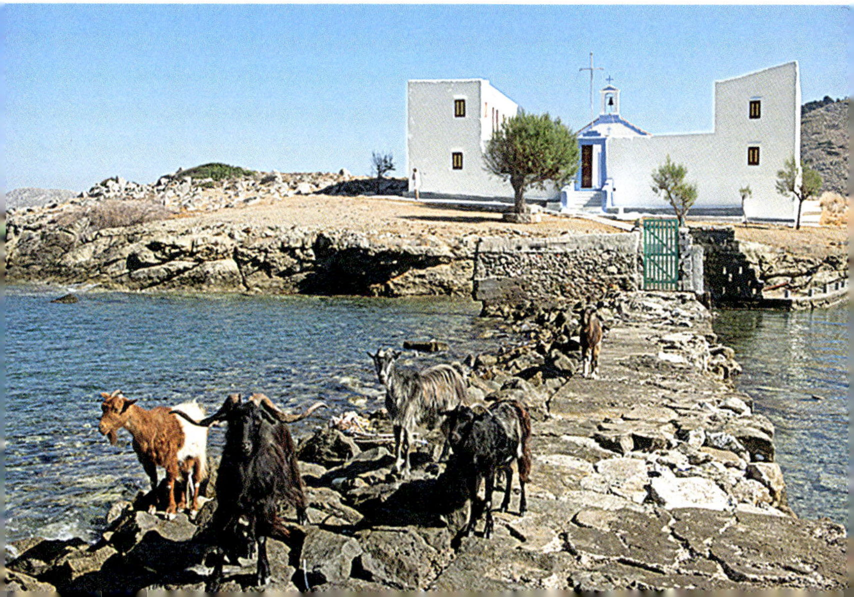

❶ Ein Bummel in der Altstadt (S. 32)
Eingefasst von einer etwa vier Kilometer langen Stadtmauer erzählt die lebhafte Altstadt von Rhodos-Stadt Geschichten aus drei Jahrtausenden. Im mittelalterlichen Gassenlabyrinth findet man unzählige Geschäfte, Restaurants, Cafés und Bars. Wohnen kann man in romantischen Hotels.

❷ Auf den Spuren der Ritter in Rhodos-Stadt (S. 40)
Eine der wenigen Straßen der Altstadt, die nicht von Geschäften gesäumt wird, führt zum Großmeisterpalast, dem alten Amts- und Wohnsitz des obersten Ordensritters. Die Ritterstraße ist eine ehemalige Wohnstraße aus dem 16. Jahrhundert. Der von den Italienern wieder aufgebaute Großmeisterpalast begeistert mit seiner prächtigen Architektur.

❸ Flaniermeile am Meer: Mandráki-Hafen (S. 58)
Nahe der Altstadt prägten am Mandráki-Hafen prächtige Bauten aus der italienischen Kolonialzeit das Bild. Hier war einst wohl auch der Standort des »Koloss von Rhodos«. Südlich bietet sich ein Besuch der modernen Szene mit Cafés, Ausgehmöglichkeiten und Geschäften für die Einheimischen an.

Durch das Panagía-Tor in Rhodos-Stadt blickt man von der Altstadt aufs Meer.

Das sollten Sie sich nicht entgehen lassen

**④ Ab in die Berge:
Der Profítis Ilías (S. 90)**
Eine Tour rund um den dritthöchsten Berg der Insel ist eine schöne Abwechslung zum Strandurlaub, gleichzeitig auch eine Reise durch ursprüngliche kleine Dörfer. Auf dem Weg zum waldreichen Gipfel sollte man nicht nur den idyllischen Ortschaften, sondern auch dem byzantinischen Kirchlein Ágios Nikólaos Fountouklí einen Besuch abstatten.

⑤ Rhodos' Postkartenidyll (S. 110)
Fantastisch ist allein schon die Aussicht auf das charmante Lindos mit den kubischen, weiß gekalkten Häusern, das sich am Fuße eines imposanten Felskaps ausbreitet. Das autofreie Gassenkonglomerat von Lindos lohnt nicht nur die Erkundung und den Besuch der sehenswerten Marienkirche. Man sollte auch ein Essen in den guten und meist stilvollen Restaurants genießen.

⑥ Kultur auf dem Burgberg (S. 120)
Nicht ohne Grund ist die Akropolis von Lindos eine der meistbesuchten Attraktionen der Insel. Der mächtige, weithin sichtbare Burgberg, der über Lindos thront, verspricht herrliche Ausblicke. In diesem Gebäude verschmelzen die kulturellen Zeugnisse aus verschiedenen Jahrtausenden, die Bauwerke stammen aus der Antike bis zum Mittelalter.

⑦ Surfer-Mekka im Süden – Prasonísi (S. 166)
Obwohl Prasonísi in erster Linie als Surfer- und Kiter-Paradies gilt, werden auch alle anderen einen Besuch des langen Sandstrandes mit dem über eine Sandbank verbundenen und unbewohnten Eiland genießen. Die starken Winde kommen vor allem den Wassersportlern zugute. Das Bild, das sich bei der Anfahrt eröffnet, beeindruckt jeden.

Das malerische Sými – hier die Hafenbucht Gialós – lohnt einen längeren Aufenthalt.

Einzigartig ist der Blick von der Westküste auf die Nachbarinsel Chálki.

⑧ Nicht nur für Archäologie–Fans (S. 202)

In herrlicher Lage mit fantastischem Ausblick kann man sich ein gutes Bild von der Struktur einer antiken Stadt machen. Das in Hanglage friedlich gelegene Kámiros war die kleinste dorische Stadt und fasziniert mit den Grundmauern zahlreicher Wohnhäuser, den Ruinen antiker Heiligtümer und den Überresten eines jahrtausendealten Wasserversorgungssystems.

⑨ Bilderbuchinsel und Pilgerort (S. 226)

Das schöne Inselchen Sými erwartet Besucher nicht nur mit einem der wichtigsten Wallfahrtsziele der Ägäis, dem Kloster Panormítis. Die klassizistischen Villen und Herrenhäuser aus dem 19. Jahrhundert klettern einzigartig die Hänge rund um den malerischen Hafen empor. Sými ist in den letzten Jahren zu einem der schicksten Ziele des Dodekanes avanciert.

⑩ Bunte Häuser auf Mini-Insel (S. 234)

Schnell gelangt man von Rhodos aus auf die kleine und liebliche Nachbarinsel Chálki, die hervorragend für einen Tagesausflug geeignet ist. Der hübsche und einzige Ort Nimborió mit seinen klassizistischen, pastellfarbenen Häuschen präsentiert sich ganz mit dem Charme des 19. Jahrhunderts. Wer bleibt, kann viele einsame Badebuchten entdecken.

WILLKOMMEN
auf Rhodos

Rhodos ist vielfältig und geschichtsträchtig. Die Sonneninsel verspricht Urlaub für jeden Geschmack: Kulturreisende freuen sich über jahrtausende- und jahrhundertealte Hinterlassenschaften diverser Kulturen, Strandfreunde über kilometerlange Sandstrände und über winzige, einsame Buchten. Naturliebhaber kommen bei der Erkundung der mal waldreichen, mal völlig kargen Landschaft auf ihre Kosten. Und Sportliche? Sie erwartet außer dem für Rhodos bekannten Windsurfen ein riesiges Angebot.

Griechenlands viertgrößte Insel und die mit Abstand größte des Dodekanes gilt nicht ohne Grund als »Insel der Sonne«. Rhodos zählt über 270 Sonnentage im Jahr. Außerdem glaubten auch schon die alten Griechen, dass Göttervater Zeus bei seiner Verteilung der Welt Rhodos dem Sonnengott Helios zugesprochen hat. Regenreiche Tage verzeichnet Rhodos nur im milden Winter.

Auf dem Land tragen viele Frauen noch traditionell Kopftuch.

In Kombination mit den Stauseen sorgen die Niederschläge für die außergewöhnlich waldreichen, fruchtbaren und grünen Landschaftsabschnitte. Die Sonne und der Wind schaffen hingegen die markanten kargen und teilweise sogar fast steppenartigen Teile.

Die Anfänge des rhodischen Tourismus machten bereits die italienischen Besatzer in der ersten Hälfte des 20. Jahrhunderts. Sie restaurierten vor allem in Rhodos-Stadt umfassend die alten Gebäude und errichteten die ersten Hotels. In den 1950ern gab es auf Rhodos bereits Massentourismus. Heute ist die Insel mit Hunderttausenden Urlaubern jährlich eines der beliebtesten Ziele Griechenlands. Dennoch verteilt sich der Tourismus bisher größtenteils im Norden der Insel. Die meisten Gäste, vor allem Pauschalurlauber, verbringen ihren Urlaub entweder zwischen Rhodos-Stadt und den sich von dort entlang der Westküste gen Süden bis zum Flughafen Diagóras erstreckenden Orten Ixiá und Ialyssós oder in den Orten der

Markant erhebt sich das Minarett der Süleymann-Moschee über den Dächern von Rhodos-Stadt.

Ostküste zwischen der Inselhauptstadt und Gennádi. Faliráki ist die Betten-hochburg von Rhodos.

Wer es ruhiger und einsamer mag oder erhaltene griechische Ursprünglichkeit sucht, ist im Süden von Rhodos gut aufgehoben. Dieser Teil lockt mit stille-ren Orten wie Gennádi oder Kattaviá vor allem Individualtouristen an. Das Inselinnere wird von Naturschön-heiten, Bergdörfern wie Mesanagrós und einsam in landschaftlich reizvollen Gegenden eingebetteten Klöstern und Kirchlein geprägt. Möchte man die Insel mit all ihren Stränden und dem attrak-tiven Binnenland genauestens unter die Lupe nehmen, sollte man motorisiert

sein. Nur so können flexibel sowohl das Zentrum als auch der Süden besucht werden.

Einzigartige Ritterstadt

Bereits die kleine, sehenswerte Inselme-tropole verspricht Urlaubern fast alles, was das Herz begehrt. Rhodos-Stadt ist nicht ohne Grund Ziel vieler Kulturrei-sender, Strandfreunde und Surfer sowie von unzähligen Kreuzfahrttouristen. Innerhalb der Hauptstadt und auch darum herum ist für jeden die passende Urlaubsbeschäftigung dabei. Die roman-tische Altstadt gehört ohne Zweifel zu den schönsten und historisch interessan-testen Zielen im Mittelmeerraum.

Den perfekten Überblick über die Dächer der Stadt hat man in Rhodos-Stadt von der Altstadtmauer.

Das von mittelalterlichen Stadtmauern mit markanten Zinnen eingefasste Gassenlabyrinth mit uralten Bauten weitet sich bis zum Hafen von Rhodos aus und wurde von der UNESCO zum Weltkulturerbe erklärt. Nicht nur kulturell Interessierte begeistern die Hinterlassenschaften verschiedener Epochen und Völker in den mit Kieselsteinen gepflasterten Gassen. Besonders die Kreuzritter des Johanniterordens haben die Altstadt stark geprägt. Während einige Sträßchen sich völlig dem Tourismus verschrieben haben, blieben andere noch ganz den Wohnhäusern der Einheimischen vorbehalten. Für Urlauber wurden zahlreiche alte Häuser zu stilvollen und romantischen Unterkünften mit viel Flair umgewandelt. Nightlife-Fans können an verschiedenen Ecken der Stadt ihre Lieblingsbar ausfindig machen. Einheimische treffen sich zum Ausgehen in der Altstadt in den Lokalen südlich der Platía Ippokrátous. Für interessante kulinarische Erlebnisse sorgen sowohl in der Altstadt als auch in der sich westlich anschließenden Neustadt Restaurants und Tavernen jeglicher Art. Die Neustadt wird im Norden hauptsächlich als Urlaubsgegend genutzt. Südlich davon schließen sich hinter dem Mandráki-Hafen die Geschäfte, modernen Cafés, Bars und Restaurants an, die sich hauptsächlich an die Einheimischen wenden.

Strände und Meer

Die 253 Kilometer lange Küstenlinie der Insel bietet Strandliebhabern, Schwimmern und Sonnenanbetern vielfältige Badeerlebnisse. Außerdem ist für Wassersportler ein umfassendes Angebot dabei. Rhodos gilt mit Spots an der Nordwestküste, vor allem bei Ixiá und Ialyssós, sowie an der windreichen Südspitze bei Prassonísi als Windsurf- und Kite-Paradies. Badefans kommen insbesondere an der über 70 Kilometer langen Ostküste auf ihre Kosten. Dort findet man wunderschöne lange Sandstrände, die touristisch erschlossen sind wie der Tsambika-Strand, oder kleine, malerische Buchten mit in allen Türkistönen schimmerndem Wasser wie die

Anthony-Quinn-Bucht. Kilometerlange Kiesstrände erstrecken sich hingegen beispielsweise in der Nähe von Gennádi im Süden. Dort sind die touristisch meist unerschlossenen und abgeschiedenen Strände wie die Sandstrände an der Westküste bei Kattaviá besonders etwas für Einsamkeitsfans.

Einsame Dörfer in den Bergen

Wer mit einem Mietwagen unterwegs ist, lernt Rhodos auch von einer ganz anderen Seite kennen. Das Inselinnere erinnert eher an eine mitteleuropäische Gebirgskulisse: mit dem Attáviros, der mit einer Höhe von 1215 Metern höchster Berg der Insel ist, gefolgt vom Artamítis (825 m) und dem Profitis Ilias (knapp 800 m). Die Bergwelt lädt nicht nur zum Entdecken, sondern natürlich auch zum Wandern ein. Mitten im Nirgendwo kann man immer wieder schöne und friedvoll gelegene byzantinische Kirchen und Klöster wie das Kloster Skiádi oder die Kirche Ágios Nikólaos Fountouklí entdecken. Außerdem verstecken sich dort zahlreiche kleine, stille und urige Dörfer, die nach der Abwanderung von vielen jungen Leuten an die Küste hauptsächlich von älteren Menschen bewohnt werden. In den meisten dieser verschlafenen, aber besuchenswerten Ortschaften hat der Tourismus noch nicht die Überhand gewonnen. Die Dorfeinwohner leben dort größtenteils von der Landwirtschaft, sind Fremden gegenüber noch sehr aufgeschlossen und präsentieren die typisch griechische Gastfreundschaft. Einige sprechen sogar Deutsch oder Englisch. Zur Not verständigt man sich auch mit Händen und Füßen. Reisende, die in den Örtchen übernachten möchten, finden oft kleine Hotels, Pensionen oder privat vermietete Zimmer. Alle, die ihre Unter-

Fliegende Teppich- und Stoffhändler bringen in den Dörfern ihre Waren an den Mann.

kunft an der Küste haben, können in den Tavernen der Dörfer aber in jedem Fall noch typisch griechische und regionale Köstlichkeiten probieren und teilweise auch – wie in Siánna oder Apóllonas – lokale Produkte und Leckereien kaufen.

Interessante Nachbarinseln

Anders als die große Insel Rhodos präsentieren sich die meist im Rahmen von Tagesausflügen besuchten Nachbareilande. Die viel kleineren Inseln sind eine gute Möglichkeit, auf die Schnelle mehr Inseln des Dodekanes kennenzulernen. Während es Ruhesuchende oder Fans kleiner Badebuchten meist nach Chálki, Kastellórizo, Tílos oder gar zum weiter entfernt liegenden Kálymnos zieht, besuchen die Urlauber, die auf der Suche nach einem schickeren und dennoch charmanten Ziel sind, die besonders beim Jetset beliebte Insel Sými. Und Reisende, die eine weitere große Insel erleben möchten, zieht es nach Kos. In ein anderes Land führt ein Ausflug an die nahe gelegene türkische Küste nach Marmaris. Dort lohnt sich ganz besonders der Besuch des Basars mit seinem orientalischen Flair.

Auf den Spuren der Antike

Wer auf Rhodos eine Entdeckungsreise in die Vergangenheit unternehmen möchte, wird nicht enttäuscht. Die historischen Überreste sind bis zu 2500 Jahre alt. Nachdem Rhodos von Karern aus Kleinasien, Phöniziern und später von Minoern aus Kreta bewohnt worden war, kamen die dorischen Einwanderer vom griechischen

Rhodos und die Nachbarinseln begeistern Badefreunde mit den unterschiedlichsten Stränden.

Detailreiche Mosaiken im Großmeisterpalast

Festland. Sie gründeten um 1150 v. Chr. drei Stadtstaaten, deren Relikte bis heute zu besuchen sind: auf den Akropolis-Hügeln von Ialyssós und dem bildschönen Líndos mit dem Tempel der Athene sowie in der archäologischen Stätte von Kámiros mit einer fantastischen Aussicht. Besonders bei einem Besuch des charmanten Líndos lohnt der Aufstieg zur Akropolis, die mit Zeugnissen aus drei Jahrtausenden auf Besucher wartet. Rhodos erlebte unter den Dorern eine Blütezeit.

Im 5. Jahrhundert v. Chr. beschlossen die drei Stadtstaaten schließlich jedoch die Gründung der neuen gemeinsamen Stadt Rhodos an der Nordspitze der Insel. So kann man immer wieder auch in Rhodos-Stadt einige antike Mauerreste der 408 v. Chr. gegründeten Siedlung sehen Als Zentrum für Kultur und Wissenschaft erlebte die Insel ihre eigentliche Blütezeit der Antike jedoch später. Im 2. Jahrhundert v. Chr. verbündete sich Rhodos mit Rom gegen die Makedonier, die von Alexander dem Großen geführt wurden. Rom stand jedoch bald auf der Seite der Makedonier und erklärte die Insel Delos vom Archipel

der Kykladen zum neuen Freihafen. Somit begann wirtschaftlich der Niedergang der Insel Rhodos. Durch ihre berühmte Redner- und Philosophenschule, an der auch Cäsar und Cicero studierten, schafften es die Rhodier aber, antikes kulturelles Zentrum zu bleiben. Die rhodischen Bildhauer schufen zu dieser Zeit außerdem sehr berühmte Marmorwerke wie die *Laokoon-Gruppe*, die heute im Großmeisterpalast in Rhodos-Stadt zu sehen ist. Ein Erdbeben im 2. Jahrhundert v. Chr. brachte schließlich den absoluten Niedergang. Es folgten Überfälle durch Goten, Perser und Sarazenen. Mit der Teilung des Römischen Reichs im Jahr 395 n. Chr. fiel Rhodos an das byzantinische Reich. In dieser Zeit wurden viele Kirchen und Klöster wie das Kloster Thárri auf der Insel gebaut.

Die Ritter auf Rhodos

Über 200 Jahre prägte der Orden der Johanniterritter aus Jerusalem seit Anfang des 14. Jahrhunderts die Insel und ihre Architektur. Zwischen 1306

In der Altstadt von Rhodos-Stadt liegen Antike und Mittelalter nah beieinander.

Das osmanische Erbe ist in Rhodos-Stadt präsent.

bis 1912. Ihre orientalisch anmutenden Bauwerke sind bis heute noch gut in Rhodos-Stadt zu sehen. Durch ihre Moscheen mit den sich hoch über die Dächer der Stadt erhebenden Minaretten, durch die – heute nicht mehr genutzten – Hamams und zahlreichen osmanischen Brunnen erwartet die Altstadt ihre Besucher auch mit orientalischem Flair.

und 1309 übernahmen die Kreuzritter die Insel, die bereits seit dem 11. Jahrhundert beliebte Zwischenstation von Schiffen auf dem Weg ins Heilige Land war. Die Bevölkerung sträubte sich zunächst heftig dagegen. Heute verdankt den Rittern nicht nur Rhodos-Stadt das erhaltene mittelalterliche Flair, das durch die bekannte Ritterstraße entsteht, den Großmeisterpalast oder andere markante Gebäude wie das des Archäologischen Museums, das einst als Hospital errichtet wurde. Die Ritter bauten seit dem 15. Jahrhundert jedoch nicht nur Rhodos-Stadt zu einer Festung ohnegleichen aus. Überall auf der Insel entstanden zum Schutz vor Piraten und vor allem aus Angst vor den Osmanen kleine, teilweise bis heute recht gut erhaltene Festungen wie in Kritinía an der Westküste oder in Líndos und Asklipió im Osten. Nach einigen abgewehrten Angriffen musste der letzte Großmeister Philippe de Villiers de l'Isle-Adam am 1. Januar 1523 Rhodos allerdings an Sultan Süleyman den Prächtigen abtreten. Die Osmanen blieben fast 400 Jahre auf Rhodos –

Italienische Kolonialarchitektur

Abgelöst wurden die Osmanen von den Italienern, über deren Ankunft im Jahr 1912 sich die Rhodier zunächst freuten. Anders als erwartet kamen die Italiener aber nicht, um Rhodos einfach nur zu befreien, sondern besetzten die Insel und den Dodekanes. Sie benötigten Rhodos als Musterinsel für die Kolonialarchitektur, forsteten die rhodischen Wälder auf, schufen eine neue Infrastruktur, restaurierten viele mittelalterliche Bauten der Ritter wie den Großmeisterpalast und errichteten neue Prachtbauten. Zahlreiche Gebäude aus der italienischen Besatzungszeit prägen besonders die

Eleoússa: ein Musterdorf der Italiener

Bei vielen Festen tragen die Tanzgruppen traditionelle Trachten.

Platía Eleftherías am Mandráki-Hafen in Rhodos-Stadt. Viele Bauten aus dieser Zeit sind aber mittlerweile auch verlassen und heruntergekommen, beispielsweise im Bergdorf Eleoúsa oder Gutshöfe nahe Kattaviá oder bei Kolímbia. Im September 1943 übernahmen schließlich die Deutschen die Insel. Sie richteten viel Verwüstung an und deportierten 2000 Juden, die es nicht geschafft hatten zu fliehen. An die damals ausgelöschte jüdische Gemeinde erinnern bis heute ein Platz und die Kahal-Kadosh-Shalom-Synagoge in der Altstadt von Rhodos-Stadt. Nach einer zweijährigen Besatzungszeit durch britische Truppen wurden Rhodos und die anderen Inseln des Dodekanes am 31. Dezember 1947 schließlich Teile von Griechenland.

Und heute?

Bis in die Gegenwart spielt die Religion in Griechenland eine wichtige Rolle im Alltag. Auch wenn die Jugend nicht jeden Sonntag dem zwei- bis dreistündigen Gottesdienst beiwohnt, ist die Religion als Gründungspfeiler der Nation bis heute allgegenwärtig. Bei einer Entdeckungstour im Inselinneren trifft man immer wieder auf kleine Kapellen, die von Gläubigen aus Dank für eine Heilung in der Familie oder eine andere Wunscherfüllung erbaut worden sind. Auffällige Pilgerziele, nicht nur für griechisch-orthodoxe Gläubige, sondern auch für eine Vielzahl orthodoxer russischer Urlauber, sind die zahlreichen Klöster auf Rhodos und den Nachbarinseln, z. B. das

Der schöne Klosterkomplex Panormítis ist auch für nicht Griechisch-Orthodoxe einen Besuch wert.

Kloster Panormítis auf Sými. In Städten und Dörfern sind die Kirchen Mittelpunkt und Zentrum des öffentlichen Lebens. Die Hauptkirche steht dort an den zentralen Plätzen, der Platía. Die griechisch-orthodoxen Popen (griech. Papás) spielen eine wichtige Rolle in der griechischen Gesellschaft. Und so trifft man immer mal wieder auf einen der Herren in den dunklen Gewändern mit der typischen Kopfbedeckung und natürlich mit Bart.

Zwischen Orient und Okzident

Das Leben der Rhodier ist nicht nur von der jahrhundertelangen Besatzung durch die fremden Herrscher beeinflusst worden. Bis heute kommt der Insel aufgrund ihrer Lage im äußersten Südosten Europas nahe

der Türkei eine wichtige Rolle zu. Täglich besuchen unzählige Touristen von den türkischen Küstenorten Rhodos-Stadt, andere fahren für einen Tagesausflug hinüber zur Türkei. So dienen Rhodos sowie viele Nachbarinseln ein wenig der Annäherung zwischen den beiden Ländern. In den letzten Jahren wurden außerdem viele Anstrengungen unternommen, um die Hinterlassenschaften der unterschiedlichen Besatzer, auch die muslimischen Bauten und Gotteshäuser, zu erhalten.

Die Einwohner von Rhodos

Wer das wahre Rhodos kennenlernen möchte, darf sich nicht nur in den Badeorten aufhalten oder sich auf Sehenswürdigkeiten oder Landschaft beschränken. Besonders interessant ist ein Plausch mit den Menschen auf dem Land, mit dem Dorfpopen oder auch mit den jungen Leuten in den Städten. Alle haben ihre ganz eigenen Ansichten über das Leben – aber dann auch wieder viel gemeinsam. Den Griechen geht kaum etwas über die Familie und echte Freundschaften. Doch auch Fremden gegenüber ist man offen. Besonders in kleinen Orten wird man sehr schnell recht herzlich in die *paréa*, die Gruppe, mit der man beisammensitzt, aufgenommen. Oft reicht es schon, zweimal in derselben Taverne zu sitzen, damit zumindest eine gute Bekanntschaft entsteht. Man muss den Menschen einfach nur mit der gleichen Offenheit begegnen und Lust haben, Smalltalk über Land und Leute zu führen. Wer Kritik üben möchte, sollte dies jedoch vorsichtig tun. Das Gemüt und der Stolz der temperamentvollen und manchmal auch impulsiven Griechen kann leicht verletzt werden.

Rhodos' reiche Flora

Die auffällige Vegetation der Insel ist auch über die Inselgrenzen hinaus vor allem bei Botanikern bekannt. Nach dem regenreichen, aber milden Winter blüht es hier im Frühjahr überall. Auf Rhodos gibt es 29 endemische Pflanzenarten. Besonders schön sind die vielen verstreut blühenden Orchideen. Anders als die meisten anderen Inseln des Dodekanes begeistert Rhodos auch mit den im Norden und im Inselinneren wachsenden Wäldern aus Aleppokiefern, Zypressen, Pinien sowie Edelkastanien, Buchen und Eichen. In den Dörfern haben Platanen oder Maulbeer-

bäume oft Schatten spendende Aufgaben an der Platía. Bougainvilleen schmücken viele Häuser. Üblich sind auch Sträucher und Büsche – vor allem an den Berghängen. Dort wachsen Wacholder, Mastixsträucher und duftender Thymian sowie Oregano. An den Stränden trifft man oft auf Tamarisken.

Wichtig sind natürlich auch Kulturpflanzen wie Olivenbäume. Außerdem gibt es Obstbäume wie Kirschen-, Apfel-, Birnen- sowie Feigen- und Mandelbäume. Für den einheimischen Bedarf reicht der Anbau von Tomaten oder Gurken sowie Melonen aus. Im Süden wird außerdem Getreide angebaut.

Waldbrandgefahr

Die Hitze, kombiniert mit starken Winden und der Fahrlässigkeit einiger Einheimischer, lässt in Griechenland Jahr für Jahr zahlreiche Brände verheerende Schäden anrichten. Leider liegt es aber nicht immer »nur« an achtlos weggewor-

Regionale Produkte gibt's auf dem Wochenmarkt von Rhodos-Stadt.

Die Straßen im Inselinneren werden auch schon mal von unerwarteten Passanten blockiert.

fenen Kippen oder Streichhölzern. Auch Bauland-Spekulanten helfen manchmal ein wenig nach. Besonders in der Mitte und im Süden der Insel wurden in den letzten Jahren große Waldgebiete völlig zerstört. Das wird den Besuchern bei einer Tour durch das bergige Binnenland leider sehr schnell auffallen. Dort trifft man häufig auf völlig verwüstete Landschaftsabschnitte. Gestartete Aufforstungsaktionen helfen nur sehr langsam.

Bescheidene Fauna

Anders als die Flora zeigt sich die Tierwelt von Rhodos eher artenarm. Oft trifft man aber auf streunende Katzen und Hunde. Die häufigsten Nutztiere sind Ziegen und Schafe; Maultiere und Esel dienen hingegen nur selten noch als Nutztiere. Sie wurden in der Landwirt-

schaft durch Traktoren ersetzt. In Lindos stellen die Esel- und Maultiere mittlerweile als »Taxi« für den Aufstieg zur Akropolis eine Touristenattraktion dar.

Frei lebende Säugetiere wie Füchse, Marder oder Dachse entdeckt man selten. Wer im Waldgebiet rund um den Profitis Ilias unterwegs ist, kann aber mit Glück auf eine(n) der wenigen Hirsche und Hirschkühe treffen, die auch Wappentiere der Insel sind. Die Artenarmut lässt sich mitunter auf die eigentlich verbotene Jagd zurückführen. Der bei den Griechen weiterhin beliebte Volkssport ließ sowohl viel Großwild als auch beispielsweise Kaninchen aussterben. In einigen Gegenden sieht man jedoch noch frei lebende Pfauen. Häufig anzutreffen sind Insekten und Schmetterlinge, besonders im sehenswerten Schmetterlingstal.

Steckbrief Rhodos

Geografische Lage: 36° 11′ nördliche Breite, 27° 58′ östliche Länge

Rhodos ist die viertgrößte Insel Griechenlands und die größte des Dodekanes. Sie liegt im äußersten Südosten der Ägäis, nur etwa 18 Kilometer von der türkischen Südwestküste entfernt. Bis zum griechischen Festland sind es 430 Kilometer.

Fläche: 1401 km²

Küstenlänge: 253 km

Hauptstadt: Rhodos-Stadt

Landesflagge:

Amtssprache: Neugriechisch

Einwohner: Auf Rhodos leben rund 115 500 Menschen (Stand: 2011; hinzu kommen unregistrierte Tagelöhner). Die größte Stadt ist Rhodos-Stadt mit 49 500 Einwohnern, fast die Hälfte der Einwohner lebt also in der Hauptstadt und den dazugehörigen Vororten.

Währung: Euro

Zeitzone: MEZ + 1 h. Rhodos ist Deutschland also ganzjährig eine Stunde voraus.

Geografie: Rhodos ist etwa 77 km lang, an der breitesten Stelle 37 km breit und liegt im Mittelmeer. Im Westen wird die Insel von der Ägäis und im Osten vom Levantischen Meer gesäumt. Das Inselzentrum ist nach Westen hin ausgesprochen bergig. Höchster Berg ist der Attáviros (1215 m), gefolgt vom Artamítis (825 m) und dem Profítis Ilías (798 m).

Verwaltung: Rhodos gehört zur Verwaltungsregion *(periféria)* Südliche Ägäis, einer von 13 Regionen Griechenlands, bestehend aus den Inselgruppen Dodekanes und Kykladen. Die Insel schließt sich mit den Nachbarinseln Chálki, Tílos, Symi und Kastellórizo (Mégisti), jeweils Gemeinde-Kreise *(dímos)*, zu einem Regionalbezirk *(periferiaki enótita)* zusammen.

Wirtschaft und Tourismus: Rhodos bedeutendster Wirtschaftszweig ist mit 85 Prozent des Bruttoinlandsprodukts der Tourismus. Umso belastender ist für die vom Tourismus lebenden Rhodier der Trend zum All-Inclusive-Urlaub. Vor allem kleinere Betriebe wie Cafés und Restaurants leiden unter den Umsatzrückgängen. Ein weiterer, aber deutlich kleinerer Wirtschaftszweig ist die Landwirtschaft, vor allem Wein und Frühgemüse werden angebaut. Industrie spielt keine Rolle. Bedeutsam ist auch die Universität der Ägäis, die auf Rhodos einen Standort hat.

Religion: Außer einer Minderheit türkischstämmiger muslimischer Familien gehören fast alle Rhodier, so wie fast alle Griechen, der griechisch-orthodoxen Kirche an.

Geschichte im Überblick

5500 v. Chr. Erste nachweisliche Besiedelung des Dodekanes

1500 v. Chr. An den Küsten gründen minoische Kreter Handelsniederlassungen.

1400 v. Chr. Auf Rhodos lassen sich Achäer vom Peloponnes nieder.

1150 v. Chr. Dorische Griechen besetzen Rhodos und gründen die drei Städte Ialyssós, Kámiros und Líndos.

700 v. Chr. Die drei rhodischen Städte, die Insel Kos und die Städte Halikarnassos (das heutige Bodrum) sowie Knidos an der kleinasiatischen Küste gründen die Dorische Hexapolis (Sechsstädtebund).

529 v. Chr. Rhodos gerät in persische Abhängigkeit.

490–479 v. Chr. In den Perserkriegen sind die Rhodier zunächst auf der persischen Seite gegen die griechischen Städte.

477 v. Chr. Rhodos schließt sich schließlich dem Attisch-Delischen Seebund an.

408 v. Chr. Die drei rhodischen Städte gründen zusammen die neue Stadt Rhodos, die zu einer der reichsten Städte der Antike wird.

336 v. Chr. Rhodos verbündet sich mit Makedonien unter Alexander dem Großen.

323 v. Chr. Nach dem Tod Alexanders des Großen vertreiben die Rhodier die Makedonier von der Insel.

305/304 v. Chr. Vergebliche Belagerung durch die Makedonier

292 v. Chr. Nach zwölfjähriger Bauzeit wird als Siegesdenkmal der über 30 Meter große Koloss von Rhodos, eines der Sieben Weltwunder der Antike, aufgestellt.

227 v. Chr. Die Insel Delos (Kykladen) wird von den Römern zum Freihafen erklärt, was dem rhodischen Handel schadet. Die Stadt wird durch ein Erdbeben zerstört.

226 v. Chr. Der Koloss von Rhodos wird durch ein schweres Erdbeben zerstört.

142 v. Chr. Kámiros wird (ein zweites Mal) durch ein Erdbeben zerstört.

42 v. Chr. Rhodos wird von den Römern zerstört und wie der gesamte Dodekanes Teil des Römischen Reiches.

59 n. Chr. Der Apostel Paulus besucht die Insel und beginnt mit der Christianisierung.

155 Erneutes Erdbeben

269 Goten plündern die Insel.

395 Teilung des Römischen Reichs und Beginn der byzantinischen Epoche. Rhodos fällt an Ostrom.

7.–9. Jh. Überfälle durch Araber, Franken, Sarazenen und Piraten

726–843 Während des Bilderstreits im Byzantinischen Reich werden zahlreiche Ikonen und Wandmalereien vernichtet.

13. Jh. Rhodos kommt unter venezianische, später unter genuesische Herrschaft.

1306–1309 Johanniter erobern Rhodos und die anderen Inseln des Dodekanes.

1480 Sultan Mehmet II. belagert die Insel für 90 Tage ohne Erfolg.

1522 Sultan Süleiman der Prächtige belagert Rhodos.

1. Januar 1523 Kapitulation der Ritter, die die Insel verlassen. Rhodos bleibt fast 400 Jahre unter türkischer Herrschaft.

1912 Eroberung der Insel durch die Italiener nach dem Sieg gegen die Türken.

1923 Mit dem Friedensvertrag von Lausanne verzichtet die Türkei auf Rhodos und den Dodekanes. Die Italiener wollen aus Rhodos eine Musterkolonie machen. Viele historische Bauten werden restauriert und die Infrastruktur wird ausgebaut.

1943 Sturz von Mussolini. Die Deutschen besetzen Rhodos. 2000 rhodische Juden werden in deutsche Vernichtungslager deportiert und dort umgebracht.

1945 Rhodos wird von britischen Truppen befreit und besetzt.

1947 Am 31. Dezember werden alle Dodekanes-Inseln Teil Griechenlands.

1967–1974 Militärdiktatur in Griechenland. Sie wird nach Versagen in der Zypernkrise gestürzt.

1974 Niederlage der Monarchie durch eine Volksabstimmung. Entwicklung einer westlich orientierten Demokratie unter dem konservativen Ministerpräsidenten Konstantínos Karamanlís

1981 Eintritt Griechenlands in die Europäische Gemeinschaft (EG/EU)

2002 Einführung des Euro

2008 Die Erschießung eines 15-Jährigen durch einen Polizisten ist der Auslöser, Wut über hohe Arbeitslosigkeit, Korruption, Finanzskandale sind die Gründe für tagelange Ausschreitungen im ganzen Land.

Seit 2010 Griechenland entgeht nur durch massive finanzielle Unterstützung der EU und des Internationalen Währungsfonds dem Staatsbankrott. Sparmaßnahmen treffen besonders den öffentlichen Dienst und Menschen mit niedrigem Einkommen. Streiks und Demonstrationen konzentrieren sich im Wesentlichen auf Athen.

2011 Ministerpräsident Geórgios Papandréou von der sozialistischen Partei PASOK tritt im November zurück. Er übergibt sein Amt an Loukás Papadímos.

2017 Nach vielen Regierungswechseln, zuletzt 2015, als die linke Syriza die Wahlen gewinnt, wird der harte Spar- und Reformkurs fortgesetzt. Von der Flüchtlingskrise ist Rhodos trotz der Lage nahe der Türkei nicht betroffen.

EIN WOCHE AUF RHODOS

1. TAG

HALLO SONNENINSEL!

Ganz gleich, wo man Quartier bezieht, die ersten Stunden auf Rhodos sollte man entspannt angehen lassen, z. B. am Strand oder mit einem ersten Blick in die Altstadt. Da Rhodos nicht riesig ist (die Umrundung der Insel dauert ohne Stopps etwa vier Stunden), ist es für Erkundungen relativ egal, wo das Hotel liegt. Wichtig ist, genügend Entdeckungsfreude im Gepäck zu haben und sich einen Mietwagen zu leihen. Wer individuell reist, kann den Aufenthalt auch splitten, also einige Tage im Norden und einige im Süden oder in der Inselmitte verbringen.

2. TAG

VORMITTAG – GESCHICHTE UND NATUR

Badesachen gehören auf Rhodos – wie auch feste Schuhe – jeden Tag dazu! Um sich zu Beginn einen ersten Eindruck von der vielseitigen Geschichte zu machen, fahren Sie auf den Filérimos-Hügel, der auch einen schönen Ausblick verspricht. Von dort aus geht es dann zum bekanntesten Natur-Highlight der Insel, dem Schmetterlingstal. Familien mit Kindern könnten weiter noch einen Abstecher zur Straußenfarm machen. Eine Rast am oberen Ende des Tals lohnt das Kloster Kalopétra. Beim Mittagessen in Psínthos können Sie in das dörfliche Rhodos eintauchen.

NACHMITTAG – ENTSPANNT AM STRAND

Wer nach dem Essen Lust auf einen Kaffee hat, kann diesen in Afándou zwischen Einheimischen genießen. Danach fahren Sie ans Meer, z. B. zum bei einheimischen Familien beliebten Afándou oder zum Traganoú-Strand, in die malerische, aber meist volle Anthony-Quinn-Bucht bei Faliráki oder weiter nördlich in die fotogenen Kallithéa-Thermen, wo man den Tag auch gut beim Cocktail ausklingen lassen kann. Lust auf etwas mehr Sightseeing? Dann fahren Sie von Afándou gen Süden, erklimmen das alte Kloster Tsambíka und besuchen hinterher den gleichnamigen Feinsandstrand am Fuße des Hügels.

3. TAG
AUF DEN SPUREN DER RITTER

Die Altstadt der Inselmetropole müssen Sie gesehen haben! Den Mandráki-Hafen, wo man gut parken kann, heben Sie sich für den späten Nachmittag auf. Zunächst geht es in die Welt der Ritter, ins Archäologische Museum und durch die Ritterstraße zum Großmeisterpalast. Um das multikulturelle Erbe genauestens zu erkunden, bleiben Sie am besten den ganzen Tag in der Altstadt. Mittags lohnt unbedingt ein Spaziergang auf den Mauern. Wer den Strandbesuch nicht missen will, verbringt die Mittagszeit hingegen am Elli-Beach und widmet sich der Altstadt wieder am Nachmittag. Dann kann man sich noch ein wenig im hübschen Gassenlabyrinth verlaufen, Moscheen bestaunen und durchs einstige jüdische Viertel schlendern. Romantiker sollten zum Sonnenuntergang auf den Monte Smith fahren! Und Nachteulen können sich anschließend in Alt- und Neustadt auf viele Ausgehmöglichkeiten freuen.

4. TAG
VORMITTAG – ANTIKE, BURGEN UND KULINARIA

An Rhodos' Westküste sollte gleich am frühen Morgen das antike Kámiros auf dem Programm stehen, denn danach wird es zu voll. Weiter geht es südlich, vorbei am kleinen Fischerweiler Kámiros Skála, der für eine kurze Rast empfehlenswert ist, zur teilweise restaurierten Kritinía-Burg. Zum Essen sollten Sie dann nach Émbonas fahren, das für seine Tavernen und Weinkellereien bekannt ist. Lokale kulinarische Erlebnisse verspricht außerdem das nächste Dorf Siánna. Wer Honig, Olivenöl oder den Tresterschnaps Soúma mit nach Hause nehmen möchte, ist dort genau richtig.

NACHMITTAG – KLOSTER, STRAND ODER BURG?

Je nachdem, wie viel Zeit und Muße Sie am Nachmittag noch haben, lohnen verschiedene Ziele im wilderen Südwesten den Besuch: Wer möchte, kann zum Beispiel zum einsam gelegenen Kloster

Skiádi fahren und von dort wieder den Rückweg antreten. Lohnenswert ist dabei während des Sonnenuntergangs ein Abstecher zur Burg von Monólithos. Alle, die lieber eine außergewöhnliche Strandlandschaft sehen möchten, fahren hingegen in etwa einer Stunde (ohne Abstecher zum Kloster) nach Prasoníssi am Südzipfel. Von dort beträgt die Fahrtzeit zurück nach Rhodos-Stadt ungefähr zwei Stunden.

5. TAG
POSTKARTENIDYLL AUF SYMI ODER CHÁLKI
Jeder, der so viel wie möglich sehen möchte, sollte einen Tag des Urlaubs auf einer der kleinen Schwesterinseln verbringen. Obwohl Symi und Chálki nur einen Katzensprung von Rhodos entfernt liegen, zeigen beide Inselchen doch ein ganz anderes, geradezu postkartenreifes Bild des Archipels. Urlauber haben jedoch – zumindest bei einem einwöchigen Urlaub – die Qual der Wahl: Soll es lieber das reizende und liebliche Chálki sein, wo auch ein Strand gut zu Fuß erreichbar ist? Oder soll Sie das Ausflugsboot auf das »schicke« Symi bringen, wo Sie auch das Kloster Panormítis besuchen können?

6. TAG
VORMITTAG – IN DER RHODISCHEN BERGWELT
Die Tour um den Berg Profítis Ilias beginnt an der Inselrundstraße beim Urlaubsort Kolímbia und führt die Entdeckungsfreudigen landeinwärts. Der erste Halt, vielleicht auch, um im Wald das mitgebrachte Picknick zu genießen, erfolgt bei Eptá Pigés. Durch Archipoli und Eleoússa geht es danach weiter zum byzantinischen Kirchlein Ágios Nikólaos Fountouklí, wo nicht nur Kirchenfans ins Staunen kommen. Nur vier Kilometer sind es von dort noch bis zum Gipfel. Man lässt das Auto am Hotel Eláfos stehen, geht spazieren oder genießt Kaffee und Kuchen in schöner Natur. Zum Mittagessen fahren Sie an die Westküste zurück, z. B. über Archángelos nach Stégna oder ins kleine Charáki.

NACHMITTAG – AUS DEN BERGEN ANS MEER

Um einen weiteren Abstecher in die Berge zu machen, bei dem Sie erneut uralte Gotteshäuser besuchen können, sollten Sie nach dem Essen recht zügig wieder ins Auto steigen. Nicht nur für Kirchenfans lohnt von Lárdos aus nämlich die Fahrt über Láerma zum Kloster Thári, das mit seinem uralten Freskenschmuck und der idyllischen Lage mitten im Grünen fasziniert. Von dort fahren Sie weiter nach Asklipió mit noch einer sehenswerten Kirche. Wenn danach Zeit ist, locken ein Strandbesuch bei Gennádi oder ein gemütliches Abendessen in Lachaniá.

7. TAG
IN RHODOS' SCHÖNSTEM DORF

Neben Rhodos-Stadt gehört Lindos zu den absoluten Must-See-Orten der Sonneninsel Rhodos. Schon bei der Anfahrt von Norden her beeindruckt das weiße Kubus-Konglomerat unterhalb des markanten Akropolis-Felsens, der sich zwischen zwei wunderschönen Buchten erhebt. Wer einen ganzen Tag in Lindos plant, sollte am besten schon früh morgens die Akropolis von Lindos erklimmen und einen Blick in die Panagia-Kirche im Ort werfen. Dann – während der heißen Mittagszeit – bietet sich entweder ein Bad am Ortsstrand oder in der Ágios-Pávlos-Bucht an. Und nachmittags lässt es sich wunderbar durch das Gassengewirr schlendern. Zum Abend hin weicht in den Gassen von Lindos nämlich die Hitze und es wird besonders stimmungsvoll – nicht zuletzt auch in den Restaurants und Bars.

8. TAG
SOUVENIRS IN RHODOS-STADT

Wenn der Rückflug erst am Nachmittag oder am Abend ist, kann man den Urlaub gut in Rhodos-Stadt ausklingen lassen. In der Altstadt können Sie noch Andenken und Mitbringsel kaufen oder einfach ein wenig durch die Gassen schlendern. Wer etwas mehr Zeit hat oder sowieso lieber Zeit am Meer verbringt, genießt am Stadtstrand einfach ein letztes Bad im Meer.

RHODOS-STADT

1 Die Altstadt
Historie auf Schritt und Tritt

Die Altstadt der Inselmetropole, die sich über die Nordspitze von Rhodos erstreckt, kann auf eine 2400-jährige Geschichte zurückblicken. Umschlossen von der etwa 4 Kilometer langen Stadtmauer, birgt sie neben einem Gewirr von verwinkelten historischen Gassen und jahrhundertealten Gebäuden auch buntes einheimisches und touristisches Leben, Geschäfte, Restaurants und Tavernen sowie Cafés und Bars.

In der Altstadt von Rhodos sind die Überreste antiker Tempel, byzantinische Kirchen, osmanische Häuser, Moscheen und ein Hammam, eine Synagoge und Paläste aus der Ritterzeit zu einem spannenden und harmonischen Mosaik verwoben. Kaum verwunderlich, dass die Altstadt 1988 von der UNESCO zum Welterbe erklärt wurde. Das Ensemble umgibt eine jahrhundertealte Stadtmauer, die landseitig durch einen Wallgraben (s. S. 46) ergänzt wird. In den kieselsteingepflasterten, von quirligem Leben erfüllten Gassen kann man

GUT ZU WISSEN

PASSENDES SCHUHWERK
Wer die labyrinthartigen Gassen der Altstadt erkunden möchte, sollte keinesfalls vergessen, bequemes Schuhwerk zu tragen. Die meisten Gassen sind nämlich mit senkrecht gestellten Kieselsteinen gepflastert. Auch dünne Schuhsohlen oder Sandalen können beim Spaziergang in der Altstadt recht schnell anstrengend sein. Am besten eignen sich Sportschuhe. Schuhe mit spitzen Absätzen sind definitiv ein No-Go.

Vorangehende Doppelseite:
Die einzigartige Atmosphäre in der mittelalterlichen Altstadt spürt man besonders am Abend.
Oben: Blick auf Rhodos-Stadt vom Uhrturm aus. Im Vordergrund die Moschee

Der Uhrturm kann bestiegen werden.

Einfach gut!

gleich mehrere Urlaubstage verbringen und immer wieder Neues entdecken – sowohl auf den stark vom Tourismus geprägten Hauptachsen als auch in den kleinen, ursprünglich gebliebenen Nebengassen. Viele der uralten, nostalgischen Häuser mit hübschen architektonischen Details präsentieren sich heute als romantische Hotels, stimmungsvolle Cafés oder charmante Restaurants und Tavernen.

Blick zurück

Im Jahr 408 v. Chr. gründeten die drei griechischen Stadtstaaten Ialissós, Kámiros und Líndos die Stadt Rhodos. Der verkehrstechnisch günstig gelegene Hafen und das Bündnis mit den Makedoniern, welche unter Alexander dem Großen die Macht über die Ägäis übernommen hatten, verhalfen dem neuen Wirtschafts- und Handelszentrum rasch zum Aufschwung. Nach dem Tod Alexanders des Großen (356–323 v. Chr.) verhielten sich die Rhodier gegenüber anderen Staaten neutral. Als Rom sie im 3. Makedonischen Krieg um Unterstützung bat und die Rhodier ablehnten, bestraften die Römer die Neutralität der Insulaner im 2. Jahrhundert v. Chr. und erklärten die Kykladeninsel Délos zum neuen

DER HÖCHSTE BAU DER ALTSTADT

Nahe dem Großmeisterpalast erhebt sich seit 1856 ein Uhrturm mit barocken Anklängen, der an der Stelle eines alten byzantinischen Wachturms erbaut wurde. Mit seinem mittlerweile über 150 Jahre alten Uhrwerk diente er während der osmanischen Herrschaft dazu, die Menschen darüber zu informieren, wann sie die Stadt betreten bzw. verlassen durften. Heute bieten sich vom umfassend restaurierten Turm herrliche Aussichten auf die Dächer des Altstadt-Labyrinths. An historischen Fotos, die die Umbauarbeiten dokumentieren, vorbei geht es über eine steile und enge Holztreppe hinauf. Nach dem Aufstieg kann man im anliegenden hübschen Innenhof eine gemütliche Pause einlegen und ein im Eintrittspreis enthaltenes Getränk genießen.

Rolói (Clock Tower). April–Okt. tgl. 9–24 Uhr, Odós Orféos 1, Tel. 22 41 07 53 76, Eintritt 5 €, Kinder frei.

33

ROMANTIK PUR

Einfach gut!

Zahlreiche alte und uralte Häuser in der Altstadt sind inzwischen Boutique-Hotels mit viel Charme und Stil geworden. 2013 eröffnete in zentraler Lage das außergewöhnliche Hotel In Camera, das mit geschmackvollen Einrichtungs-, Design- und Architekturelementen fasziniert. Sechs unterschiedlich große Suiten und eine Villa mit Platz für bis zu sechs Personen begeistern nicht nur architektonisch mit Bögen, Balkendecken und Natursteinmauern, sondern auch mit individueller Einrichtung, Flachbildschirmen, hochwertigen Matratzen und zum Teil mit toller Aussicht. Die Leidenschaft des Hoteliers und Fotografen Nikos Kasseris ist in seiner ausgestellten Kamera-Sammlung und den in den Räumen aufgehängten Fotos zu sehen. Interessierten stehen Fahrräder zur Verfügung. Für Entspannung sorgt ein Außenwhirlpool.

In Camera. Art Boutique Hotel. Odós Sofokléous 35, Tel. 22 41 07 72 77, www.incamera.gr

Freihafen. Rhodos verlor seine Stellung als Wirtschaftszentrum des östlichen Mittelmeers.

Ein Erdbeben legte Rhodos 155 n. Chr. in Schutt und Asche, sodass heute nur noch wenige Reste aus der Antike in der Altstadt erhalten sind. Im Jahr 395 wurde Rhodos mit dem Auseinanderbrechen des römischen Weltreichs Teil des Byzantinischen Reichs. Heute kann man dessen Erbe noch in einigen Kirchen und den spärlichen Resten der damaligen Stadtmauer erkennen.

Die augenfälligsten Bauten aus alter Zeit stammen von den Ordensrittern des Heiligen Johannes von Jerusalem. Ab der zweiten Hälfte des 15. Jahrhunderts bauten sie die Stadt zu einer Festung aus. Am 22. Dezember 1522 gab schließlich der letzte Ordensmeister Villiers de l'Isle-Adam (1464–1534) die Macht an die osmanischen Eroberer ab, die die Kirchen in Moscheen umwandelten. 1912 landeten italienische Truppen auf der Insel. Bis 1943 restaurierten sie viele Bauten aus der Ritterzeit und errichteten außerhalb der Altstadt neue Gebäude. 1948 wurde die Inselgruppe der Dodekanes Teil Griechenlands.

Streifzug durchs Ritterviertel

Die Erkundungstour durch die Altstadt beginnt am Ende des Mandráki-Hafens (s. S. 58) am Freiheits-Tor (Pýli Eleftherías), das 1924 im Rahmen der Restaurierungsarbeiten von den Italienern in die Mauer gebrochen wurde. Gleich am Anfang der hübschen Platía Sýmis, die sich dahinter erstreckt, liegt ein Teil des Museums für Moderne Griechische Kunst (s. S. 56). Auf der anderen Seite sieht man die umzäunten Reste eines Aphrodite-Tempels aus dem 3. Jahrhundert v. Chr. Nur wenige Schritte weiter liegt an der Platía Argyrokástrou das aus dem

Rundgang im mittelalterlichen Gassengewirr

Die Erkundung der Altstadt startet meist im Ritterviertel im Norden, dann geht es weiter gen Süden ins Türken- und östlich ins Judenviertel. In der osmanischen Zeit durften innerhalb der Festungsmauern nur Türken und Juden wohnen.

Ⓐ Museum für dekorative Kunst – Ausgestellt sind rhodische Möbel, Keramik und Trachten des Dodekanes. 2013 geschlossen, bisher üblich: Di–So 9–17 Uhr, Platía Argirokástrou, Tel. 22 41 36 52 56, Eintritt 2 €.

Ⓑ Süleyman-Moschee – Die Moschee des Rhodos-Eroberers liegt nicht parallel zu den anderen Gebäuden, da sie exakt Richtung Mekka ausgerichtet ist. Nicht zugänglich. Odós Sokrátous.

Ⓒ Türkische Bibliothek – Im Zwei-Kuppel-Bau begeistern türkische, persische und arabische Handschriften, Bücher sowie alte Koranausgaben. Mo–Sa 9.30–15 Uhr, Odós Sokrátous, Eintritt 2 €.

Ⓓ Städtisches Bad – Das 1558 erbaute Hammam wird v.a. als Museum genutzt. Die Bäder wurden erst kürzlich renoviert. Platía Arionós.

Ⓔ Sultan-Mustafa-Moschee – Das Gotteshaus des 18. Jhs. ist nicht zugänglich, Platía Arionós.

Ⓕ Kirche Ágios Fanoúrios – Sehenswerte Fresken. Tagsüber geöffnet, Odós Agíou Fanouríou.

Ⓖ Redjab-Pascha-Moschee – 1588 aus Bauelementen von Kirchen und Rittergebäuden errichtet. Nicht zugänglich, Platía Doríeos.

Ⓗ Ibrahim-Pascha-Moschee – Das Minarett erhebt sich über den Dächern der Stadt. Zu den Gebetszeiten geöffnet, Platía Platónos.

Ⓘ Kahal-Kadosh-Shalom-Synagoge – Mit Dokumenten der jüdischen Gemeinde. April bis Nov. So–Fr 10–15 Uhr, Odós Dosiádou, Tel. 22 41 02 23 64, www.rhodesjewishmuseum.org

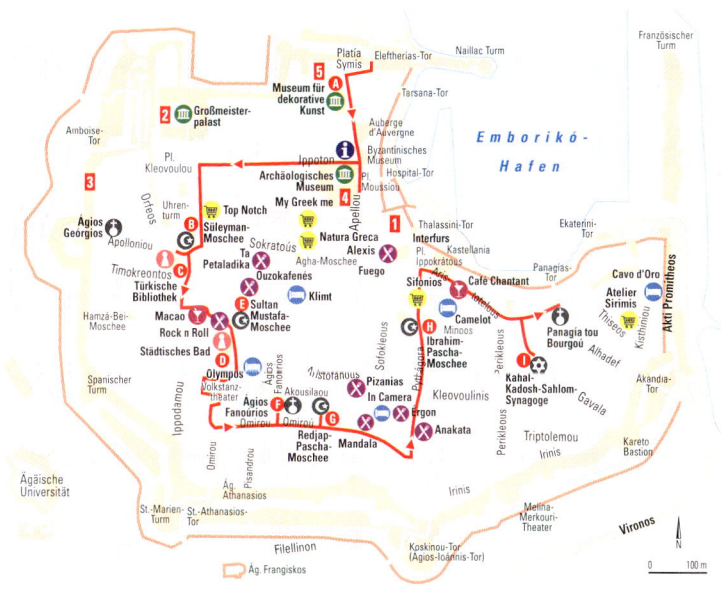

14. Jahrhundert stammende erste Ordenshospital. Seit 1966 wird ein Teil dieses Gebäudes als Museum für dekorative Kunst mit einer volkskundlichen Sammlung genutzt. Der Brunnen davor besteht aus Bauelementen einer frühchristlichen Kirche. Besonders an der sich anschließenden Platía Mousíou, dem Museumsplatz, mit dem markanten Archäologischen Museum (s. S. 50) herrscht reges Treiben. Links sieht man die Marienkirche Panagía tou Kástrou aus dem 12. Jahrhunder, gegenüber geht es die Ritterstraße hinauf zum Großmeisterpalast (s. S. 40).

Das türkische Erbe

Gegenüber Letzterem führt die Odós Panetíou an den Ruinen der Kirche Ágios Ioánnis tou Kollakíou, die durch einen unterirdischen Gang mit dem Großmeisterpalast verbunden war, zur geschäftigen Odós Sokrátous. Die Hauptstraße des türkischen Viertels säumen zahlreiche Gschäfte. Am oberen Ende erhebt sich die rosafarbene Süleyman-Moschee aus dem 19. Jahrhundert. Gegenüber betritt man durch ein mit arabischen Sprüchen verziertes Portal den mit Kieselmosaiken geschmückten Innenhof der türkischen Bibliothek Hafiz Ahmed Agha von 1793. Weitere Zeugnisse der Osmanen

Oben: Markant erheben sich die Minarette aus osmanischer Zeit über den Dächern der Altstadt.
Mitte: Der erste Halt in der Altstadt erfolgt an der hübschen Platía Sýmis.
Unten: Eine der meistbesuchten Straßen der Altstadt: die Einkaufsmeile Odós Sokrátous.

Die Altstadt

findet man an der Platía Arionós mit der Sultan-Mustafa-Moschee gegenüber dem städtischen Hammam. Entlang der byzantinischen Kreuzkuppelkirche Ágios Fanoúrios, vermutlich aus dem 9. Jahrhundert, kommt man zu einem der ältesten türkischen Gebäude der Insel: der Redjab-Pascha-Moschee. Von dort führt die Odós Omírou zur öffentlich nicht zugänglichen byzantinischen Kapelle Agía Kyriakí, dem Stumpf einer alten Windmühle mit schönem Blick über die Dächer der Stadt und einem kleinen Platz mit einem markanten osmanischen Brunnen. Folgt man der Odós Pythágoras, passiert man die Überreste der byzantinischen Festungsmauer. Links erstreckt sich das einzige islamische Gotteshaus der Stadt: Die Ibrahim-Pascha-Moschee mit dem markanten Minarett wurde 1531 erbaut. Der Rundgang im türkischen Viertel endet an der Platía Ippokrátous mit dem Brunnen. Von dort führt die Odós Aristotélous ins alte jüdische Viertel.

Das jüdische Viertel

An der Platía Martýrou Evréou, dem Platz der jüdischen Märtyrer, erinnern ein Seepferdchen-Brunnen sowie ein Monument aus schwarzem Marmor an die früheren Bewohner des Viertels, die dem Holocaust zum Opfer fielen. An der Nordseite des Platzes sieht man den sogenannten Admiralitätspalast, in dessen Erdgeschoss ein Souvenirgeschäft untergebracht ist. Der zweistöckige gotische Bau aus der Ritterzeit trägt diese Bezeichnung zu Unrecht, denn er war eigentlich Sitz des Metropoliten. In der Nähe kann man die einzige Synagoge von Rhodos besichtigen. Das jüdische Gotteshaus ersetzt einen älteren Bau, den deutsche Truppen 1943 zerstörten. Am Ende der Odós Pindárou stößt man anschließend auf die auffällige Ruine der gotischen Kirche Panagía tou Boúrgou, die im 14. Jahrhundert die größte der Stadt war.

Nicht verpassen

ZU BESUCH BEI IKONENMALERN

Nur selten kann man Ikonen- und Freskenmalern heute noch bei ihrem Handwerk zusehen. Vassilios Sirímis hat sein Atelier in einem der alten Häuser im jüdischen Viertel, Tür an Tür mit dem Studio seines Sohnes Periklís. Die beiden Maler freuen sich über Besucher, denen sie gerne ihre Arbeiten präsentieren und erklären. Fragen werden auf Englisch oder Griechisch beantwortet. Interessant ist die Methode, die sie zur Ausmalung von Kirchen anwenden: Anstatt Fresken direkt auf die Kirchenwände zu malen, werden sie im Atelier auf einer Spezialleinwand angefertigt und später in der Kirche angebracht. Gemalt werden orthodoxe Heiligenbilder im traditionellen byzantinischen Stil. Die Ikone des Lieblingsheiligen kann bei den Malern in Auftrag gegeben werden.

Atelier Sirímis. Mo–Fr 9–17 Uhr, Odós Kisthiníou 42, Tel. 22 41 07 41 27, www.sirimis.gr

Infos und Adressen

INFORMATION
Touristeninformation der Stadt Rhodos.
Mo–Fr 7–15 Uhr, Platía Mousíou/Ecke Odós
Ippotón (Ritterstraße), Tel. 22 41 07 43 13,
www.rhodes.gr

ESSEN UND TRINKEN
Alexis. Seit 1957 speist im renommierten
Fischrestaurant Prominenz aus aller Welt.
Serviert werden auf der Terrasse und im Res-
taurant natürlich frischer Fisch und Krusten-
tiere. Odós Sokrátous 18, Tel. 22 41 02 93 47.

Papageien dienen den Tavernen an der Platía
Evréon Martíron als Lockvögel.

Anakata. Im rund 500 Jahre alten Haus und
im kleinen, romantischen Hof kann man eine
Rast einlegen, Salate, Snacks und Kuchen
essen oder in der Galerie der Künstler stöbern.
Odós Pythagóra 79, Tel. 69 37 28 92 89,
www.anakatagallerycafe.com

Ergon. In der Filiale der griechischen Res-
taurant-Kette mit Delikatessengeschäft kann
man sich mit Produkten ausgewählter kleiner
Hersteller aus dem ganzen Land wie Öl, Käse,
Süßspeisen und vielem mehr eindecken und
zahlreiche dieser Köstlichkeiten auch gleich vor
Ort genießen. Kreativ sind zudem die Cocktails.
Platía Sofokléous 35, Tel. 22 41 07 77 87,
www.ergonproducts.gr

Pizanias. Die einfache Fischtaverne mit
der weinüberrankten Terrasse wird we-
gen des frischen Fischs und des guten
Preis-Leistungs-Verhältnisses gern von
Einheimischen besucht. Odós Sofokléous 24,
Tel. 22 41 02 21 17.

Rock'n'Roll. Im Diner amerikanischen Stils
stehen leckere Burger und Steaks sowie
gute Cocktails auf der Karte. Morgens gibt
es Frühstück, sonntags Barbecue. Freitags
und samstagabends ersetzen DJs die Juke-
box. Tgl. ab 8.30 Uhr, Platía Arionós 2–3,
Tel. 22 41 02 52 02.

Ta Petaládika. In der ehemaligen Schmiede
mit Retro-Einrichtung gibt es zahlreiche
köstliche *mezédes,* eine große Auswahl vege-
tarischer Gerichte und leckeren Fisch. Odós
Menekléous 8, Tel. 22 41 02 73 19.

Ouzokafenés. Das typische *mezedopolío* versorgt
seine Gäste mit leckeren *mezédes* und Grillgerichten. Odós Menekléous 17, Tel. 22 41 07 78 78.

ÜBERNACHTEN
Camelot. Fünf geräumige Zimmer – teilweise
mit Hafenblick – gruppieren sich um einen
hübschen Innenhof. Die Studios verfügen zu-
sätzlich über eine Kochnische. Frühstück wird
im mittelalterlichen Gewölbe serviert. Odós
Themistokléous 18, Tel. 22 41 02 66 49,
www.camelot-rhodes.com

Cava d'Oro. Das im alten jüdischen Viertel ruhig gelegene Boutique-Hotel, untergebracht in
einem 800 Jahre alten Gebäude, das dem grie-
chisch-deutschen Ehepaar Birgid und Thanásis
Mavrákis gehört, verfügt über 13 individuell
eingerichtete, kleine Zimmer. Odós Kistiníou
15, Tel. 22 41 03 69 80, www.cavadoro.com

Klimt Guesthouse. Zu moderaten Preisen
vermietet die Österreicherin Jutta drei einfache,
geschmackvoll eingerichtete Doppelzimmer.

Im zugehörigen Café werden österreichische Spezialitäten angeboten. Odós Fanouríou 32–34, Tel. 22 41 02 07 45, www.klimt-guest-house.com

Pension Olympos. Die zentral gelegene Pension mit sieben einfachen, teilweise recht kleinen Zimmern wird vom Deutsch sprechenden Hotelier Giórgos Chirákis und seiner Frau María geführt. Odós Fanouríou 56, Tel. 22 41 03 35 67, www.pension-olympos.com

NACHTLEBEN

Fuego. Die Einheimischen treffen sich in der modernen Bar im Ausgehviertel hinter der Platía Ippokrátous erst nach 24 Uhr. Sommer tgl. ab 22 Uhr, Winter Fr, Sa, So ab 22 Uhr, Odós Evripídou 4, Tel. 69 38 36 03 85.

Macao Cocktail Bar. Stylisches Ambiente in einem Innenhof, in dem sich die einheimische Szene bei hervorragenden Cocktails schon seit Jahren ein Stelldichein gibt. Odós Archeláou 5 & Platía Ariónos, www.macaobar.gr

EINKAUFEN

Apollon Woven Art. Im Jahr 2000 eröffnete das Geschäft mit den farbenfrohen handgewebten Handtaschen, Kissenbezügen, Überwürfen und anderen Wohntextilien. Odós Agíou Fanouríou 46, Tel. 22 41 02 19 13, www.apollonwovenart.com

Interfurs. Im großen Geschäft des deutschsprachigen Dimítrios Zánnis bekommt man selbst entworfene Jacken und Mäntel aus Leder und Pelz sowie viele Taschen und Accessoires. Platía Ippokrátous 27–30, Tel. 22 41 07 78 03.

Natura Greca. In dem großen Geschäft gibt's Öko-Produkte aus ganz Griechenland. Zum Verkauf stehen Kulinaria wie Wein, Olivenöl, Honig, Gewürze, Nüsse und Kosmetika wie Seifen oder Cremes. Odós Soktrátous 78–80, Tel. 22 41 03 65 76, www.naturagreca.com

Der liebevoll gestaltete Garten der Pension Olympos.

Top Notch. Unter dieser Adresse findet man originelle Accessoires und Schuhe sowie handgefertigter Silber- und Titanschmuck mit Halbedelsteinen von der griechischen Designerin Katerina Krini. Odós Panaitíou, Tel. 22 41 07 57 25.

Sifoniós. Seit drei Generationen brennt man in der Destillerie der Familie Sifoniós den griechischen Anisschnaps *Ouzo* – seit Neuestem auch in abgewandelten Variationen, so zum Beispiel mit Zimt- oder Mokkageschmack. Im urigen Geschäft kann man daneben zahlreiche Liköre mit Aromen wie Kokosnuss, Banane oder Erdbeer verkosten und kaufen. Odós Pithagóra 42, Tel. 22 41 02 93 01.

VERANSTALTUNGEN

Volkstanztheater Nelli Dímoglou. Im beliebten Volkstanztheater finden im Sommer professionelle Aufführungen griechischer Tänze in traditionellen Originaltrachten statt. Juni–Okt. Mo, Mi, Fr 21.30 Uhr, Odós Andrónikou 7, Tel. 22 41 02 01 57.

2 Ritterstraße und Großmeisterpalast
Das Vermächtnis der Ritter

Der frühere Amts- und Wohnsitz des obersten Ordensritters ist nicht so alt, wie der Namen denken lässt. Dennoch ist der in den 1940er-Jahren nach Original-plänen neu errichtete Großmeisterpalast die meistbesuchte Sehenswürdigkeit von Rhodos. Der festungsartige Bau thront am Ende der einzigen erhaltenen Wohnstraße vom Anfang des 16. Jahrhunderts. Die Ritterstraße gilt als perfektes Beispiel der Architektur während der Johanniterzeit.

Dass Rhodos über 200 Jahre lang Sitz des Johanni-terordens war, bezeugen in der Altstadt besonders der Großmeisterpalast, das Hospital der Ritter (s. S. 44) sowie die sie verbindende Ritterstraße (Odós Ippotón). Diese führt vom ehemaligen Hospi-tal der Ritter, das jetzt das Archäologische Museum

GUT ZU WISSEN

ÖFFNUNGSZEITEN
Leider machte die Wirtschaftskrise in Griechenland auch im Tourismus-Bereich in den letzten Jahren umfangreiche Kürzungen, besonders beim Perso-nal, erforderlich. Unerfreuliche Folgen für Besucher sind meist verkürzte Öffnungszeiten oder gar die vorübergehende Schließung von Sehenswürdig-keiten. Im Großmeisterpalast leiden die Sonder-ausstellungen unter den Einsparungen. Sie sind oft nur wenige Stunden in der Woche geöffnet. Aktuelle Öffnungszeiten der Ausstellungen sollte man deshalb stets im Vorfeld im Internet oder bei der Touristen-Info herausfinden.

Die Ritterstraße ist trotz ihrer Bekanntheit eine der wenigen Straßen der Altstadt, in der weder Souvenirgeschäfte noch Restau-rants oder Cafés liegen.

Die Einrichtung im Großmeisterpalast spiegelt den Stil vom Anfang des 20. Jahrhunderts wider.

(s. S. 50) beherbergt, zum Großmeisterpalast hinauf. Die gepflasterte Hauptstraße des Wohnviertels der Ritter, »Collachium« genannt, zeugt vom Stil der Spätgotik. Die Häuserfassaden, die großteils als Paläste der einzelnen Zungen dienten, weisen eine klare Gliederung auf und lassen detailgetreue Steinmetzarbeiten sowie die steinernen Wappenschilde der einzelnen Großmeister und des Ordens erkennen.

Auf dem Weg zum Großmeisterpalast

An ihrem unteren Ende passiert man zunächst das Hospital und das gegenüberliegende Quartier der Italiener von 1519. An das Hospital schließt sich die Residenz des Ritters Diomedes de Villaragut an. Der Bau im Stil der katalanischen Gotik stammt aus dem 15. Jahrhundert, wurde aber zuletzt nach dem Zweiten Weltkrieg renoviert. Gegenüber erstreckt sich der Palast der Franzosen, der größte der Straße. An der Fassade sieht man die Wappen des französischen Königshauses und des Großmeisters d'Aubusson. An die meist geschlossene Kreuzkuppelkirche Agía Triáda schließen sich eine französische Kapelle und das

Nicht verpassen

EIN SPAZIERGANG AUF DEN MAUERN
Ein Spaziergang auf dem begehbaren Teil der 4 Kilometer langen und bis zu 14 Meter breiten Stadtmauer lohnt auf jeden Fall, kann aber in der prallen Mittagshitze etwas anstrengend sein. Je nach Tempo und Pausen benötigt man zwischen 15 und 40 Minuten, bis man den Abschnitt zwischen dem Tor d'Amboise und dem Koskinoú-Tor abgelaufen hat. Der Weg in 10 Meter Höhe verspricht ein grandioses Panorama über die Dächer der Altstadt bis hin zum Meer. Man staunt nicht nur über die massive Festungsanlage, sondern erhält vor allem tolle Ausblicke auf den Großmeisterpalast, Kirchen-Kuppeln, Minarette und Einblicke in den Wallgraben (s. S. 46) und die mit Palmen, Feigen- oder Zitronenbäumen bepflanzten Gärten der Altstadthäuser.

Beginn des Rundgangs am Hof vor dem Großmeisterpalast. Eintritt 2 €. Tickets sind an der Kasse des Großmeisterpalastes erhältlich.

Rundgang durch den Palast

Prunkvolle Säle gibt es nicht zu sehen, dafür herrliche Mosaikfußböden von der Insel Kos.

A Trophäen-Saal – Zwei Granitsäulen tragen die auffällige Kolonnade. Auf einem Mosaik sieht man einen von zwei Delfinen flankierten Dreizack.

B Laokoon-Saal – Die Gipskopie eines Werkes zeigt, wie der trojanische Priester Laokoon und seine Söhne von zwei Schlangen getötet werden.

C Medusa-Saal – Das späthellenistische Mosaik mit dem Medusenhaupt gilt als hervorragend.

D Saal mit Kreuzgewölben – Außer Mosaiken sind alte europäische Holztruhen zu sehen.

E Kanzlei – Ein Mosaik zeigt einen Tiger in Angriffsstellung.

F Arkadensaal – Mosaikfußboden aus frühbyzantinischer Zeit zeigt geometrische Formen.

G Thyrsos-Saal – Auf dem rechteckigen Mosaik ist ein Thyrsos, der Stab des Dionysos, abgebildet.

H Nymphen-Saal – Vergoldete Möbel umgeben ein Mosaik mit einer Nymphe.

I Delfin-Saal – Ein Fisch im Zentrum des späthellenistischen Mosaiks wird von einem Band mit Delfinen umrandet.

J Flur – Neben einem Mosaik mit einem Kämpfer, der sich gegen einen Tiger verteidigt, ist ein Mosaik zu sehen, auf dem Poseidon den Giganten Polybotes in die Flucht schlägt.

K Saal der Neun Musen – Im schönsten Saal des Palastes zeigt das späthellenistische Mosaik der neun Musen detailliert ihre personifizierten Köpfe.

L Säle mit Chorgestühl – Das holzgeschnitzte Chorgestühl mit kunstvoll geschnitzten Armlehnen stammt aus der Renaissance.

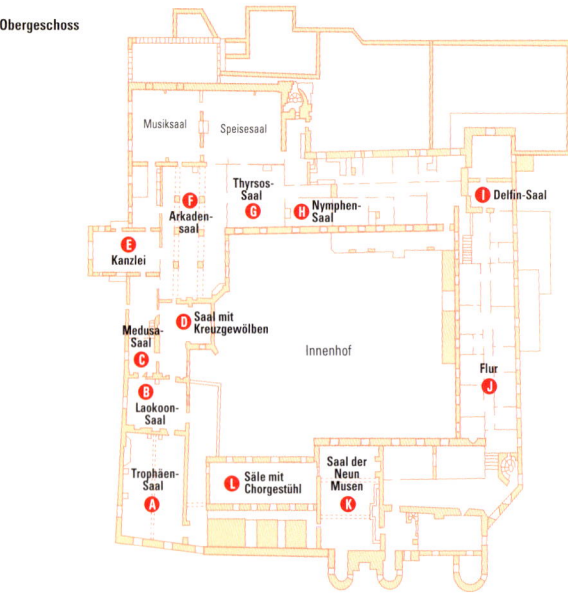

Obergeschoss

Ritterstraße/Großmeisterpalast

Haus des Priors der französischen Ritter an. Nach dem Bogen, der dann die Straße überspannt, folgen links das spanische Quartier sowie rechts der Palast der Ritter der Provence. Am oberen Ende eröffnet sich der Kleóvoulou-Platz, an dem sich rechter Hand der Großmeisterpalast erhebt.

Der Großmeisterpalast

Der einstige Wohn- und Amtssitz des obersten Ordensritters wurde im 14. Jahrhundert erbaut. Ein Erdbeben im 15. Jahrhundert erforderte seinen Wiederaufbau, bei einem weiteren im Jahr 1851 wurde er erneut schwer beschädigt, 1856 war eine Explosion schließlich der Grund für die fast gänzliche Zerstörung des Palastes. Munitionsvorräte, die die Ritter 1522 in den Kellerräumen der sich anschließenden Ordenskirche versteckt hatten, verwüsteten den Palast und die Kirche nach einem Blitzeinschlag. Wiederaufgebaut wurde der heutige Bau – teils nach alten Plänen und Erzählungen von Reisenden – erst 1940 unter den Italienern. Von der alten Bausubstanz waren zu diesem Zeitpunkt nur das Außenportal, die ihn flankierenden Türme sowie die unteren Teile der Außenmauer übrig.

Durch das Tor kommt man auf den Innenhof, um den sich verschiedene Gebäude gruppieren. Die wenigen Räume, die im Obergeschoss besichtigt werden können, sind in ihrer Inneneinrichtung im Stil der faschistischen Ära gestaltet. Auf etwa halber Höhe der Treppe ins Obergeschoss kann man die Palastkapelle besichtigen. Eindrucksvoll sind im Obergeschoss vor allem die Mosaike, die zahlreiche Räume zieren. Im Erd- und Untergeschoss kann man Ausstellungen über die Geschichte von Rhodos besichtigen, zum einen ab Gründung der Stadt im Jahr 408 v. Chr. bis zur Römerzeit und andererseits vom 4. Jahrhundert bis zur Eroberung der Insel durch die Osmanen im Jahr 1522.

Infos und Adressen

INFORMATION

Großmeisterpalast. April–Okt. tgl. 8–20 Uhr, Nov.–März Di–So 8–15 Uhr, Mo geschlossen, Öffnungszeiten der Sonderausstellungen wechselnd. Platía Kleóvoulou, Tel. 22 41 36 52 70, Eintritt 9 €, Kombi-Ticket s. S 222

ESSEN UND TRINKEN

Rolói (Clock Tower). Der höchste Bau der Altstadt ist ein Uhrturm von 1856 mit einer grandiosen Aussicht über das Häusermeer. Im Eintritt ist ein Freigetränk enthalten, das man nach dem steilen Aufstieg im angeschlossenen Café genießt. Odós Orféos 1, Tel. 22 41 07 53 56, Eintritt 5 €.

Mama Sofia. Obwohl die Odós Orféos sehr touristisch ist, gibt es in der Taverne von Mama Sofia seit 1967 Tagesgerichte, die von ihr selbst zubereitet werden. Um das Servieren der guten Fisch-, Fleisch- und Gemüsegerichte kümmern sich Söhne und Enkel. Odós Orféos 28, Tel. 22 41 02 44 69, www.mamasofia.gr

ÜBERNACHTEN

Avalon Boutique Hotel. Die sechs romantisch eingerichteten Suiten des Boutique-Hotels verfügen über Whirlpool und Balkon, vier auch über einen Kamin, und liegen in einem restaurierten historischen Gebäude mit hübschem Innenhof. Odós Cháritos 9, Tel. 22 41 03 14 38, www.avalonrhodes.gr

DIE JOHANNITER
Eine prägende Epoche für Rhodos

Imposantestes Bauwerk der Ritter: der Großmeisterpalast

**Besonders in Rhodos–Stadt sind ihre Hinterlassenschaften nicht zu über-
sehen: Die Kreuzritter des Johanniterordens prägten die Insel schließlich
über 200 Jahre lang, pflegten Bedürftige und machten aus der Inselmetropole eine der reichsten Städte des östlichen Mittelmeeres. Doch
wie kamen die Ritter eigentlich auf die griechische Insel, was machten
sie dort und wie ist dieses eindrucksvolle Erbe entstanden?**

Bereits im 11. Jahrhundert betrieben die
Johanniter als christliche Laienbruder-
schaft ein Krankenhaus in Jerusalem; im
Jahr 1113 erhob der Papst sie dann zum
Orden. Ein paar Jahre später wandelte
sich die Spitalbruderschaft letztlich zum

geistlichen Ritterorden, sodass sie auch militärische Aufgaben im Kampf gegen Andersgläubige übernahm. Ende des 13. Jahrhunderts verlegte sie mit dem Verlust des Heiligen Landes ihren Hauptsitz nach Zypern. Streit zwischen dem Orden und dem König von Zypern führte jedoch schnell dazu, dass die Ritter zwischen 1306 und 1309 Rhodos und die umliegenden Inseln eroberten. Rhodos war aufgrund der Lage eine beliebte Zwischenstation auf dem Weg ins Heilige Land und ideal als neuer Stammsitz.

Strukturiert wurde der Orden anhand der nationalen Herkunft der Ritter. Sie gehörten einer von acht »Zungen« an: Frankreich, Deutschland, Kastilien, England, Aragón, Italien, Provence und Auvergne. Dem gesamten Orden stand ein auf Lebenszeit gewählter Großmeister vor, der im Großmeisterpalast lebte. Die Ritter wohnten in palastähnlichen Gebäuden der jeweiligen »Zunge« in der Ritterstraße und im Viertel rund um den Palast.

Krankenpflege und Wohlstand

Die Pflege von Armen und Kranken war – wie schon in Jerusalem –auch auf Rhodos die wichtigste Aufgabe der Ritter. Ab 1485 nutzten sie dafür das große Hospital, in dem heute das Archäologische Museum untergebracht ist. Es avancierte

durch Spenden wohlhabender Christen aus Europa zu einem der bestorganisierten Krankenhäuser und wurde Vorbild für die medizinische Versorgung der frühen Neuzeit. Die Johanniter kümmerten sich besonders um die armen Leute, servierten ihnen Essen auf kostbarem Geschirr, stellten jedem Kranken ein eigenes Bett zur Verfügung und kümmerten sich – völlig untypisch für jene Zeit – auch um Kranke anderer Glaubensrichtungen. Der gute Ruf des Hospitals lockte sogar Kranke aus fremden Ländern an.

Gleichzeitig sorgten die Ritter auch für Reichtum auf der Insel. Unzählige Pilger, die Rhodos im 14. und 15. Jahrhundert besuchten, bestaunten den Palast und die Kirchen der Stadt und ließen mit dem Kauf von Wein, Zucker, Gewürzen und edlen Stoffen die Wirtschaft florieren. Harte Arbeiten überließen die Ritter allerdings den Sklaven, die sie bei ihren Raubzügen im Mittelmeer zu sich nahmen.

Imposantes Mauerwerk

Um sich vor den Osmanen zu schützen, befestigten sie die Inselmetropole mit einem imposanten Bollwerk, das die Osmanen bis zuletzt nicht einnehmen konnten. Erst die monatelange Belagerung zwang die Johanniter zur Kapitulation. Am 1. Januar 1523 zogen die Ritter nach Einigung mit den Osmanen ab.

3 Der Wallgraben
Spaziergang an der Stadtmauer

Einen fantastischen Eindruck von der gigantischen Befestigungsanlage, die von den Byzantinern im 13. Jahrhundert erbaut und von den Ordensrittern wiederholt verstärkt wurde, bekommt man bei einem Spaziergang im Wallgraben. Die seit 1997 stückweise restaurierte, 4 Kilometer lange Stadtmauer umfasst nämlich eine hübsche Parkanlage mit ausgedehnten Rasenflächen und Palmen zwischen alten, imposanten Bauten, die es zu erkunden lohnt.

Ein ausgedehnter Spaziergang durch den Wallgraben ist sowohl erholsam als auch interessant, dennoch suchen nur wenige Besucher und einige Jogger die Parkanlage auf. Das ist schade, denn der tagsüber für Besucher frei zugängliche Graben bietet Ruhe vor dem Trubel der Altstadt und eignet sich ideal für ein Picknick im Schatten einiger Bäume oder zum Herumtollen für die Kleinen. Besucher haben die Möglichkeit, den Graben durch vier Ein- bzw. Ausgänge zu betreten, und zwar am Petrus-Turm nahe dem Mandráki-Hafen, am Tor d'Amboise, am Athanásios-Tor und am Akandia-Tor.

Geschichte der Stadtmauer

Bereits im 7. Jahrhundert erbauten die Byzantiner nordwestlich des antiken Hafens aus Angst vor Angriffen der Araber ein erstes kleines, aber sicheres Festungswerk. Die heutige Form erhielt das markante, gewaltige Bollwerk jedoch erst in den Anfängen des 14. Jahrhunderts durch die Johanniter, die es in den folgenden zwei Jahrhunderten ständig verstärkten. Als Rhodos im Jahr

Kanonenkugeln sorgen über den Wallgraben verteilt für die passende Dekoration im Schatten der mächtigen Mauern.

1480 etwa drei Monate lang von den Osmanen
belagert wurde, merkten die Ritter, dass das Mauerwerk einem weiteren Angriff nicht gewachsen
war. Mithilfe der besten Festungsbauer wurden
der doppelte Mauerring und der 25 Meter breite
Wallgraben durch Bastionen sowie Festungsinseln
verstärkt. Die sieben Stadttore wurden durch neue,
runde Türme geschützt. Als die Osmanen schließlich Rhodos im Jahr 1522 mit 400 bis 700 Schiffen
und schätzungsweise 200 000 Suldaten angriffen,
standen nur 500 Ritter, 1500 Söldner und die
Einheimischen zur Verteidigung der Stadt bereit.
Doch obwohl sich die Mauer für die Osmanen als
unüberwindbar erwies, war ihr Friedensangebot
für die Ritter und die hungernde Bevölkerung
so vorteilhaft, dass die Ritter und 4000 Griechen
nach den Verhandlungen am 1. Januar 1523
Rhodos verließen. Die Befestigungsanlage, die

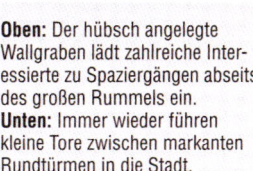

Oben: Der hübsch angelegte
Wallgraben lädt zahlreiche Interessierte zu Spaziergängen abseits
des großen Rummels ein.
Unten: Immer wieder führen
kleine Tore zwischen markanten
Rundtürmen in die Stadt.

Rhodos-Stadt

EIN PARADIES FÜR NASCHKATZEN

Nicht verpassen

Verlässt man den Wallgraben durch das Athanássios-Tor, folgt der großen Odós Dimokratías nach links und biegt dann in die Odós Stef. Kazoúli ab, erreicht man nach etwa 200 Metern links die Odós Peloponnísou. Diese trifft schließlich auf die Odós Anastasías, wo sich im Eckhaus mit der Hausnummer 28 die beliebte Konditorei Stani niedergelassen hat. Bekannt ist die Konditorei vor allem wegen des köstlichen hausgemachten Eises mit Geschmacksrichtungen von Vanille über Mokka und Mastix bis hin zu Crème brûlée und der fantastischen in Zuckersirup getränkten Süßspeisen wie Baklavá mit Füllungen von Pistazien bis Schokolade. Im Jahr 1964 gründete der türkischstämmige Milchmann Ibrahim Sarihasan die bis heute familiär geführte Konditorei. Wert wird seit jeher auf beste Qualität der Produkte gelegt.

Stani. Tgl. 8-1 Uhr, Odós Anastasías 28, Tel. 22 41 03 22 67.

abschnittsweise von Rittern verschiedener Herkunft geschützt wurde, gilt bis heute als eine der eindrucksvollsten Festungen des Mittelmeerraums.

Der Rundgang

Am eindrucksvollsten und auch für all diejenigen interessant, die nur einen kurzen Einblick in den Wallgraben erhalten möchten, ist der Zugang an der Nordseite nahe der Touristen-Information hinter der Tankstelle am Mandráki-Hafen. Dort führt ein Spazierweg durch den Grünstreifen entlang der Rückseite des Palastes und am Bollwerk der Oliven zum eindrucksvollsten Tor der Mauer, dem Tor d'Amboise. Für die Verteidigung des Abschnitts bis zum Großmeisterpalast waren die Ritter aus Frankreich zuständig. Das 1512 fertiggestellte Tor begeistert mit seinen markanten Türmen und der verwinkelten Brücke, die aus der Neustadt in die Altstadt führt und am Antónios-Tor endet. Hier können diejenigen, die nur einen kurzen Bummel im Graben unternehmen möchten, in die Altstadt zum Großmeisterpalast hinaufsteigen. Wer weitergeht, durchquert das Verteidigungsgebiet der deutschen Ritter und passiert die sich linker Hand markant erhebende Bastion Ágios Geórgios.

Weiter südlich erstreckt sich bis zum spanischen Turm das Gebiet, in dem die Ritter der Auvergne kämpften. Dann folgen, wie auch schon der Turm ankündigt, der Festungsteil der Spanier und die Marien-Bastion. Der Bereich der Engländer beginnt beim Athanássios-Tor mit dem Bollwerk Englands bis zum Ágios-Ioánnis-Tor. Der letzte Abschnitt des Wallgrabens, geschützt von den Rittern der Provence, verläuft schließlich bis zum Akandia-Tor im Osten. Auf dem Weg dorthin passiert man das Melína-Merkoúri-Theater, ein Freilufttheater, und die Caretto-Bastion.

Infos und Adressen

Im Wallgraben gibt es keine Möglichkeit, Speisen oder Getränke zu kaufen. Wer picknicken möchte, sollte vorher Proviant einkaufen und mitnehmen.

ESSEN UND TRINKEN

To Steno. Außerhalb der Stadtmauer gelegene, kleine und bei Einheimischen beliebte Taverne mit typisch griechischer Küche und guten Preisen. Erhältlich ist auch das Inselbier Zythos Vap. Odós Ag. Anargíron 29 (nahe dem Athanásios-Tor), Tel. 22 41 03 59 14.

ÜBERNACHTEN

Rodos Park Suites and Spa. 5-Sterne-Haus außerhalb der mittelalterlichen Stadtmauer mit 59 stilvoll eingerichteten Zimmern, einem schönen Garten, einer aussichtsreichen Lounge Bar auf der Dachterrasse und einem Wellnessbereich mit Biosauna. Odós Ríga Feréou 12, Tel. 22 41 08 97 00, www.rodospark.gr

EINKAUFEN

Markt. Ein Bummel auf dem Wochenmarkt ist nicht nur für Shopping-Freunde ein Erlebnis. Erstehen kann man auf dem gut besuchten Markt neben Gewürzen, Gemüse, Obst, Fisch, Fleisch und anderen frischen Produkten von

Ideal für die Selbstverpflegung: frisches Gemüse vom Markt.

den Dodekanes auch Kleidung, Schuhe oder Haushaltswaren. Do etwa 7.30–14 Uhr, Odós Víronos (auf Höhe des Ágios-Ioánnis-Tor gegenüber dem Stadion).

AKTIVITÄTEN

Melína-Merkoúri-Theater. Das Freilichttheater wurde nach der weltbekannten griechischen Schauspielerin, Sängerin und Politikerin benannt. Im Juli und August kann man sich dort verschiedene Theaterstücke, Konzerte oder Tanzaufführungen anschauen. Eingang über die Odós Alchadéf. Programm und Infos bei der Touristen-Information oder unter www.rhodes.gr

Eine schöne Location in außergewöhnlicher Umgebung – das Melina-Merkoúri-Theater.

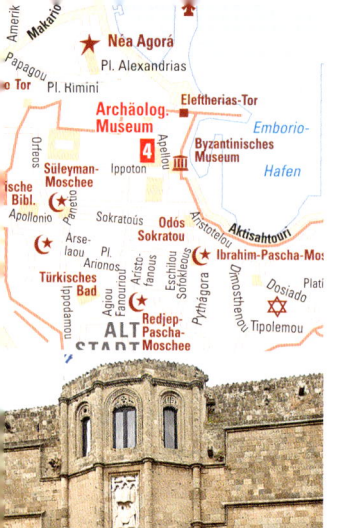

Nea Agorá
Pl. Alexandrias
Pl. Kimini
Eleftherias-Tor
Archäolog.
Museum
Emborio-
Byzantinisches
Museum
Hafen
Süleyman-
Moschee
Ippoton
Apollóniu
Sokratoús
Odós
Sokrátou
Ibrahim-Pascha-Mos
Arse-
laou Pl.
Ariónos
Türkisches
Bad
Plati
Dosiado
Redjep-
ALT Pascha-
STADT Moschee
Tipolemou

4 Archäologisches Museum
Im Ordenshospital der Johanniterritter

Das Archäologische Museum begeistert Besucher mit den bedeutendsten Fundstücken von Rhodos und den benachbarten Inseln des Dodekanes, die dort ausgestellt sind. Aber auch das Gebäude selbst ist ein Juwel: Seit dem Jahr 1916 wird die umfangreiche archäologische Sammlung im einstigen Krankenhaus des Johanniterordens präsentiert, das im 15. Jahrhundert erbaut wurde.

Fast ein halbes Jahrhundert, von 1440 bis 1484, dauerte es, bis der durch seine schlichten Linien faszinierende Bau fertig gestellt war. Vor der Eröffnung des großen Hospitals diente den Ordensrittern ein kleineres Gebäude zur medizinischen Versorgung, die in dieser Zeit als vorbildlich galt.

GUT ZU WISSEN

ACHTUNG ANTIQUITÄTEN

Immer wieder ist man versucht, auf Rhodos' geschichtsträchtigem Boden Kleinigkeiten als Andenken mitzunehmen. Dazu sollte man wissen, dass es in ganz Griechenland streng verboten ist, Steine sowie Muscheln oder Ähnliches auf Ausgrabungsstätten zu sammeln. Wer Erinnerungen mit nach Hause nehmen will, sollte sich deshalb besser in den vielen (staatlichen) Museumsshops umschauen, wo hervorragend gemachte Reproduktionen angeboten werden. Auch hier gilt: Ehrlich währt am längsten!

Oben: Markant ist die Fassade des ehemaligen Ordenshospitals der Johanniterritter.
Unten: Eindrucksvoll ist die im Garten ausgestellte Mosaiken-Sammlung aus hellenistischer Zeit.

50

Archäologisches Museum

Ritter minderen Stands kümmerten sich um die Krankenpflege, aber auch Ritter adliger Herkunft und sogar der Großmeister leisteten Dienst im Hospital, um ihre Bescheidenheit zu demonstrieren. Außergewöhnlich für das Krankenhaus war, dass Patienten, also Kranke, Verletzte und Pflegebedürftige, aller Religionen aufgenommen wurden. Für die damalige Zeit war die Akzeptanz von Moslems und Juden eine Sensation. Aufgrund der hervorragenden Pflege und medizinischen Versorgung wurde das Krankenhaus über die Landesgrenzen bekannt, so dass auch Kranke aus fremden Ländern sowie prominente Heilungssuchende speziell für eine Behandlung nach Rhodos kamen. Unüblich für das Mittelalter war weiterhin, dass jeder Kranke sein eigenes Bett und einen persönlichen Pfleger hatte, die Mahlzeiten wurden auf kostbaren silbernen Tellern serviert.

Im Dienst der Medizin

Das Gebäude erscheint von außen zunächst recht schlicht. Ein großer Torbau im Stil der Gotik führt in einen weitläufigen, von zweigeschossigen Arkaden gesäumten Innenhof. In den Ecken des Hofes sind Kanonenkugeln zu kleinen Pyramiden aufgeschichtet. Auffällig ist die Skulptur eines Löwen aus hellenistischer Zeit, die von der Nachbarinsel Kárpathos stammt. Das Tier hält einen Bärenkopf in seinen Klauen und thront über einem Mosaikboden. Die Räume und Säle im Erdgeschoss dienten als Lagerräume und Ladenlokale. Durch die Arkaden im Süden gelangt man in den Garten, den weitere Gebäude säumen. Im Hof sticht die Freitreppe ins Auge, die zur oberen Etage mit dem großen Krankensaal der Ritter führt. Der 50 Meter lange und 12 Meter breite Raum wird durch sieben polygonale Pfeiler mit gotischen Spitzbögen in zwei Hälften geteilt. Um die ausgedehnten Dimensionen des Saals zu betonen, sind dort nur

Oben: Die »Kauernde Aphrodite« ist eins der bekanntesten Exponate des Archäologischen Museums.
Unten: Im Mittelalter standen im imposanten Krankensaal zwei Bettenreihen.

Einfach gut!

RAUS AUS DEM TRUBEL

Eine grüne Oase für alle Sightseeing-Fans ist der im Zentrum der Altstadt bereits im 15. Jahrhundert angelegte Garten im südlichen Teil des Museums. Der Erholungsraum besticht nicht nur mit schöner Bepflanzung, sondern auch mit kleinen Teichen, Brunnen, Laubengängen, Sitzgelegenheiten sowie einem eigenen Bewässerungssystem. Aus der Zeit der osmanischen Herrschaft stammt ein Pavillon mit einem Marmorbrunnen. Zuletzt wurde der hübsche, kleine Garten im Jahr 2010 renoviert. Seitdem dient er nicht nur wieder der Erholung, sondern auch als Ausstellungsfläche kleiner Sammlungen. Wer also nicht nur auf einer Gartenbank entspannen möchte, kann sich im Garten auch männliche Kolossalstatuen, osmanische Grabstelen, eine Mosaiken-Sammlung und antike Grabsteine sowie Säulenteile anschauen.

einige Grabsteine und Wappenreliefs ausgestellt. Ursprünglich waren im Obergeschoss der Speisesaal, eine große Küche, Büros, Bäder und Einzelzimmer für berühmte Patienten untergebracht.

Rhodische Bildhauerkunst

Durch einen Durchgang in der Südwestecke des großen Krankensaals gelangt man zunächst in Raum II, den alten Speisesaal, mit Reliefs aus hellenistischer und römischer Zeit sowie zu weiteren vier Räumen, in denen zahlreiche Skulpturen platziert sind. Raum III, die ehemalige Küche des Hospitals, erreicht man durch den Durchgang in der rechten hinteren Ecke. Ausgestellt sind dort Skulpturen und Grabstelen von der archaischen bis zur klassischen Zeit. Eines der bekanntesten Exponate ist eine Grabstele, die zwei Figuren, Krito und Timarista, zeigt. Sie stammt aus der Zeit zwischen 420 und 410 v. Chr. und gilt als eines der Meisterwerke der Antike. Abgebildet sind die verstorbene Timarista, die größere der beiden Frauen, und ihre Tochter Krito. Die Beinstellung der Timarista macht deutlich, dass sie fortgehen will. Ihr Kopf ist Krito zugewandt, die ihre Mutter mit der Hand an der Schulter berührt und den Kopf vor ihr neigt, als ob sie sie nicht gehen lassen möchte. Die Säle IV bis VI mit Bildhauerkunst aus der hellenistischen bis zur römischen Zeit sind von Raum II aus zugänglich. In Saal V kann man das berühmteste und kostbarste Exponat des Museums bestaunen, eine kleine Marmorstatue, die den Namen »Kauernde Aphrodite« trägt. Die um 100 v. Chr. gefertigte Figur, die bis auf die kleinen Finger vollständig erhalten ist, ist nackt und hält mit beiden Händen ihre Haare zur Seite, um zu sehen, wer sie beim Baden überrascht. Gut erkennbar ist die Drehung ihres Körpers in Richtung des Herannahenden – vermutlich genau der Moment, den

der Künstler hier festhalten wollte. Älter als diese Statue ist eine weitere Darstellung der Schönheitsgöttin, die sogenannte Große Aphrodite. Die Statue aus der Mitte des 2. Jahrhunderts v. Chr. wurde aus weißem Marmor gefertigt und zeigt eine Frau, die ihr Gewand fallen gelassen hat. Da ihre Arme fehlen, kann man nur erahnen, was dargestellt werden sollte: Die Schönheitsgöttin wird durch ein Geräusch überrascht und lässt vor Schreck ihr Gewand fallen. Während sie mit der linken Hand versucht, ihre Brust zu bedecken, und mit der rechten ihr Gewand festhält, dreht sie ihren Kopf nach links, um zu erkennen, woher das Geräusch kommt. Im selben Raum sieht man außerdem eine Statue aus der ersten Hälfte des 2. Jahrhunderts v. Chr., die den Kopf des Sonnengottes Helios abbildet. Als Schutzpatron von Rhodos wird Helios auf der gesamten Insel meist so abgebildet, wie ihn diese Statue zeigt: Sein Gesicht erinnert an Darstellungen Alexanders des Großen. Erkennbar sind am Haar noch die Löcher, an denen zu seiner Entstehungszeit ein vergoldeter Kranz befestigt war.

Keramik, Kupfer und mehr

In den sich westlich anschließenden Sälen 1, 2 und 3 sowie in den Räumen 6 und 7 auf der Westseite der Galerie werden über 2500 Jahre alte Funde präsentiert, die aus den Nekropolen rund um Ialissós stammen. Viele Keramikarbeiten

Oben: Die Mosaike in der Säulenhalle des Gartens stammen aus rhodischen Häusern.
Mitte: Eindrucksvoll präsentieren Gefäße jeglicher Art das Kunsthandwerk der Antike.
Unten: Bögen prägen die mittelalterlichen Bauten.

Beeindruckende Exponate aus antiken Nekropolen

SONDERAUS-STELLUNGEN

Im südlich anschlie-ßenden Gebäude Villaragut sind seit 2010 neue archäologische Sammlungen untergebracht. Im Erdgeschoss des Ostflügels sind Inschriften, in der ersten Etage eine osmanische Wohneinheit mit türkischem Bad ausgestellt. Die Inschriften-Samm-lung umfasst über 200 Exponate aus den Jahren um 70 v. Chr. bis zum 5. Jahrhundert n. Chr. Mar-morblöcke, Grabsteine und diverse Bauelemente zeigen griechische, lateinische und phönizische Inschriften sowie Hieroglyphen. Im Westtrakt ist die Prähistori-sche Sammlung untergebracht, die von der neolithischen bis zur mykenischen Zeit berichtet. Man sieht u. a. Funde aus rhodischen Nekropolen wie Gold- und Glas-schmuck, Werkzeug und kupferne Waffen und ein nachgestelltes mykenisches Familiengrab. Beide Ausstellungen sind nicht ständig, aktuelle Öffnungszeiten bitte an der Kasse erfragen.

Einfach gut!

wie einige Amphoren, Behälter oder Idole lassen sich bis in die geometrische Zeit, also bis 900 v. Chr., zurückdatieren. Ebenso eindrucksvoll sind die kostbaren, oft sehr filigran gearbeiteten Schmuckstücke, die Frauen als Grabbeigabe mitgegeben wurden. Funde aus der antiken Akropolis von Ialissós, die auf dem Filérimos-Hügel (s. S. 182) thronte, finden sich in Raum 8. Rund 5000 Opfergaben, darunter schön gearbeitete Keramik- und hübsche Kupfer- und Elfenbeinarbeiten, konnten aus dem dortigen antiken Tempel der Athene geborgen werden. Einige Exponate aus minoischer und mykenischer Zeit lassen in diesem Raum auf die Besiedelung des Hügels in früheren Jahrtausenden schließen. Von der Akropolis in Kámiros stammen die Stü-cke, die in Raum 9 ausgestellt sind. Sie datieren größtenteils aus dem 7. bis 6. Jahrhundert v. Chr. In den Räumen 10 bis 13 auf der Nordseite kann man dann vor allem viele Kupferarbeiten aus den Nekropolen rund um Kámiros bestaunen. Im sich daran anschließenden Raum werden diverse Kera-mikarbeiten im geometrischen und im archaischen Stil sowie eine Vielzahl von Objekten aus Metall und Glas und in Raum 15 mehrere Keramikobjekte im attischen Stil präsentiert.

Infos und Adressen

INFORMATION

Archäologisches Museum Rhodos. April–Okt.
tgl. 8–20 Uhr, Nov.–März Di–So 8–15 Uhr,
Odós Apéllou, Tel. 22 41 36 52 56, Eintritt 8 €,
Kombi-Ticket siehe S. 222.

ESSEN UND TRINKEN

Museum Café. Das kleine, zweistöckige Café im
Obergeschoss des Museums lädt zum gemütlichen Verweilen, zum Lesen oder Postkarten-
schreiben ein. Angeboten werden kleine Snacks
wie Sandwiches oder Kuchen und Getränke.

Dinoris. In einem ehemaligen Reitstall aus dem
13. Jahrhundert ist seit 1967 das namhafte,
stimmungsvolle Fischrestaurant der Familie
Dinóris untergebracht. In ansprechendem
Ambiente werden schmackhafter Fisch und
Meeresfrüchte sowie leckere Vorspeisen und
Fleischgerichte serviert. Platía Mousíou 14,
Tel. 22 41 03 55 30, www.dinoris.com

EINKAUFEN

Museum Shop. Im staatlichen Museumsshop
bekommt man qualitativ hochwertige Repliken
handbemalter, antiker Vasen und Schmucks
sowie äußerst gute Kopien von Statuen. Wer
will, kann sich größere Objekte zuverlässig

Im Winter besuchen auch die Einheimischen
gern das Museums-Café.

direkt nach Hause schicken lassen. Platía Símis,
Mo–Fr 8–14.30 Uhr, Sa 9–14.30 Uhr.

AKTIVITÄTEN

Porträts. Auf dem Platz gegenüber dem
Museumseingang kann man sich im Sommer
tagsüber von einigen Porträtmalern, die eine
Kooperative gegründet haben und das erwirt-
schaftete Geld teilen, zeichnen lassen – eine
schöne Urlaubserinnerung. Die Porträts werden je nach Wunsch entweder realistisch oder
als Karikatur gestaltet. Platía Mousíou, aber
auch an anderen Plätzen der Stadt.

Zahlreiche Skulpturen präsentieren die Bildhauerkunst der Antike.

5 Museum für Moderne Griechische Kunst
Kunst auf der Spur

Einblicke in zeitgenössische griechische Kunst bieten in Rhodos-Stadt gleich vier Ausstellungsbereiche, die in unterschiedlichen Gebäuden untergebracht sind. Die Dauersammlungen mit Exponaten aus dem 19. und 20. Jahrhundert kann man sich in der Art Gallery und im Nestorídio Mélathron ansehen, wechselnde Ausstellungen sind im Neuen Nestorídio Mélathron und im Zentrum für Moderne Kunst untergebracht.

Bereits in den 1950er-Jahren begann man mit der Planung für die Städtische Pinakothek von Rhodos, dem heutigen Museum für Moderne Griechische Kunst. Eröffnet wurde die erste Einrichtung mit Schwerpunkt auf der Kunst des 20. Jahrhunderts schließlich in einem historischen Gebäude der Altstadt im Jahr 1964. Im Laufe der Zeit wurde die Kunstsammlung immer größer, sodass weitere Ausstellungsräume notwendig wurden. Die Sammlungen des Museums bestehen vorwiegend aus Malereien, Kupferstichen und Skulpturen, aber auch einigen Zeichnungen und Dokumenten. Sie geben einen hervorragenden Querschnitt über die Entwicklung der modernen Kunst in Griechenland wieder.

Oben: Sehenswert ist das Museum für Moderne Griechische Kunst.
Unten: In der mittelalterlichen Stadt findet auch die moderne Malerei des 20. und 21. Jahrhunderts Platz.

Malereien, Stiche, Skulpturen

Die Malereien des Museums stammen von rund 150 Künstlern, die nach 1863 geboren wurden und führend in der griechischen Gegenwartskunst sind. Sie zeigen Landschaften, Porträts und Stillleben, oft auch interessante Kompositionen aus unterschiedlichen Bereichen sowie Stiche und Gravuren. Das Konzept bei der Zusammenstellung dieser

Infos und Adressen

Sammlungen war, die Geschichte des Landes in den Augen und der Seele griechischer Künstler des 20. Jahrhundert zu spiegeln. Das Museum für Moderne Griechische Kunst reflektiert sowohl die Einzigartigkeit als auch den internationalen Charakter Griechenlands.

Interessant ist auch, wie sich einzelne Disziplinen über die Jahrhunderte entwickelt haben. Wurde früher beispielsweise in der Bildhauerei überwiegend Marmor verwendet, so setzen zeitgenössische Künstler überwiegend auf Eisen, Bronze, Kupfer und andere Materialien. Die bis ins 19. Jahrhundert übliche realistische Darstellung, die vor allem den menschlichen Körper ins Zentrum stellte, wird durch abstrakte Strukturen erweitert.

Die Ausstellungsbereiche

Im historischen Gebäude an der Platía Símis, in dem 1964 der Teil des Museums für Moderne Kunst seine Anfänge nahm, der Pinakothek oder Art Gallery genannt wird, sind vorwiegend Stiche und Gemälde, die Landschaftsszenarien des Dodekanes zum Thema haben, sowie historische Landkarten ausgestellt. Die Exponate der modernen griechischen Kunst stammen wie diejenigen im Nestorídio Mélathron aus dem 19. und 20. Jahrhundert. Dieser zweite Ausstellungsbereich liegt in einem klassizistischen Gebäude in der Neustadt. Das Gebäude mit den dorischen Säulen, das von der Familie Nestorídis gestiftet wurde, erwartet Besucher mit etwa 150 Gemälden, Skulpturen und Plastiken. Die zwei anderen Bereiche, das Zentrum für zeitgenössische Kunst, das in einem Anwesen aus dem 15. Jahrhundert in der Altstadt liegt, und das Neue Nestorídio Mélathron, ein modernes Gebäude aus dem Jahr 2010 in der Neustadt, dienen jährlich wechselnden Ausstellungen griechischer Gegenwartskünstler.

INFORMATION
Museum für Neugriechische Kunst. Art Gallery (Pinakothek). Mo–Fr 8–21.30 Uhr, Platía Símis 2, Rhodos-Altstadt, Tel. 22 41 03 66 46.

Zentrum für Moderne Kunst. Di–Sa 8–21 Uhr, Odós Sokrátous 179, Rhodos-Altstadt, Tel. 22 41 07 70 71.

Nestorídio Mélathro (New Art Gallery). Di–Sa 8–15 Uhr, Platía Xarítou/100 Chourmadiés, Rhodos-Neustadt, Tel. 22 41 04 37 80.

Neues Nestorídio Mélathro. Di–Sa 8–21 Uhr, Odós Paola Nestorídou, Rhodos-Neustadt, Tel. 22 41 02 57 80.

Der Eintritt von 6 € berechtigt zum Besuch von allen vier Museen. Gültig ist das Ticket für 5 Tage. www.mgamuseum.gr

Das Nestorídio Mélathron bietet viel Platz für die Kunst.

6 Rund um den Mandráki-Hafen
Quirliges Treiben in der Neustadt

Hirsch und Hirschkuh, die Wappentiere der Insel, bewachen die schmale Einfahrt des Mandráki-Hafens. Einer Sage nach sollen sie Rhodos einst von einer Schlangenplage befreit haben. Früher stand hier angeblich der legendäre »Koloss von Rhodos«, eine Statue des Sonnengottes Helios. Westlich des Hafens erstreckt sich der Teil der Neustadt, wo Einheimische und Touristen ausgehen, einkaufen, wohnen und baden.

Der touristisch interessante Teil der Neustadt, in der etwa 50 000 Menschen leben, erstreckt sich nördlich der Altstadt bis zur Nordspitze der Insel. Anders als in der Altstadt stammen die wenigen älteren Gebäude, die sich außerhalb der mittel-

Oben: Markante Holzerker an einigen alten Häusern zeugen zwischen Neubauten von den osmanischen Besatzern.
Unten: Die modernen Cafés in den Straßen hinter dem Neuen Markt sind Treffpunkt der jungen Rhodier.

GUT ZU WISSEN

ORGANISIERTE AUSFLÜGE
Pauschalurlauber bekommen oft schon bei der Buchung Angebote für Ausflüge unterbreitet. Rechnet man mal nach, dann ist es meist erheblich billiger, die Touren selbst zu organisieren. Auf jeden Fall lohnt es sich, bei den zahlreichen Reisebüros und Touranbietern in der Neustadt oder bei den Booten am Hafen selbst nachzufragen und Preise zu vergleichen. Dann ist man in seiner Planung außerdem spontaner und flexibler. Wer lieber planen lässt, nimmt die Angebote der Reiseleiter wahr. Angst vor dem Auto-, Bus- oder Taxifahren braucht man auf Rhodos jedoch nicht zu haben.

Hirsch und Hirschkuh erwarten die Boote im Mandráki-Hafen.

Einfach gut!

alterlichen Stadtmauer zwischen die modernen Betonhäuser aus der Nachkriegszeit mischen, hauptsächlich aus dem 20. Jahrhundert, aus der Zeit der italienischen Fremdherrschaft. Nur noch wenige Überreste aus der Antike und der osmanischen Zeit kann man hier entdecken. Dafür gibt es im Norden und Osten der Inselspitze zahlreiche große, moderne Hotels, viele andere touristische Einrichtungen und die Ausgehmeile Odós Orfanídou. Restaurants, stylische Cafés, Lounges und Bars sowie zahlreiche Geschäfte liegen hinter der Néa Agorá rund um die Odós I. Polytechníou und die Odós Amerikís.

Der Mandráki-Hafen

Als die Makedonier 305/304 v. Chr. Rhodos belagerten, verteidigten die Insulaner erfolgreich ihr Rhodos gegen die Eindringlinge. Als Siegesdenkmal stellten sie den legendären Koloss von Rhodos – vermutlich im antiken Kriegshafen, dem heutigen Mandráki-Hafen – auf. Wer sich auf die Suche nach der 33 Meter hohen Bronzestatue macht, wird enttäuscht. Die als Weltwunder der Antike geltende Statue des Sonnengottes soll nur etwa 50 Jahre lang aufrecht gestanden haben,

BADEN IN DER STADT

Lange Kies- und Sandstrände säumen die Nordspitze der Stadt, sodass Urlauber, die ihr Quartier hier aufschlagen, nicht nur Stadturlaub machen, sondern Kultur- und Strandvergnügen gut kombinieren können. Außer Einsamkeit und Ruhe bieten diese Strände alles, was Touristen benötigen: Sonnenliegen und Sonnenschirme, Snacks und Getränke sowie diverse Wassersport-Arten wie Surfen, Wasserski oder Tretboote. Als beliebtester Stadtstrand gilt der sich zwischen Mandráki-Hafen und Aquarium erstreckende, relativ steil abfallende und windgeschützte Elli-Strand, den auch viele Einheimische besuchen. Wegen der zahlreichen Touristen, die sich im Sommer zu ihnen gesellen, ist er jedoch schnell überfüllt. Am westlichen Küstenabschnitt südlich des Aquariums besuchen vor allem die in den dortigen Hotels wohnenden Touristen den sandigen Psaropoúla-Strand.

Das Tamam bietet kreative griechische Küche.

Nicht verpassen

MODERN UND FAMILIÄR

Dass ein kleines und einfaches, aber modernes Restaurant im touristischen Viertel der Neustadt schon lange den ersten Platz der Restaurants von Rhodos-Stadt beim Internetportal Tripadvisor belegt, mag – abgesehen von den sich davor bildenden Schlangen – zunächst recht verwunderlich wirken. Spätestens wenn man das gemütliche, familiär betriebene Restaurant jedoch besucht, merkt man, warum es solch einen guten Ruf genießt. In charmanter Atmosphäre servieren der zuvorkommende Chef Andréas und seine äußerst freundlichen und lebhaften Töchter an nur zehn Tischen die von seiner Frau María zubereiteten Speisen. Das mediterrane Menü umfasst zahlreiche kreativ verfeinerte Vorspeisen, griechische Spezialitäten, Fleischgerichte und Pasta sowie köstliche Salate.

Tamam. Odós Georgíou Léontos 1, Tel. 22 41 07 35 22, www.tamamrhodes.com

ehe sie bei einem Erdbeben ins Meer stürzte. An ihrer Stelle kann man heute die Wappentiere der Insel, Hirsch und Hirschkuh, als Bronzefiguren in der Einfahrt des Hafens bewundern. Der Legende nach haben sie Rhodos von einer Schlangenplage befreit.

Eine etwa 400 Meter lange Mole, auf der heute noch drei von ursprünglich 13 *mittelalterlichen Mühlen* stehen, begrenzt den Mandráki-Hafen am östlichen Ende. In einer der restaurierten Mühlen kann man im Geschäft des Hydrografischen Amtes der Griechischen Marine Seekarten kaufen und eine kleine Ausstellung besichtigen. Das Ende der Mole markiert die mächtige, nicht zugängliche *Festung Ágios Nikólaos* aus der zweiten Hälfte des 15. Jahrhundert, die bis heute gut erhalten ist.

Der Neue Markt

Auf der Landseite wird der Hafen, der auch dem sich westlich erstreckenden Bezirk seinen Namen gegeben hat, vom Bild des Baus der *Néa Agorá* (Neuer Markt) geprägt, die von den Italienern erbaut wurde. Unter den Arkaden auf der Hafenseite des siebeneckigen Gebäudes gibt es zahlreiche Cafés und Tavernen, deren Kellner bis in den

Rundgang in der Neustadt

Bei einem Spaziergang durch die Neustadt, in der die meisten Touristen in Rhodos-Stadt Quartier beziehen, kann man außer den großen Hotels und den Nachkriegsbauten viele Erinnerungen aus der italienischen Besatzungszeit entdecken. Es macht Spaß, das Treiben der Einheimischen zu beobachten oder daran teilzuhaben.

Ⓐ Festung Ágios Nikólaos – Der 25 Meter hohe Leuchtturm wurde bereits im Jahr 1863 errichtet. Am Ende des Mole des Mandráki-Hafens, Di–So 9–14.30 Uhr.

Ⓑ Néa Agorá (Neuer Markt) – Einige der Cafés an der Hafenseite haben schon ab 7 Uhr morgens geöffnet. Sie servieren leckere griechische Kuchen.

Ⓒ Aktaion – Im Traditionscafé, das in dem historischen Bauwerk untergebracht ist, lässt es sich herrlich im Schatten der Bäume ausspannen. Tgl. ab 8 Uhr, Platía 7is Martíou, Tel. 22 41 02 34 31.

Ⓓ Kirche Evangelismós – Die dreischiffige Basilika präsentiert sich mit einer Kombination aus gotischen und byzantinischen Stilelementen. Der Glockenturm wurde im venezianischen Stil erbaut. Tagsüber geöffnet, Platía Eleftherías, Eintritt frei.

Ⓔ Nationaltheater – Leider finden nur noch selten Gastspiele diverser Ensembles im Theater mit der eindrucksvollen Bühne statt. Platía Dimarchíou. Informationen über evtl. Aufführungen bei der Touristen-Info oder Tel. 22 41 03 06 68.

Ⓕ Türkischer Friedhof – Im idyllischen Friedhof liegt die 1523 vom Admiral Murat Reis gestiftete Moschee. Odós G. Papanikoláou, tagsüber frei zugänglich.

Ⓖ Casino Rhodos – Das Casino ist vermutlich das schönste Griechenlands. Mindestalter 21 Jahre, Personalausweis und entsprechende Kleidung notwendig, Casino durchgehend geöffnet, Slotmaschinen 12–5 Uhr, Eintritt 6 € (inkl. Getränke, außer bei Bestellungen an der Bar), Odós Papanikoláou 4, Tel. 22 41 09 74 00, www.casinorodos.gr

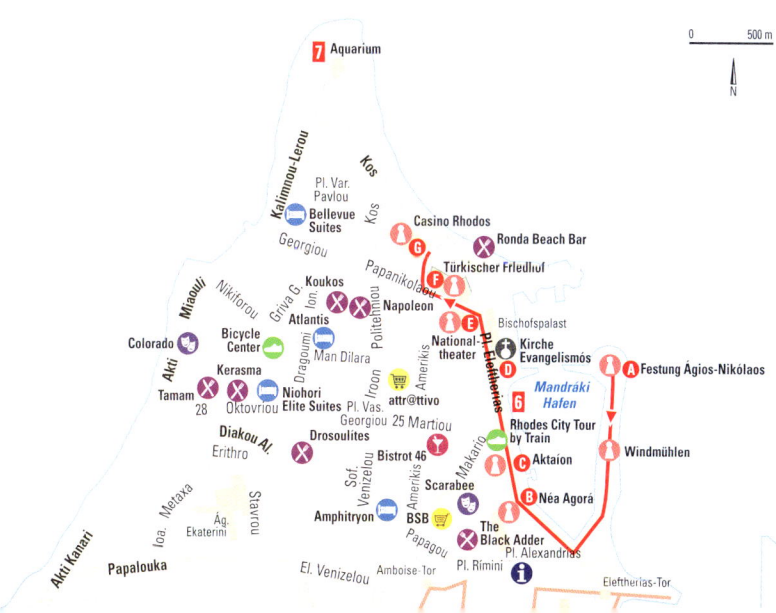

späten Abend um Kundschaft buhlen. In den anderen Räumlichkeiten sind diverse Lädchen untergebracht. Im Innenhof diente der kleine Pavillon mit den Fischreliefs an den Säulenkapitellen einst als Fischmarkthalle.

Prachtbauten der Uferstraße

Von der *Néa Agorá* erstreckt sich gen Norden die breite *Straße Eleftherías*, an der sich landseitig einige auffällige klassizistisch anmutende Gebäude aneinanderreihen. Die meisten Gebäude, die sich in einem Mischstil zwischen Historismus und Moderne präsentieren, wurden zu Zeiten Mussolinis erbaut. Man passiert zunächst das *Aktaion*, ein städtisches Café mit Flachdach und schattigem Garten. Das unter Denkmalschutz stehende Gebäude, das italienischen Offizieren als Treffpunkt diente, wurde 1925 erbaut und kombinierte erst orientalische und gotische Stilelemente. 1936 wurden die dekorativen Elemente entfernt, sodass es zu der faschistischen Architekturlinie passte.

Ans *Aktaion* schließen sich die Gebäude des Gerichtes, der Bank of Greece, der Hafenmeisterei und der Hauptpost an. An ihr fällt die reich mit Reliefs verzierte Fassade auf. An der Platía Eleftherías folgt noch das *Nationaltheater*, das ein gutes Beispiel für faschistische Architektur ist. Das 1937 erbaute Theater diente nach dem Krieg

Oben: Viele tolle, moderne Cafés laden in der Neustadt zu einer Pause zwischen jungen Einheimischen ein.
Unten: Direkt am Hafen steht die Evangelismós-Kirche, die Kathedrale des Metropoliten.

auch als Kino. Nördlich kann man die spärlichen Überreste der hellenistischen Mauer des Kriegshafens sehen.

Auf der gegenüberliegenden Seite erstreckt sich am Ufer der Bischofssitz mit der anliegenden *Evangelismós-Kirche*. Die Kathedrale des Metropoliten von Rhodos wurde 1925 von den Italienern restauriert. Sie ersetzt die einstige Hauptkirche der Johanniter. Die früher katholische Kirche wurde 1947 in ein griechisch-orthodoxes Gotteshaus umgewandelt. Im Inneren kann man die neuen Ausmalungen im byzantinischen Stil betrachten. Nördlich der Kirche fällt noch das interessante Gebäude der *Präfektur des Dodekanes* auf. Das 1927 erbaute Gebäude greift Elemente aus Gotik und Renaissance auf.

Das osmanische Erbe

Gleich hinter der Linkskurve, die die Straße am Nationaltheater macht, erstreckt sich rechts zwischen Palmen, Eukalyptusbäumen und Oleander ein jahrhundertealter *osmanischer Friedhof*, auf dem Großwesire und Paschas begraben wurden. Die Grabsteine und -stelen sind nach Mekka ausgerichtet, der Grabsteinschmuck zeugt von Rang, Geschlecht oder Beruf des Verstorbenen: Die Grabstelen von Männern sind mit einem Turban oder einem Fes bekrönt. Die Blumenornamente auf den Gräbern der Frauen geben Auskunft über die Zahl ihrer Kinder.

Nur wenige Schritte trennen den Friedhof vom ehrwürdigen Gebäude des historischen *Hotels Grande Albergo delle Rose*, Residenz zahlreicher griechischer Politiker und internationaler Prominenz. Das »Rosenhotel« wurde 1927 während der italienischen Besatzung vom Italiener di Fausto konzipiert, der sein Werk gern als »das beste Hotel des östlichen Mittelmeers« bezeichnete.

Nicht verpassen

STYLISCH AM STRAND

Wer nicht nur die Abende, sondern auch gern mal einen oder mehrere Urlaubstage in schicker Atmosphäre am Strand verbringen möchte, ist in der Ronda Beach Bar genau richtig. Die große, perfekt durchgestylte Beach Bar am Elli-Strand dient den Einheimischen schon seit Jahren zum Sehen und Gesehenwerden. Urlauber genießen insbesondere die leckeren Cocktails, den Lounge-Bereich oder die hochwertigen Sonnenbetten mit Strandtüchern. Begleitet wird der Strandtag von Chill-Out-Musik. Für Spaß bei Klein und Groß sorgt der Sprungturm »trambolíno« im Wasser. Bei ca. 20 € für zwei Liegen und Sonnenschirm hat das Badevergnügen natürlich seinen Preis. An den Wochenenden, wenn sich noch mehr Einheimische dazugesellen, scheint der Service leider manchmal etwas überfordert.

Ronda Beach Bar – Restaurant. Platía Koundourióti 6, Tel. 69 37 40 44 46 (mobil), www.ronda.gr

Infos und Adressen

INFORMATION
Griechische Zentrale für Fremdenverkehr (EOT). Mo–Fr 7–22 Uhr, Sa 8.30–15 Uhr, Odós Avérof 3, Tel. 22 41 03 59 45, www.rhodes.gr

ESSEN UND TRINKEN
Ronda. Der markante, denkmalgeschützte Rundbau aus den 1930er-Jahren an der Platía Koundouriótou dient der Ronda Beach-Bar (siehe Tipp S. 63) als Innenbereich.

Drosoulítes. Stimmungsvolles *mezedopólío* mit gutem Preis-Leistungs-Verhältnis und schönem Außenbereich, in dem es hervorragende *mezédes*, die typisch griechischen Kleinigkeiten, gibt. Zubereitet werden sie hier nach traditionellen kretischen Rezepten. Von der Insel Kreta stammt auch der typische Tresterschnaps *rakí*, der hier auf dem Programm steht. Odós Alexándrou Diákou 5, Tel. 22 41 03 00 21, www.drosoulites-rakadiko.gr

Kerasma. Das kleine und moderne, im Jahr 2010 eröffnete Restaurant begeistert mit traditionellen griechischen Gerichten, die entweder unkonventionell zubereitet oder kreativ variiert werden. Besonders aufmerksamer Service. Mo–Sa 13–24 Uhr, So 17–24 Uhr, Odós G. Léontos 4–6, Tel. 22 41 30 24 10, www.kerasmarestaurant.com

Koukos. Im mit Liebe zum Detail eingerichteten traditionellen Café und *mezedopólío* werden nicht nur Kaffee und der inseltypische Tresterschnaps *souma*, sondern auch *mezédes* und Gerichte aus dem Holzofen serviert. Vier einfach, aber liebevoll eingerichtete Räume warten auf Übernachtungsgäste. Odós N. Mandilará 20–26, Tel. 22 41 07 30 22, www.koukoscafe.gr

The Black Adder. In modernem Ambiente werden in diesem Pub verschiedene Fleischgerichte, Burger, köstliche Salate und leckere Cocktails serviert. Tgl. 8–3 Uhr, Odós D.

Gemütliche Atmosphäre im Koukos.

Theodoráki 5–11, Tel. 22 41 07 58 97, www.theblackadderpub.com

ÜBERNACHTEN
Amphitryon. Nahe der Altstadt gelegenes Stadthotel mit 82 modern und elegant eingerichteten Zimmern und Außenpool. Im Hotel mit äußerst zuvorkommendem Personal gibt's ein umfangreiches Frühstück. Odós A. Diákou 10, Tel. 22 41 01 06 80, www.amphitryonhotel.gr

Atlantis City Hotel. Das im Jahr 2009 umfassend renovierte Hotel präsentiert sich mit schlichtem, aber modernem Design in den 52 minimalistisch und zweckmäßig eingerichteten Zimmern. Es liegt etwa 250 m vom Strand entfernt. Odós I. Dragoúmi 29, Tel. 22 41 02 48 21, www.atlantiscityhotel.com

Bellevue Suites. Das moderne Hotel erwartet seine Gäste mit elf 45 und 65 qm großen, luxuriösen Meerblick-Suiten, die über eine Kochnische mit Nespresso-Kaffeemaschine verfügen, und zwei Pools. Aktí Miaoúli/Ecke Odós Tílou, Tel. 22 41 07 58 80, www.bellevuesuitesrhodes.com

Rodos Niohori Elite Suites. Das Boutique-Hotel mit drei nach Blumen benannten Suiten ist in einem historischen Gebäude mit kieselsteingepflastertem Innenhof untergebracht. Die eleganten Suiten erstrecken sich über zwei Etagen und sind mit hochwertigen italienischen Möbeln eingerichtet. Frühstück wird den ganzen Tag serviert. Odós Dilmperáki 47–49, Tel. 22 41 03 24 14, www.rodosniohori.gr

NACHTLEBEN

Colorado. Seit Jahren ist die Diskothek auf drei Ebenen mit unterschiedlichen Musik-Stilen, vorwiegend Mainstream und House, eine feste Institution im Nachtleben von Rhodos-Stadt. In einem Bereich täglich Live-Musik, gelegentlich auch bekannte griechische Sänger. Tgl. ab 22.30 Uhr, Odós Orfanídou 57, Tel. 22 41 07 51 20, www.colorado.com.gr

Flaws. Lounge Bar mit richtig guten Drinks und originellen Cocktails, die besonders liebevoll arrangiert serviert werden. Die Kulisse: chillige Musik, minimalistisches Design und freundliche junge Atmosphäre. Iróon Politechníou 20, Tel. 69 48 04 21 54 (mobil).

EINKAUFEN

attr@ttivo. Beim griechischen Mode-Label bekommt man moderne und alternative Damenkleidung, Schuhe und Accessoires. Odós 25is Martíou 21, Tel. 22 41 03 07 54, www.attrattivo.gr

BSB. Seit über 30 Jahren wird bei BSB trendige Mode entworfen. Hinzu kommen Sonnenbrillen-Kollektionen und seit 2008 auch eine Modelinie aus 100 Prozent Bio-Baumwolle. Odós Tárpon Springs 33, Tel. 22 41 02 29 20, www.bsbfashion.com

AKTIVITÄTEN

Rhodes City Tour by train. Der rote Mini-Zug startet täglich zu einer 50-minütigen Tour vor dem Café Aktaion. Entlang der Stadtmauer geht es zum Monte Smith und entlang des Aquariums zurück. Tgl. 10–17 Uhr stündlich, Preis 7 €, Start: Café Aktaion (Platía 7is Martíou).

Fahrräder. Fahrräder, die man sich nach Anmeldung an den Automaten der Stationen oder online (http://rhodes.cyclopolis.gr) leihen kann, stehen z. B. an der Platía Eleftherías ggü. der Kirche Evangelismós oder an der Platía Símis in der Altstadt.

Für Badeerlebnisse sorgen beim Städteurlaub die Stadtstrände.

7 Aquarium
Unterwasserwelt der Ägäis

Wer eine Pause von der Sonne braucht, sich am Strand langweilt oder einmal etwas anderes als das übliche Kulturprogramm unternehmen möchte, kann das am Strand gelegene Aquarium in der Neustadt besuchen. Seit seiner Errichtung zwischen den Jahren 1934 und 1936 beherbergt das Gebäude eine hydrobiologische Station sowie ein Aquarium, in dem man einen hervorragenden Eindruck von der Unterwasserwelt der Ägäis bekommt.

An der nördlichsten Spitze der Insel eröffnete im Jahr 1937 das Königliche Institut der Meeresbiologie von Rhodos. Aufgabe des Instituts war und ist unter anderem die Analyse und Bewertung von Problemen, die in der Ägäis etwa durch das Schwammtauchen oder die Überfischung auftreten. Gleichzeitig obliegt der Einrichtung die Durchführung von ozeanografischen Forschungsprogrammen im Umkreis des Dodekanes. Seit 2003 ist das Institut als Hydrobiologische Station dem Griechischen Zentrum für Meeresforschung angegliedert.

Konzipiert wurde das auffällige Gebäude vom italienischen Architekten Armando Bernabiti. Seine Bauweise vereint den Art-déco-Stil mit einigen inseltypischen Elementen. Durch runde Bullaugen, wie sie für Boote typisch sind, organische Formen, unterschiedliche Ebenen und die Meerestiere- und Muschelreliefs am Haupteingang bekennt sich das Gebäude auch äußerlich zum maritimen Stil. Obwohl das Aquarium mittlerweile schon über 70 Jahre alt und größtenteils in seiner Originaleinrichtung erhalten ist, gehört es heute wie damals zu den gern besuchten Touristenzielen.

Zahlreiche maritime Details am markanten Gebäude weisen bereits von außen auf seine Funktion als Aquarium und hydrobiologische Station hin.

Der Besuch im Aquarium

Entlang einer Grünfläche, deren Hauptweg mit 14 Fliesen geschmückt ist, die die maritimen Wappen der wichtigsten Dodekanes-Inseln zeigen, geht man auf das Aquarium zu. Der Eingang für Besucher liegt im Untergeschoss auf der rechten Seite des Gebäudes. Rechts der Kasse gelangt man zunächst in den Raum mit Informationen zum Museum und zur Unterwasserwelt der Ägäis und kann die Präparate von Meeresbewohnern wie Haien, Krustentieren, Seeteufeln, einem Delfin und einer Meeresschildkröte betrachten. Zu sehen sind außerdem Seesterne und Schwämme sowie Muscheln in diversen Größen und Formen. Nicht nur Kinder freuen sich über das flache offene Salzwasserbecken, in dem Meeresbewohner untergebracht sind, die für Menschen vollkommen harmlos sind und angefasst werden dürfen. In dem Becken leben unter anderem ein Rochen, ein Schwamm, Seesterne und ein Einsiedlerkrebs.

Die 28 unterschiedlich großen Becken des Aquariums liegen im nächsten Bereich. Sie säumen einen tropfsteinhöhlenartigen Gang, den man gegen den Uhrzeigersinn begeht. In den Becken leben Muränen und Aale, Krebse und Krabben, Seeigel und Seesterne, Zahn- und Goldbrassen, Rochen, Oktopusse und Langusten, die markanten Drachenköpfe und viele andere Fische und Meeresbewohner, die heute nur noch äußerst selten in der Ägäis anzutreffen sind.

Vom Aussterben bedroht ist vor allem die einstmals überall verbreitete eindrucksvolle Meeresschildkröte *Caretta caretta*. Im zentral angelegten, kreisrunden Becken mit einem Fassungsvermögen von 25 000 Litern in der Mitte des Bereichs sind die Vertreter zahlreicher großer Fischarten wie Zackenbarsche oder Stachelrochen untergebracht.

INFORMATION

Aquarium. April–Okt. tgl. 9–20.30 Uhr, Nov.–März tgl. 9–16.30 Uhr, Eintritt 5,50 €, Kinder 3,50 €, Senioren (über 65 Jahre) 3,50 €, Platía Enidríou – Odós Ko, Tel. 22 41 02 73 08, www.hcmr.gr

ESSEN UND TRINKEN

Nísos. Hübsches Restaurant, optisch im Tavernen-Stil, mit griechischer Küche, wie man sie auch vom Griechen um die Ecke zu Hause kennt. Odós Ko, Tel. 22 41 02 20 04, www.nisosrestaurant.com

ÜBERNACHTEN

Aquarium View. Das 4-Sterne-Hotel bietet 95 Zimmer und Studios für Familien, teils mit Aquarium- und Meerblick. Buchung überwiegend pauschal, es ist aber auch für Individualreisende ideal, die Strand- und Stadturlaub kombinieren möchten. Platía Charítou, Tel. 22 41 02 35 51, www.aquarium-hotel.gr

AKTIVITÄTEN

Rhodes City Tour. In der Saison können Besucher mit den Hop-on-hop-off-Doppeldeckerbussen einige Sehenswürdigkeiten rund um die Altstadt erreichen. Sie fahren stündlich vom Psaropoúla-Strand im Westen entlang des Aquariums und Mandráki-Hafens zur Neuen Marina im Osten, südlich der Stadtmauer am Monte Smith vorbei und wieder zurück. Tagesticket Erwachsene 12 €, Kinder 5 €, Juni–Sept. 9–19 Uhr, April 9–15 Uhr, Mai/Okt. 9–17 Uhr, www.captains-tours.gr

MONTE

SMITH

8

★ Akropolis

Diagoridon

Himaras

Pavlidi

Ág.
Georgikos

Kennedy

The Sofouli

Volonaki

Ioann

8 Monte Smith
Die Akropolis
von Rhodos-Stadt

Davon, dass Rhodos-Stadt bereits in der Antike gegründet wurde, zeugt ein grüner, über der Stadt thronender Hügel, wo einige wenige Überreste der dort erbauten antiken Akropolis zu sehen sind. Der Aufstieg lohnt allein schon wegen der fantastischen Aussicht über die Stadt und dem Blick bis hin zur türkischen Küste und zur Nachbarinsel Sými. Regelrecht romantisch ist die Atmosphäre auf dem Monte Smith bei Sonnenuntergang.

Der etwa 110 Meter hohe Berg Monte Smith erhebt sich im Südwesten der Stadt. Den für Griechenland ungewöhnlich anmutenden Namen bekam er erst im 19. Jahrhundert, er leitet sich vom Namen eines englischen Admirals ab, der 1802 die auf Rhodos stationierten britischen Marineeinheiten kommandierte. Diese waren zu dieser Zeit damit beauftragt, den östlichen Mittelmeerraum zu überwachen. Bebaut wurde der Hügel der Stadt allerdings schon wesentlich früher. Bereits 408 v. Chr. entstand dort die Akropolis von Rhodos-Stadt. Diese antike Stadt, in der einst etwa 60 000 Menschen lebten, erstreckte sich bis in das Gebiet der heutigen Altstadt, wo die Johanniter in späterer Zeit die meisten Gebäude aus der Antike überbauten. Doch auch auf dem Monte Smith selbst sind nur noch wenige Überreste erhalten.

Überbleibsel der Antike

Die wenigen Fragmente aus der Antike reichen allerdings aus, um einen Eindruck davon zu bekommen, wie es auf dem alten Akropolis-Hügel

Hoch über Rhodos-Stadt baute man in der Antike die Akropolis des Stadtstaates mit einem Apollotempel als Zentrum.

Monte Smith

ausgesehen haben könnte. Erhalten sind dreiein-
halb Säulen eines Apollotempels, ein teilweise
rekonstruiertes, 190 Meter langes und 35 Meter
breites Stadion und ein von den Italienern rekonstruiertes Theater aus weißem Marmor. Die
Marmorsäulen des Apollotempels, die von den
Italienern wieder aufgerichtet wurden, sind eines
der beliebtesten Fotomotive in Rhodos-Stadt.
Ihnen zu Füßen erstreckt sich das während der
italienischen Besatzung nachgebaute rechtwink-
lige Theater, in dem 800 Menschen Platz fanden.
Im 1. Jahrhundert v. Chr. diente der Originalbau,
von dem nur noch drei Sitze in der untersten
Reihe erhalten sind, der bekannten rhodischen
Rhetorikschule vermutlich als eine Art Audito-
rium. Sie zählte illustre Besucher wie die späteren
römischen Politiker Cicero, Pompejus und Cäsar
zu ihren Schülern. Gelegentlich finden dort heute
noch Aufführungen oder Konzerte statt. Wenige
Schritte trennen das Theater vom rekonstruierten, von Bäumen umgebenen Stadion. Auch von
diesem antiken Bauwerk, ein gutes Beispiel hellenistischer Sportstätten, konnten die Italiener nur
wenige Sitzreihen in der Stadionrundung finden.

Trümmer und Felskapelle

Folgt man der oberhalb des Apollotempels verlaufenden Odós Isiódou Richtung Norden, kann man
die herrliche Aussicht auf die Küste genießen.
An der mit Palmen bepflanzten Straße bieten sich
einige Bänke als Rastplatz an. Rechter Hand liegen
am Straßenrand die äußerst spärlichen Reste des
antiken Zeus-Athene-Tempels. Folgt man dem
Straßenverlauf hangabwärts und hält sich an
der Gabelung rechts, sieht man an der nächsten
Straßenkreuzung zwischen Pflanzen ein Schild.
Ein Pfad führt dort hinunter zu einem blumengeschmückten Hof, wo der Eingang zu der dem
heiligen Nikolaos geweihten Felskapelle liegt.

Infos und Adressen

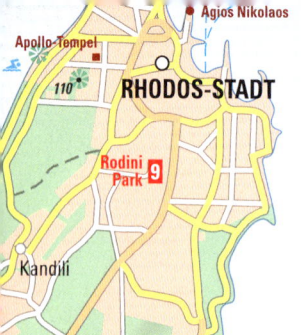

9 Rodíni-Park
Schattige Oase der Ruhe

Besonders an den Sommerwochenenden zieht es viele Rhodier mit ihren Familien für ein paar erholsame Stunden in den Rodíni-Park im Süden von Rhodos-Stadt. Der alte Baumbestand, ein Bach, über den hölzerne Brücken führen, Teiche und winzige Wasserfälle, Tiergehege und umherlaufende Pfauen schaffen in einer Schlucht eine Mischung zwischen Stadtpark und Zoo.

Wenn nicht gerade ein paar Paintball-Spieler im Rodíni-Park unterwegs sind, ist der überraschend grüne Park, der sich zwischen dem Monte Smith und der Straße nach Lindos erstreckt, eine angenehm ruhige Anlage zum Spazierengehen. Besuchen sollte man den Park, wenn man ein schattiges Plätzchen abseits des Rummels der Stadt sucht. Für Gesellschaft sorgen die frei umherlaufenden Pfauen. Wichtig war der Rodíni-Park schon in der Antike. In hellenistischer Zeit soll dort die berühmte Rhetorik-Schule der Insel gegründet worden sein. Der aus Athen stammende Redner und Politiker Aischines (390 v. Chr.–etwa 314 v. Chr.) wählte den Park als Versammlungsort für seinen Rhetorikunterricht, da er meinte, dass die Natur ihn inspiriere und sein Denkvermögen fördere. Später folgten andere Rhetoriker seinem Beispiel.

Spaziergang durch den Park

Der Rundgang durch den mit vielen Platanen, Pinien und Zypressen bewachsenen Park beginnt im Nordosten an der Straße nach Lindos an dem markanten Bau einer Gaststätte. An einem Springbrunnen vorbei kommt man zu einem kleinen Aquädukt, das sich quer über das Tal er-

Brücken, Stufen und zahlreiche Pfade führen Besucher bei einem Spaziergang durch den Rodíni-Park.

Auch im Hochsommer sorgt das Blätterdach im Park für angenehme Temperaturen.

streckt. Dahinter führt ein Treppenpfad hinunter zum Bach, der immer wieder von Holzbrücken überspannt wird. Läuft man entlang der linken Talseite, zweigt links ein Pfad ab, der zu einem kleinen Tiergehege mit Hirschen, Wildziegen und Pelikanen führt. Am Ende des Tals folgt man dem Pfad halblinks den Hügel hinauf bis zu einer kleinen Straße, die dann rechter Hand durch einen Tunnel führt. Am Straßenrand liegen jahrhundertealte Grabkammern. Folgt man der Straße, gelangt man auf die andere Seite des Tals und läuft zurück Richtung Norden. Links der Kurve lohnt ein Abstecher zum Ptolemäergrab. In der Gegend des Rodíni-Tals weisen zahlreiche Gräber darauf hin, dass die Senke in der Antike als Nekropole gedient haben muss. Im Südwesten des Parks zeugt auf einem Plateau eine gut erhaltene, knapp 5 Meter hohe Fassade von einem Felsengrab aus dem 4. Jahrhundert v. Chr. Da zu dieser Zeit die ägyptische Herrscherdynastie der Ptolemäer großen Einfluss in der Ägäis hatte, wurde es im 19. Jahrhundert von Reisenden »Ptolemäer-Grab« getauft. Bis heute weiß man jedoch nicht, wer in dem Grab bestattet wurde. Sicher ist nur, dass es kein ägyptischer Herrscher war.

Infos und Adressen

ANFAHRT
Mit dem Bus: Von der Néa Agóra (Mandráki-Hafen) fährt halbstündlich Bus Nr. 3 zum Rodíni-Park.

Mit dem Auto: Der Eingang des Rodíni-Parks liegt an der großen Ausfallstraße Richtung Líndos (Odós Líndou), etwa 3 km südlich der Altstadt.

ESSEN UND TRINKEN
Die Gaststätte am Rodíni-Park war 2017 geschlossen. Ob sie wieder öffnet, ist ungewiss.

ÜBERNACHTEN
Philoxenia. Die 23 modern eingerichteten Studios und Appartements mit Kochnische und Balkon bieten eine praktische Übernachtungsmöglichkeit für alle, die mit dem eigenen Mietwagen unterwegs sind. Frühstücken kann man im Garten. Odós Manóli Papamanóli 12, Rhodos-Neustadt, Tel. 22 41 03 72 44, www.philoxenia.com.gr

FALIRÁKI UND DIE OSTKÜSTE

10 Kallithéa-Thermen
Thermalbad mit Geschichte

Wenn Kaiser Augustus sich von seinen Amtsgeschäften erholen wollte, zog er sich mit Vorliebe auf die Insel Rhodos zurück – die Heilquellen von Kallithéa in der Nähe von Rhodos-Stadt waren hier sein bevorzugter Aufenthaltsort. Nach umfassenden Restaurierungsmaßnahmen ist die historische Thermenanlage in der fjordähnlichen Bucht seit 2007 wieder für Besucher geöffnet, allerdings nur als Strandbad mit Café.

Die Heilquellen von Kallithéa liegen etwa 9 Kilometer südlich von Rhodos-Stadt. Schon in der Antike setzte man auf die heilende Kraft des schwefelhaltigen Wassers, das aus einer inzwischen versiegten Quelle strömte und heute mithilfe eines Brunnens an die Oberfläche gefördert wird. Viele Menschen suchten Rhodos allein wegen der heilenden Quellen auf – schließlich berichtete bereits Hippokrates, einer der berühmtesten Ärzte des klassischen Altertums, um 400 v. Chr. von ihrer positiven Wirkung bei Hauterkrankungen und Allergien, Fettleibigkeit, Rheuma, Arthritis, Blasen-, Magen-, Darm- und Nierenleiden.

Erst in der ersten Hälfte des 20. Jahrhunderts untersuchten italienische Forscher die Inhaltsstoffe des Quellwassers. Hydrologen und Ärzte bestätigten seine heilende Wirkung; das war mit der Anlass, 1928 mit dem Bau einer prächtigen Kuranlage im orientalischen Stil zu beginnen. Konzipiert wurde die glanzvolle und kostspielige Anlage mit kleinem Bootsanleger vom italienischen Architekten Pietro Lombardi, der auf Rhodos auch bei vielen anderen Prachtbauten federführend war. Eingeweiht wurde die Anlage im Juli 1929.

Vorangehende Doppelseite: die Anthony-Quinn-Bucht bei Faliráki
Oben: Markant erhebt sich die Kuppel der großen Rotunde zwischen den Palmen.
Unten: An den Wänden der großen Quellenrotunde sieht man noch die Brunnen aus alten Zeiten.

Ein Springbrunnen besucht Begrüßer am Eingang

Badevergnügen der Neuzeit

Während des Zweiten Weltkriegs wurde
die Kuranlage bombardiert und schwer beschädigt, die Überbleibsel dienten der nationalen
und internationalen Filmindustrie öfter einmal als
malerische Kulisse – unter anderem für Szenen des
Films »Alexis Sorbas« mit Anthony Quinn.

Nachdem die Thermenanlage über Jahrzehnte
hinweg verfallen war, entschloss man sich erst
in den letzten Jahren zu umfangreichen Restaurierungsmaßnahmen. Wiedereröffnet hat man
die stilvolle Anlage im Jahr 2007 nicht als Kur-,
sondern als Strandbad, das immer noch mit
seiner malerischen Lage und der nostalgischen
Architektur begeistert. Wer die Thermen besucht,
fühlt sich in eine andere Epoche versetzt. In den
Räumen finden Ausstellungen, Konzerte und
Hochzeiten statt.

Als die Kallithéa-Thermen im Jahr 1929 ihre Tore
öffneten, staunten die Gäste über die einzigartige,
orientalisch anmutende Architektur. Gleich hinter
dem Parkplatz öffnet sich ein erster runder Hof,
dessen Mitte ein großer Springbrunnen schmückt.
Ein Weg führt von hier zum Kassenhäuschen.

Nicht verpassen

BADEN AN DER FELSKÜSTE

Drei Badebuchten, die
südlich der Kallithéa-Thermen ausgeschildert sind, laden
an der steilen Felsenküste unterhalb
eines kleinen Kiefernwaldes zum
Sonnen, Baden und Schnorcheln
ein. Im Vergleich zu der Bucht von
Kallithéa geht es in diesen drei
kleinen Badebuchten, die mit ihren
hübschen Felsformationen punkten,
etwas ruhiger zu, gerne kommen
auch Einheimische hierher. Sonnenschirme und Liegen verteilen sich
sowohl an den kleinen Stränden
als auch auf den Felsen. Benannt
sind die Buchten teilweise nach den
Besitzern der jeweiligen Snackbar:
Oasis-, Tassos- und Nicolas-Strand.
Ins stellenweise sehr tiefe Wasser
gelangt man an vielen Stellen über
Leitern oder Stege. Für Unterwas-
serwelt-Fans lohnt die Mitnahme
der Schnorchelausrüstung. Um
Verletzungen an den teilweise mes-
serscharfen Felskanten zu vermeiden, sollte man gute Badeschuhe
mitnehmen.

Oben: Frei zugänglich sind die außergewöhnlichen Buchten rund um die Thermenanlage.
Mitte: In den Kallithéa-Thermen ist der alte Charme noch spürbar.
Unten: Der Oasis-Bar verdankt der Strand seinen Namen.

Dahinter verläuft eine mit Bougainvilleen bepflanzte Pergola bis zu den abwärts führenden Treppenstufen. Mit schönem Blick auf die Bucht erreicht man am unteren Ende der Treppe die kleine Quellenrotunde und die sich an der Felswand erstreckende Stoa mit Brunnen. Im Zentrum der Rotunde ist noch ein altes Marmorbecken zu sehen, das von sechs Seiten mit Wasser gefüllt wurde. Der kleine, von Palmen und Tamarisken gesäumte Sandstrand erweist sich für die vielen Besucher oft als zu klein, sodass man Sonnenliegen und -schirme auch an den begrünten Felswänden links und rechts der länglichen, schmalen Bucht aufstellt. Wie kleine Wasserfälle sprudeln die Quellen auf der linken Seite, auf der rechten Seite kann man im Café-Restaurant entspannen und die Boote beobachten, die Touristen zum Schnorcheln in die hübsche Bucht mit dem kristallklaren Wasser bringen. Hinter dem Café ist über Treppen das Hauptgebäude des Thermalbades zu erreichen. Die große Rotunde begeistert mit ihrer 14 Meter hohen, verzierten Kuppel und dem kleinen Springbrunnen mit Eros-Statue. Eine Foto-Ausstellung dokumentiert dort die Geschichte der Thermen.

Infos und Adressen

INFORMATION

Kallithéa-Therme. Mai–Okt. tgl. 8–20 Uhr, Nov.-April 8–17 Uhr, Eintritt 3 €, Kinder bis 18 Jahre 2 €, bis 12 Jahre frei, ab 20 Uhr Eintritt für das Café frei, Kallithéa, Tel. 22 41 03 70 90, www.kallitheasprings.gr

ESSEN UND TRINKEN

Pane di Capo. Im hübschen Café der Kallithéa-Therme, dessen Thekenbereich in einer Felsenhöhle untergebracht ist, bekommt man Salate, Pasta, Snacks, Eis und Desserts. Am Abend eine wunderbare Location, um sich einen Drink zu gönnen. Tgl. ab 9 Uhr.

Santa Marina Beach Bar. Stylische, recht neue Beach Bar mit moderner mediterraner Küche und Wohlfühlfaktor, auch wenn es recht voll werden kann. Ideal für alle, die eine ähnlich hübsche Bucht in der Gegend suchen. Kilometer 2 auf der Strecke Rhódos–Líndos (nördlich der Kalithéa-Therme), Tel. 69 32 91 74 27 (mobil), www.santamarinarhodes.gr

ÜBERNACHTEN

Lomeniz Blue. Nah am Strand gelegenes Hotel mit 69 einfach eingerichteten Doppel- und Familienzimmern, die entweder über einen Balkon oder eine Terrasse verfügen, sowie einem großen Außenpool. Haustiere sind erlaubt. Kavourákia-Bucht, Kallithéa, Tel. 22 41 06 94 20, www.lomenizblue.com

Stavros Melathron Studios. Das familiengeführte, im Jahr 2003 eröffnete Hotel lockt mit einem wundervollen Garten und einem gepflegten Pool. Die zwanzig 32 Quadratmeter großen Studios verfügen über Balkon und Küchenzeile. Äußerst hilfsbereiter und freundlicher Service. Etwa bei Kilometer 6 auf der Strecke Rhodos–Kallithéa (Leofóros Kallithéas), Kallithéa (Réni), Tel. 22 41 06 08 83, www.stavmel.gr

In den Kallithéa-Thermen machen sowohl Strandleben als auch Spaziergänge Spaß.

11 Koskinoú
Wie Rhodier lebten

Rund acht Kilometer südlich von Rhodos-Stadt liegt das Binnendorf Koskinoú malerisch auf einem Hügel. An Architektur interessierte Besucher sollten sich den alten Dorfkern nicht entgehen lassen: In den schmalen Gassen beeindrucken die traditionellen Häuser mit charakteristischen Türen und Portalen. Ein kleines Museum gibt Einblicke in die traditionelle Wohnkultur. Naschkatzen sollten die besten *melekoúnia* der Insel probieren.

Gegründet wurde das Dorf, das heute wegen seiner Nähe zur Stadt und der tollen Aussicht viele neue Bewohner anzieht, während der osmanischen Herrschaft. In dem früher überwiegend von Türken bewohnten Dorf leben heute hauptsächlich Griechen, in den neuen Villen der Gegend haben sich teils zugezogene Ausländer niedergelassen. Uneinig ist man sich über die Herkunft des Namens, der entweder aus osmanischer Zeit vom türkischen Wort für Landhaus oder vom griechischen Wort für Sieb, *kóskino*, stammt. Einst verdienten sich die Dorfbewohner nämlich hauptsächlich mit der Siebherstellung ihren Lebensunterhalt.

Der alte Dorfkern von Koskinoú begeistert mit historischen, unter Denkmalschutz stehenden Häusern. Ein Spaziergang führt südwestlich des Dorfplatzes, wo die Kirche Eisódia tis Theotókou aus dem Jahr 1830 mit dem markanten 25 Meter hohen Glockenturm steht, in die hübschen, autofreien Gassen, in denen sich auch viele streunende Katzen wohlfühlen. Die Häuser mit den hohen Umfriedungsmauern beeindrucken mit in lebhaften Farben gestrichenen Türen und Portalen.

Oben: Die schönen alten Dorfhäuser werden in Koskinoú oft mit Pflanzen überrankt.
Unten: Das Aussehen ihrer Häuser ist den Bewohnern von Koskinoú äußerst wichtig.

Koskinoú

Die blauen, gelben und roten Holz- oder Eisentüren sind meist mit Reliefs oder Schnitzereien verziert und von alten steinernen Rahmen mit Bögen eingefasst. Erhascht man einen Blick hinter die Mauern, erblickt man die mit Kieselsteinen gepflasterten Innenhöfe, die meist üppig begrünt sind.

Traditionelle Wohnkultur

Eines der traditionellen Häuser, die aus nur zwei Räumen – dem Schlafzimmer der Familie und dem Wohn-, Arbeits- bzw. Esszimmer – bestehen, wurde in ein kleines Museum umgewandelt. Ein hohes, markantes Eintrittsportal führt in den üppig bepflanzten Vorhof, der, wie auch der Innenbereich, mit typischen Kieselmosaiken ausgelegt ist. An den Wänden der Räume mit den auffälligen Bögen hängen zahlreiche Keramik-Teller sowie traditionelle handgewebte Textilien. Ausgestellt sind jedoch auch andere Gegenstände des alltäglichen Bedarfs sowie ein Webstuhl. Markant sind die hölzernen Einbauten wie die niedrige Empore, die als Küchenbereich diente. Dort sieht man außer dem Kamin, der die einzige Kochstelle war, ein Holzregal mit einem Netz, in dem man Lebensmittel aufbewahrte.

Süße Insel-Spezialität

Inselweit ist Koskinoú nicht nur für seine charakteristische Architektur, sondern auch für die typisch rhodischen Süßigkeiten *melekoúnia* bekannt. Die Sesam-Honig-Häppchen werden von den Inselbewohnerinnen traditionell anlässlich von Hochzeiten, Taufen und Feiertagen zubereitet. Bei einem Spaziergang durch die Gassen liegt oft der Duft von warmem Honig in der Luft. Westlich der Platía führt die Odós Vasiléos Georgíou B zur familiär betriebenen Konditorei »Melekoúnia Sofía«. Dort kann man täglich frische *melekoúnia* mit einem Hauch von Mandelaroma ausprobieren.

Infos und Adressen

SEHENSWÜRDIGKEITEN
Traditionelles Haus von Koskinoú. Mai–Okt. Mo–Fr 10–13 und 17–20 Uhr, Eintritt 1 €, Odós Vasiléos Georgíou, Tel. 22 41 06 22 05.

ESSEN UND TRINKEN
Koutoúki Ta Mántala. Uriges *mezedopolío* mit vielen Leckereien. Für Beschallung sorgt eine Juke-Box, Fr/Sa stimmungsvolle Live-Musik. Mo ab 17.30 Uhr, sonst ab 12.30 Uhr, 25is Martíou, Tel. 22 41 06 16 76.

O Giánnis. Gemütliche Loggia, gute rhodische Weine und köstliche griechische Hausmannskost. Einheimische greifen gerne zu bei den vielfältigen *mezédes*, aber auch die leckeren Fisch- und Fleischgerichte finden Anklang. Tgl. ab 18 Uhr, Odós Vasiléos Georgíou, Tel. 22 41 06 35 47.

EINKAUFEN
Melekoúnia Sofía. Die beste und vermutlich bekannteste Adresse der Insel für die Sesam-Mandel-Honig-Häppchen *melekoúnia*. Tagsüber geöffnet, Odós Vasiléos Georgíou B, Tel. 22 41 06 52 71.

Rodos Gold Vogiatzís. Das große Juweliergeschäft präsentiert in einem Museum antiken Goldschmuck. Man bekommt diverse Preziosen, von klassischen Stücken bis zu ausgesprochen modernen Teilen, sowohl von international bekannten Labels als auch aus der eigenen Goldschmiede. Inselrundstraße (Kilometer 10 auf der Strecke Rhodos–Líndos), Tel. 22 41 08 66 70, www.rodos-gold.com

Oben: Das große Wassersport-angebot sorgt für ausgiebigen Freizeitvertreib.
Unten: Bunte, leuchtende Werbe-tafeln prägen das Ortsbild.

12 Faliráki
Die Touristenhochburg

Ausgeprägtes Nightlife, ein enormes Frei-zeit- und Wassersportangebot sowie ein langer Strand locken im Sommer unzäh-lige – vor allem junge – Pauschaltouristen aus Deutschland und England nach Fa-liráki. Im Norden bilden einige Großhotels die Bettenhochburg der Insel, Diskotheken und Fast-Food-Lokale im Ortskern das Vergnügungszentrum. Etwas südlich der Ortschaft kann man dem Rummel in den malerischen Buchten Anthony-Quinn und Ladikó entfliehen.

Erst Anfang der 1980er-Jahre begann sich der einstige Fischerort Faliráki allmählich zum Touris-tenziel zu mausern. Vorher war die einst unbedeu-tende Siedlung mit dem etwa 6 Kilometer langen, flach abfallenden Sandstrand besonders bei rhodi-schen Familien mit kleinen Kindern beliebt.

Heutzutage verschwindet der Sandstrand im Som-mer unter den dicht an dicht sonnenbadenden Touristen. Die wenigen alten Fischerhäuschen sind zahlreichen Großhotels und Billigherbergen, Sou-venirgeschäften, Diskotheken und Bars, Vergnü-gungsparks und Schnellimbissen gewichen. Der Tourismusboom in Faliráki hat für die Insulaner nicht nur Vorteile gebracht: Seit Jahren kämpfen die zuständigen Behörden – mit wechselndem Erfolg – gegen die Freizügigkeit vieler Touristen, gegen Drogen, aber auch gegen Prostitution, und versuchen, den Urlaubsort in positiveres Licht zu rücken. Faliráki ist dank dieser Bestrebungen mitt-lerweile nicht mehr nur Ziel trinkfreudiger junger Nord- und Mitteleuropäer. Im nördlichen Teil des Urlaubsortes ist vom ausgelassenen Treiben rund

Der lange Sandstrand wird von zahlreichen Hotels gesäumt.

Einfach gut !

um die Vergnügungsmeilen im Ortskern, die Bar Street und die Club Street, kaum etwas zu spüren. Die direkt am Sandstrand mit umfangreichem Wassersportangebot gelegenen komfortablen Großhotels sind besonders bei Familien mit Kindern beliebt.

Vielfältiges Freizeitprogramm

Sehenswürdigkeiten gibt es in Faliráki nicht. Der Urlaubsort hat stattdessen für Interessierte jeglichen Alters diverse Funsportarten im Angebot. Außer einem großen Wellenbad mit Wasserrutschen und verschiedenen Wassersportarten am Strand gibt es die Möglichkeit zum Bungee-Jumping, daneben locken Minigolf-Anlagen, eine GoKart-Bahn und ein Riesenrad.

Wer eine ungefähre Vorstellung davon bekommen möchte, wie der lebhafte Urlaubsort vor rund 40 Jahren ausgesehen hat, kann den kleinen Hafen mit der Kirche Agion Apostólon am südlichen Ortsende besuchen. Dort liegen außer vielen bunten Ausflugsbooten noch einige wenige Fischerboote vor Anker. Ruhe findet man auch ein Stückchen weiter südlich am Kloster Profitis

GEMÜTLICH UND FAMILIÄR

In Faliráki kann man ohne Weiteres auch kleine Hotels und Pensionen abseits des Trubels finden. Sie eignen sich wunderbar für Urlauber, die eine ruhige Bleibe suchen, aber nah am Strand wohnen wollen, Wert auf die Nähe zu Rhodos-Stadt legen oder das Nightlife erleben möchten. Eine der Adressen, nahe der Schnellstraße zwischen Rhodos-Stadt und Líndos, sind die familiär geführten Dias Studios Apartments mit gemütlichem Poolbereich. Die 45 einfach eingerichteten Wohneinheiten mit Platz für bis zu fünf Personen verfügen u. a. über Balkon und Küchenzeile. Die Snack-Bar bietet leckere griechische Gerichte. Hilfreich sind die Tipps der Hoteliers-Familie.

Dias Studios Apartments. Gasse parallel zur Inselrundstraße am nördlichen Ortsende (ausgeschildert), Tel. 22 41 08 76 27, www.diasstudios.com

Amós, in dessen kleinem Kirchlein wenige Freskenreste aus byzantinischer Zeit zu sehen sind. In der dahinter liegenden schönen Bucht findet sich der einzige offizielle FKK-Strand der Insel. Am etwa 400 Meter langen »Nudist Beach« kann man Liegen und Sonnenschirme mieten. Wer dem Treiben am Faliráki-Strand entfliehen möchte, sucht südlich des Ortes in Richtung Ladikó zwei weitere idyllische Buchten auf.

Anthony-Quinn- & Ladikó-Bucht

Die bekanntere der beiden Buchten wurde nach dem amerikanischen Schauspieler Anthony Quinn benannt, der auf der Insel Szenen für den Film »Die Kanonen von Navarone« drehte. Zum Dank für die daraus resultierende Popularität der Insel schenkten ihm die griechischen Obristen die von steilen, mit Kiefern bewachsenen Felswänden umrahmte Bucht. Da einige Jahre später die neue demokratische Regierung die Schenkung wieder rückgängig machte, ist sie jetzt für alle zugänglich. Die schöne, äußerst populäre Bucht mit dem etwa 100 Meter langen Kiesstrand ist ein Paradies für Schnorchler. Für Kinder ist die Anthony-Quinn-Bucht wegen der vielen, oft recht spitzen Kiesel eher ungeeignet. Vermietet werden Liegen und Sonnenschirme. Eine gemütliche Snack-Bar oberhalb des Strandes bietet einen schönen Blick auf die Bucht.

Anders als die Anthony-Quinn-Bucht entwickelt sich die benachbarte, von Felsen umrahmte Ladikó-Bucht erst seit wenigen Jahren langsam zum beliebten Urlauberziel. Der rund 650 Meter lange Sand-Kies-Strand ist daher für diejenigen besuchenswert, die dem Touristen-Rummel entfliehen möchten. Am gepflegten, flach abfallenden Strand mit Duschen stehen Liegestühle und Sonnenschirme bereit. Wegen einiger spitzer Felsen im Wasser sind Badeschuhe empfehlenswert.

Oben: Ruhesuchende besuchen Buchten südlich von Faliráki.
Unten: Vom kleinen Hafen des Ortes kann man täglich interessante Ausflüge unternehmen.

Infos und Adressen

ESSEN UND TRINKEN

Manólis. In der gemütlichen und beliebten Taverne kommen seit über 15 Jahren gute griechische und internationale Gerichte auf den Tisch. Zuvorkommender Service. Odós Apóllonos (südlich der Kreuzung Bar Street/Club Street),
Tel. 22 41 08 65 61.

María. Von der Taverne, die direkt am südlichen Strandabschnitt liegt, hat man eine schöne Aussicht auf den kleinen Hafen. Serviert werden griechische Hausmannskost, aber auch abwechslungsreiche Fisch- und Fleischgerichte. Am Strand (nördlich des Hafens), Tel. 22 41 08 52 80.

ÜBERNACHTEN

Kein anderer Ort auf Rhodos hat so viele Gästebetten zu bieten wie Faliráki. Viele Hotels sind pauschal günstiger buchbar.

The Kouros Exclusive. Eines der kleineren, abseits vom Trubel gelegenen Hotels mit 16 Wohneinheiten begeistert mit geschmackvollem Innendesign, leckerem Frühstück und freundlichen Besitzern. Odós Apóllonos (südlich des Hafens), Tel. 22 41 08 77 79, www.kourosexclusive.gr

AKTIVITÄTEN

Waterpark. Auf 100 000 Quadratmetern locken zahlreiche Wasserrutschen, Pools und Planschbecken, ein Lazy River zum Schlauchbootfahren und sogar eine kleine Achterbahn. Kostenloser Transport von diversen Orten der Insel aus.

Nördliches Ortsende (gegenüber dem Hotel Esperides Beach), Mai, Sept., Okt. tgl. 9.30–18 Uhr, Juni–Aug. tgl. 9.30–19 Uhr, Eintritt 24 €, Kinder (3–12 Jahre) 16 €, Kleinkinder gratis, Tel. 22 41 08 44 03, www.water-park.gr

Der Waterpark von Faliráki ist nicht nur bei den kleinen Rhodos-Besuchern sehr beliebt.

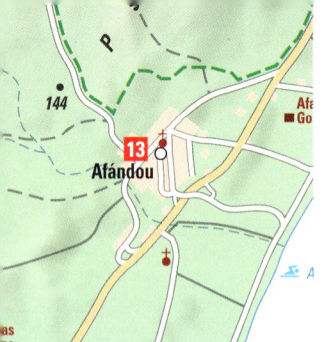

13 Afándou
Diskreter Charme

**Nur wenige Kilometer von der Küste land-
einwärts liegt am Rande eines zumeist
trockenen Flussbetts Afándou. Wer in dem
lebendigen Ort Urlaub macht, der bleibt –
abgesehen von gemütlichen Unterkünften –
von touristischen Einrichtungen verschont
und erlebt den Alltag der Einheimischen.
Der einzige 18-Loch-Golfplatz der Insel
wird seit Jahren leider nicht mehr gepflegt.
Badefreunde genießen einen langen Strand.**

Seinen Namen verdankt das verwinkelte Afándou
dem griechischen Wort für unsichtbar, »áfantos«.
Um den Grund für diese Bezeichnung zu finden,
muss man über 2500 Jahre zurückgehen:
Im 7. Jahrhundert v.Chr. zerstörten Piraten die antike Siedlung, die damals noch nahe dem heutigen
Hauptstrand lag. Lediglich die Bewohner, deren
Häuser weiter landeinwärts lagen und vom Meer
aus nicht zu sehen waren, überlebten den Überfall
der Piraten. Hier entstand nun das neue Dorf.

Afándou ist nicht nur von der Küste aus kaum zu
sehen, sondern wirkt auch bei einem Besuch auf
den ersten Blick sehr unscheinbar. Trotz einiger
Hotels am Ortsrand und einiger Urlauber ist vom
Tourismus im ländlichen Afándou kaum etwas
zu spüren. Zentrum des Dorfes, dessen Bewohner
sich trotz des lukrativen Geschäfts mit den Urlaubern vor allem mit dem Oliven-, Zitrusfrüchte-,
Kartoffel- und Melonenanbau beschäftigen, ist
die geschäftige Platía. Sie wird von Läden für die
Einheimischen, der großen Marienkirche mit dem
markanten Glockenturm, einer Tankstelle und
kafenía gesäumt. Traditionelle Kaffeehäuser sowie
moderne Cafés und Tavernen, in denen Urlauber

Oben: Der nur selten überlaufene,
kilometerlange Kiesstrand bietet
oft einsame Badeerlebnisse.
Unten: In Afándou geht das Leben
der Einheimischen trotz Tourismus seinen ursprünglichen Weg.

und Einheimische verkehren, findet man außerdem in den umliegenden Gassen und Straßen.

Zeugnis des Glaubens

An der Straße zum Strand können Interessierte die kleine, tagsüber geöffnete Kirche Panagía Katholiki besuchen, deren Vorgängerbau im 5. Jahrhundert auf den Ruinen eines alten Tempels erbaut wurde. Die erste Kirche wurde in den folgenden Jahrhunderten zweimal zerstört und wieder neu errichtet. Der heutige Bau, in dessen Mauerwerk alte Bauelemente wie ionische Kapitelle und Säulenreste integriert wurden, stammt aus dem 10. Jahrhundert. Bemerkenswert sind einige Fresken aus dem 13. bzw. 14. Jahrhundert, die verschiedene Heilige sowie Episoden aus dem Leben Jesu Christi abbilden.

Kilometerlanger Strand

Mit einer Länge von fünf Kilometern und einer Breite von 20 bis 30 Metern erstreckt sich der Strand von Afándou jenseits der Schnellstraße. Der landschaftlich eher unattraktive Kiesstrand ist, obwohl steiler abfallend, aufgrund des geringen Besucherandrangs besonders bei rhodischen Familien beliebt. Am größtenteils naturbelassenen Strand sorgen an manchen Ecken außer den Miet-Sonnenschirmen einige Tamarisken für Schatten. Im Norden geht der Strand fast nahtlos in den beliebten und viel schöneren Traqanoú-Strand über, der mit seinen Felsenhöhlen und dem kristallklaren Wasser zu den schönsten der Insel zählt. An seinem nördlichen Ende wird er von einem monumentalen Felsen in zwei Hälften geteilt. Die sich im Norden bildende Bucht ist etwa 200 Meter lang und 50 Meter breit. Sie fasziniert mit der bizarren Felswand, die junge Einheimische gern für einen kühnen Sprung ins Wasser nutzen, sowie mit eindrucksvollen Meereshöhlen.

Infos und Adressen

ESSEN UND TRINKEN
Katholikí. Die Taverne direkt an der gleichnamigen Kirche ist wegen ihrer leckeren griechischen Gerichte und rhodischen Spezialitäten wie den Gemüsepuffern *pitaroúdia* auch bei Einheimischen beliebt. An der Straße zum Strand, Tel. 22 41 05 20 66.

Sergio's. In der italienischen Pizzeria begeistern nicht nur die Dachterrasse und der freundliche Service, sondern auch die beste Pizza der Gegend sowie köstliche Nudelgerichte. Vom Rathaus abzweigende Straße links, Tel. 22 41 05 20 50.

ÜBERNACHTEN
Afandou Sky. Das locker und freundlich geführte Hotel mit Pool und einigen Meerblick-Zimmern ist ideal für alle, die eine einfache Bleibe zu einem günstigen Preis suchen. Odós Profíti Ilía, Tel. 22 41 05 23 03, afandouskyhotel@gmail.com

Scala. Im familiär geführten Hotel mit 22 komfortablen Studios und Apartments für bis zu fünf Personen spürt man die typisch griechische Gastlichkeit und kann sich schnell wie zu Hause fühlen. Odós Profíti Ilía 33, Tel. 22 41 05 17 88, www.scalaaparts.gr

Für deutsches Flair sorgen Schilder wie dieses.

85

14 Kolímbia und Eptá Pigés
Hochburg mit Ausflugsziel

Obwohl Kolímbia, das verkehrsgünstig zwischen Rhodos-Stadt und Líndos liegt, keine Sehenswürdigkeiten zu bieten hat, ist die Ortschaft an der Ostküste aufgrund ihrer drei schönen Strände ein häufig gebuchter Urlaubsort. Nicht nur Touristen, die in Kolímbia wohnen, unternehmen von hier aus gern einen Ausflug zu den Eptá Pigés (»Sieben Quellen«), wo Mutige einen stockfinsteren, engen Tunnel durchqueren können.

Dass Kolímbia in den 1920er-Jahren von den Italienern gegründet wurde, ist dem Küstenort, der sich ganz dem Tourismus verschrieben hat, nicht mehr anzumerken. An die Zeiten erinnert heute nur noch die schnurgerade Eukalyptus-Allee, die von der Inselrundstraße in die Ortschaft führt. Rechts der Allee sind an einigen Stellen die Ruinen eines Bewässerungskanals zu erkennen, der früher dazu diente, das Wasser von den »Sieben Quellen« zu den Bauernhäusern und Feldern zu leiten.

Aufgrund seiner günstigen Lage und der schönen Strände ist Kolímbia in den letzten Jahren zu einem beliebten Ferienort der Insel avanciert. Er besteht aus recht angenehm in die Landschaftsszenerie eingefügten Hotelanlagen nah oder direkt am Strand, die meist All-inclusive-Urlaub anbieten, vielen Cafés, Tavernen sowie Geschäften.

Badefreunde begeistern drei Strände, die alle flach zum Meer hin abfallen und somit gut für Kinder geeignet sind. Im Norden locken kristallklares Wasser und ein etwa 250 Meter langer Sand-Kies-

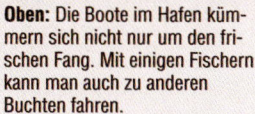

Oben: Die Boote im Hafen kümmern sich nicht nur um den frischen Fang. Mit einigen Fischern kann man auch zu anderen Buchten fahren.
Unten: In Kolímbia genießt man frischen Fisch gleich am Meer.

Originell: Keramik vom Artistic Village

Strand. An dessen südlichem Ende liegt der winzige Hafen. Klein und sonnig ist der nächste, südlich liegende Strand, der sich in einer Bucht mit Blick auf die Erosionshänge eines kahlen Kaps erstreckt. Die Bucht mit dem etwa 50 Meter langen Sandstrand eignet sich gut zum Schnorcheln. Längste Bademeile und besser zum Schwimmen geeignet ist der südwestlich der kleinen Bucht liegende Hauptstrand. Der über ein Kilometer lange Sandstrand fällt steiler ab und wurde – wie auch der erste Strand – mit der Blauen Flagge ausgezeichnet.

Ein kühles Plätzchen

Fährt man von der Inselrundstraße bei Kolímbia etwa drei Kilometer landeinwärts, erreicht man eines der beliebtesten und bekanntesten Ausflugsziele im Osten der Insel. Eptá Pigés ist nach den sieben Quellen benannt, die sich im kleinen, üppig grünen Tal zu einem Bachlauf vereinen. Obwohl das Ausflugsziel stets gut besucht ist, lohnt besonders an heißen Sommertagen der Ausflug hierher. Im idyllischen Waldgebiet, wo nahe der Quellen zahlreiche Pfauen und Gänse leben, ist es immer angenehm kühl. Eine Taverne mit schattigem Biergarten

Nicht verpassen

EXQUISITE KERAMIK

An der Inselrundstraße zwischen Faliráki und Líndos liegen zahlreiche Keramik-Werkstätten, in denen man vor allem inseltypische Objekte wie farbenfrohe, emaillierte Wandteller erstehen kann. Origineller und moderner sind die Werke der Künstler, die ihre Keramikobjekte in den Schauräumen des Artistic Village ausstellen. Den ganzen Winter über arbeiten drei Töpfer an hübschen Gebrauchsgegenständen und Deko-Objekten. Die farbenfrohen, modernen oder klassischen Objekte, vom Schlüsselanhänger über Geschirr und Vasen bis hin zu Wanduhren, werden aus Ton, der auf der Insel gewonnen wird, gefertigt. Verarbeitet werden außerdem Naturmaterialien wie Holz, Eisen oder Kupfer sowie Glas und Porzellan.

Artistic Village. Tgl. 9–21 Uhr, rechts der Schnellstraße zwischen Afándou und Kolímbia (23. Kilometer auf der Strecke Rhodos–Líndos), Tel. 22 41 05 20 38.

verlockt zur Rast. Der Pinienwald bietet sich für Spaziergänge abseits des Trubels an. Gleich hinter der Taverne entspringen die sieben Quellen, die in der italienischen Besatzungszeit für die Bewässerung von Kolimbia genutzt wurden. Die Italiener bauten das dort noch erkennbare Bewässerungssystem Anfang der 1930er-Jahre.

Ein viel älteres Bauwerk, das bezeugt, dass das Wasser der sieben Quellen bereits in der Antike genutzt wurde, kann besuchen, wer sein Auto an der Hauptstraße parkt. Zu Fuß gelangt man von dort, an der Ruine einer antiken Wassermühle vorbei, in nur wenigen Minuten zur Taverne. Eine Karte bei der Abbiegung verdeutlicht den Weg.

Gleich unterhalb der Taverne trifft man auf die Hauptattraktion der Sieben Quellen. Es handelt sich dabei um einen 150 Meter langen Tunnel, der gebaut wurde, um das Wasser von den Quellen in einen kleinen Stausee zu leiten. Heute dient der schmale, nicht ganz mannshohe Tunnel zwar immer noch der Wasserführung, lockt täglich aber auch Hunderte Besucher an, die ihn mit Taschenlampen durchwaten. Vermeiden sollte man den eigentlich ungefährlichen Spaziergang, wenn gerade größere Touristengruppen unterwegs sind. Dann kann es in dem engen Raum zu Staus kommen und die Luft wird knapp. Vom grün schimmernden Stausee führt der Weg über den Hügel wieder zurück zur Taverne.

Oben: Markante Zufahrtsstraße: die Eukalyptus-Allee
Unten: Eine beliebte Abkühlung für Groß und Klein bietet der Kanal bei den Sieben Quellen.

Infos und Adressen

ESSEN UND TRINKEN

Eptá Pigés (Seven Springs). Im gemütlichen Waldlokal, dessen Tische sich unter den Platanen rund um den Bachlauf verteilen, werden griechische Gerichte, Salate und Fleisch vom Grill serviert. Tel. 22 41 05 62 59, www.eptapiges.com

Limanáki. Das Restaurant mit schöner Terrasse oberhalb des Strandes bietet herrliche Ausblicke auf die Bucht. Es gibt frischen Fisch, den ansässige Fischer gefangen haben. Zu den Spezialitäten gehört der Hummer. Östliches Ende des Südstrandes, Tel. 22 41 05 62 40.

To Nisáki. Die Fischtaverne mit angeschlossener Beach Bar bietet ihren Gästen auch Tische im Sand. Viele Stammkunden finden sich wegen des frischen Fisches und der köstlichen Meeresfrüchte hier ein. Nordstrand, am Hafen, Tel. 22 41 05 63 60, www.tonisaki-rodos.gr

ÜBERNACHTEN

12 Islands Villas. Die zwölf komfortablen und umfassend ausgestatteten Häuser mit drei Schlafzimmern und zwei Bädern bieten Platz für bis zu acht Personen. Einige haben auch einen eigenen Pool. Odós Stocholmis 1, Tel. 22 41 05 60 99, www.kolymbia.gr

Stundenlang kann man im Restaurant Limanáki den Blick auf die Bucht genießen.

Kolymbia Sun. Das kinderfreundliche Hotel mit 65 Zimmern, Pool mit separatem Kinderbecken, Spielplatz, kleinem Fußballplatz und Volleyballfeld liegt etwa 190 m vom Strand entfernt. Auch All-inclusive-Buchung möglich. Odós Athinón, Tel. 22 41 05 62 13, www.kolymbia.gr

AKTIVITÄTEN

Ethereal Spa. Das zum 5-Sterne-Haus Port Royal gehörende Spa bietet mit Wellness-Anwendungen, Aromatherapie, Massagen und einem Hammam Erholung pur. Odós Efkáliptou (im Hotel Port Royal), Tel. 22 41 00 11 00, www.etherealspa.gr

Besonders zur Mittagszeit ist die Taverne bei den Eptá Pigés ein schattiges und somit beliebtes Plätzchen zum Essen.

15 Rund um den Profítis Ilías
Ausflug ins Landesinnere

Mit einer Höhe von 798 Metern ist der Profítis Ilías der zweithöchste Berg der Insel. Das gut erschlossene, waldreiche Gebiet ist wegen der frischen Brise, die hier ständig weht, besonders an heißen Sommertagen ein beliebtes Ausflugsziel. Auf einer Tour rund um den Berggipfel kann man Stopps bei sehenswerten neuen und alten Kirchen einlegen und einen Eindruck von charakteristischen, idyllischen Bergdörfern gewinnen.

Wer den Profítis Ilías von der Ostküste aus ansteuern will, folgt bei Kolímbia der Straße landeinwärts Richtung Eptá Pigés (s. S. 87). Vorbei an alten Kirchen geht es mit dem Auto bis kurz unter den Gipfel gemächlich bergauf. Dieser selbst ist militärisches Sperrgebiet. Auf der Strecke bietet es sich an, einige ursprüngliche Bergdörfer zu erkunden, deren Tavernen die Rhodier am Wochenende gerne besuchen.

Im Loutáni-Tal

Rund sieben Kilometer westlich der Ostküstenstraße liegt im Schatten von Pinien und Zypressen das Kloster Agiou Nektaríou Kryoneríou. Seinen Beinamen »Kryoneríou« hat das in der Neuzeit errichtete Kloster dem kalten Wasser (griech. krio neró), das aus einer Quelle sprudelt, zu verdanken. An einem Brunnen vor der Kirche kann man das kühle Nass in mitgebrachte Wasserflaschen füllen. Eine angeblich mehr als 2000 Jahre alte Platane lädt mit ihrem ausgehöhlten Stamm, in dem die ganze Familie Platz findet, gleich neben dem Brunnen zum Fotoshooting ein.

Oben: Im Bergdorf Archípoli ist besonders das Leben der Kleinen noch unbeschwert.
Unten: Leider überaltert die Bevölkerung in den Bergdörfern immer mehr.

Rund um den Profítis Ilías

Die Kirche des seit 2012 wieder von zwei Nonnen bewohnten Klosters wurde im Jahr 1976 eingeweiht. Sie ersetzte einen kleineren Vorgängerbau, der zehn Jahre zuvor an selbiger Stelle errichtet, wegen der hohen Besucherzahlen aber zu klein geworden war. Im Kircheninneren kann man Fresken sehen, die – wie bei neuen griechisch-orthodoxen Kirchen üblich – von verschiedenen Familien gestiftet wurden. Deren Namen sind teils auf den Heiligenbildern vermerkt.

Einige Kilometer westlich der Kirche erreicht man über die von Zypressen, Platanen, Pinien und Oleander gesäumte Straße das vom Tourismus noch relativ unberührte Dörfchen Archípoli. An der Hauptstraße lädt das gemütliche Bauerndorf mit wenigen *kafenía* und Tavernen zur Rast ein. Der alte Dorfkern zieht sich über den Hang links der Hauptstraße hin. Dort befindet sich auch das im Jahr 2007 eröffnete volkskundliche Museum mit kieselgepflastertem Vorhof. Das traditionelle Haus stammt vermutlich vom Ende des 19. Jahrhunderts. Zu sehen gibt es handgestickte Textilien und Trachten, Keramik, Möbel und Haushaltsgeräte.

Italienische Kolonialarchitektur

Am nordöstlichen Hang des Profítis Ilías liegt das Dorf Eleoúsa, in dem mehrere Inselstraßen aufeinandertreffen. Der Ort ist als Ausflugsziel bei den Einheimischen beliebt. Interessant sind die italienischen Kolonialhäuser, die sich am oberen Dorfrand zwischen Kiefern und Platanen finden sowie am markanten Dorfplatz, der von einem verfallenen Gebäudekomplex gesäumt wird.

Folgt man von der Platía der Straße in Richtung Profítis Ilías, sieht man nach etwa 200 Metern ein großes, von den Italienern erbautes kreisrundes Bassin. In dem mithilfe der Europäischen Union

Geheimtipp

TRADITIONELLE LECKEREIEN

Im Jahr 2005 gründeten neun tatkräftige Frauen aus dem Bergdorf Apóllona die erste Agrotouristische Frauenkooperative des Dodekanes. Diese Kooperative »Apolloniátisses« (Frauen von Apóllona) stellte sich der Herausforderung, die lokale Wirtschaft zu unterstützen. In ihrer modern ausgestatteten Backstube im Dorf probierten die Frauen alte Rezepte aus, die teilweise noch von ihren Großmüttern stammen, und versuchten auf diese Weise, regionale Backwaren und traditionelle süße Leckereien zu verbreiten. Heute kann man in Apóllona Gebäck wie Kekse, Hefezöpfe und Brot, die typischen Sesam-Honig-Häppchen *melekoúnia*, hausgemachte Marmeladen und süß eingelegte Früchte, Bergkräuter und Olivenöl sowie Liköre und den rhodischen Tresterschnaps Soúma kaufen.

Apolloniátisses. Mo–Sa 8.30 bis 18.30 Uhr , Hauptstraße, Apóllona, Tel. 22 46 09 12 84, www.apolloniatisses.gr

Einfach gut!

Im Mai 2006 eröffnete der Maler, Bildhauer und Musiker Damon Papakiriákou, der lange in Dänemark lebte, gemeinsam mit seiner Frau Emily, einer Englischlehrerin, im Pinienwald zwischen Archípoli und Eleoúsa eine Open-Air-Kunstausstellung mit angeschlossener Werkstatt. Im Artpark bieten sie Künstlern aus aller Welt jeden Sommer einen Treffpunkt zum Arbeiten und eine originelle Ausstellungsfläche. Auf dem Gelände kann man die Werke zahlreicher internationaler Künstler bewundern. Farbenfrohe, glitzernde Objekte aus den Bereichen bildende Künste, Fotografie, Malerei, Bildhauerei und Musik schaffen im Wald ein außergewöhnliches Bild – sowohl für Künstler als auch für Besucher.

Artpark. Juni–September tgl. 10–19 Uhr, Eintritt frei, Straße zwischen Archípoli und Eleoúsa, Tel. 69 72 81 55 47, www.artpark.gr

Open-Air-Kunst zwischen Pinienwäldern

restaurierten Becken leben vom Aussterben bedrohte Gizani-Fische, die höchstens drei Jahre alt werden. Die maximal 5 Zentimeter langen Süßwasserfische sind auf Rhodos endemisch. Die Überlebenskünstler, die im Sommer mit trocken fallenden Lebensräumen zurechtkommen müssen, wurden erst zu Beginn des 20. Jahrhunderts entdeckt.

Byzantinisches Juwel

Nicht nur für Kirchenfans lohnt ein Halt an der einsam zwischen Eleoúsa und dem Profítis Ilías liegenden Kirche Ágios Nikólaos Fountouklí. Das im 14. Jahrhundert erbaute byzantinische Kirchlein des »Heiligen Nikolaos von den Haselnüssen« steht in malerischer Landschaft, inmitten von Oliven-, Feigen- und Erdbeerbäumen und begeistert mit uralten Fresken.

Links neben der westlichen Eingangstür sieht man in einem Fresko die Kirchenstifter abgebildet. Es handelt sich dabei um einen kaiserlichen Verwaltungsbeamten in purpurfarbenem Mantel mit seiner Frau. Gemeinsam überreichen die beiden Christus, der von der Jungfrau Maria und Johannes dem Täufer flankiert wird, ein Modell der Kirche. Rechts der Tür sind die früh verstorbenen Kinder des Paares abgebildet. Die vermutlich an einer Seuche erkrankten Kinder gaben Anlass zum Bau der Kirche. Rechts steht das älteste Kind des Paares, dessen Name nicht mehr erkennbar ist, in der Mitte der kleine Geórgios und links die Tochter María. Sie werden von Christus gesegnet. Weinreben und Vögel im Hintergrund symbolisieren die Hoffnung der Eltern, dass ihre Kinder im Paradies aufgenommen wurden.

Für den Nachwuchs gibt es gleich neben der Kirche einen kleinen Spielplatz. Auf dem Feld weiden

Ziegen und in einem winzigen Gehege werden Enten gehalten. Zwei eindrucksvolle uralte Bäume, ein Feigen- und ein Olivenbaum, spenden lichten Schatten. In der Parkanlage gegenüber laden Tische und Bänke zum Picknicken zwischen den dort frei umherlaufenden Pfauen ein. Trinkwasser kann man ganzjährig aus einem Brunnen schöpfen.

Auf dem Berggipfel

Nach etwa vier weiteren Kilometern erreicht man den zweithöchsten Gipfel der Insel. Ein wenig erinnert der Zedernwald rund um den Profitis Ilias an den Schwarzwald. Zwei alte, von den Italienern erbaute Hotels, Élafos und Elafina (Hirsch und Hirschkuh), im Chalet-Stil erbaut, thronen seit 1929 am Gipfel des Profitis Ilias. Das im Jahr 2006 wiedereröffnete, restaurierte Hotel Élafos nutzen Wanderer und Naturliebhaber als Quartier, Ausflügler rasten im Hotel-Café.

Die Landschaft, in der man endemische Pflanzen wie die rhodische Pfingstrose oder seltene Orchideen entdecken kann, lädt zu Spaziergängen und Mountainbike-Touren ein. Ein weiteres von den Italienern erbautes Gebäude ist die Villa de Vecci, die einst für den unter Mussolini regieren-

Oben: Am Kirchlein Ágios Nikólaos Fountouklí sollte man bei einer Rundfahrt anhalten.
Mitte: Blumenpracht begeistert in den Gärten der Dorfhäuser.
Unten: Die Fresken der Kirche Ágios Nikólaos Fountouklí ziehen viele Besucher an.

den Inselverwalter gebaut und später vom griechischen König genutzt wurde. Über einen Pfad kann man eine Aussichtsplattform erreichen.

Ursprüngliche Bergdörfer

Eine gut ausgebaute Asphaltstraße führt vom Gipfel hangabwärts ins fünf Kilometer entfernt liegende Dorf Apóllona. Die Ortschaft am Südhang des Berges wird zwar gern von Touristen besucht, hat sich ihr ursprüngliches Flair aber erhalten können. Umgeben wird das Dorf mit den hübschen, alten Bauernhäusern von Olivenhainen, Weinbergen und Zitrusplantagen. Im Folkloremuseum wird die Geschichte des Dorflebens erzählt. Außer den typischen Gebrauchsgegenständen werden auch landwirtschaftliche Geräte sowie Trachten präsentiert, interessant sind beispielsweise die alten Olivenpressen.

Auf dem Weg zurück zur Küste passiert man das malerische Dörfchen Platánia, das einst für seine farbenfrohen Häuser bekannt war. Die Tradition, die Häuser jährlich neu zu bemalen, ist mittlerweile ausgestorben, die meisten sind in Weiß getüncht. Am Dorfrand sieht man einige große Platanen rund um einen Brunnen stehen, ansonsten ist die Landschaft rund ums Dorf kahl: Immer wieder auftretende Waldbrände haben die Gegend südlich von Platánia stark in Mitleidenschaft gezogen.

Oben: Immer wieder trifft man auf dem Weg auf Kirchen und Klöster, die aus der grünen Umgebung hervorstechen.
Unten: Ein Treppenweg führt vom Parkplatz am Gipfel des Profitis Ilías zur Ruine der italienischen Villa de Vecchi.

Infos und Adressen

SEHENSWÜRDIGKEITEN
Folklore-Museum. Unregelmäßige Öffnungszeiten, Eintritt 1,50 €, Odós 28is Oktobríou 15, Apóllona, Tel. 22 46 09 10 36.

Traditionelles Haus. Im Sommer vormittags geöffnet, Eintritt frei, Archípoli (ausgeschildert), Tel. 69 37 48 03 12 (mobil).

ESSEN UND TRINKEN
Óasis. Besonders an den Wochenenden besuchen die Einheimischen, auch aus Rhodos-Stadt, die gemütliche Taverne mit den köstlichen Grillgerichten. Empfehlenswert sind vor allem die Lammgerichte. An der Durchgangsstraße, Eleoúsa, Tel. 22 46 09 82 79.

Panórama. Die Terrasse der urigen Taverne mit herrlichem Ausblick ist vollständig von Weinreben überrankt. In dem alten Ofen vor der Taverne wird köstliches Zicklein gebraten. Verkauft wird auch Öl, Honig und Souma. Westlicher Ortsausgang, Apóllona, Tel. 22 46 09 10 45.

To Stéki. Die bei den Rhodiern beliebte Taverne mit äußerst freundlichem Service ist terrassenförmig angelegt und bietet typisch griechische Küche mit einem guten Preis-

Das charmante Hotel Élafos erinnert an ein Chalet.

Leistungs-Verhältnis. An der Durchgangsstraße, Eleoúsa, Tel. 22 46 09 84 34.

ÜBERNACHTEN
Élafos. Von den 22 nostalgisch eingerichteten Zimmer des restaurierten, allerdings aufgrund des schlechten Erhaltungszustands kritisierten Berghotels im alpenländischen Stil kann man zum Teil bis zur Nachbarinsel Symi hinüberblicken. Fotos im Kaminzimmer berichten vom Hotel in den 1930er-Jahren. Beliebt ist das ganzjährig geöffnete Hotel besonders bei Naturliebhabern. Profítis Ilías, Tel. 22 46 02 22 80, www.elafoshotel.gr

In der Taverne Panórama backt man noch im Holzkohle-Ofen.

16 Tsambíka
Beten um Nachwuchs

Südlich von Kolímbia liegen nahe der Inselrundstraße zwei Wallfahrtsklöster, die der Muttergottes (Panagía Tsambíka) geweiht sind. Eine wundertätige Ikone soll dort kinderlosen Paaren zum ersehnten Nachwuchs verhelfen. Der gleichnamige Sandstrand in der Bucht unterhalb der Klöster steht unter Landschaftsschutz, ist somit nicht bebaut und einer der schönsten von Rhodos.

Dass zahlreiche Männer und Frauen auf Rhodos »Tsambíkos« bzw. »Tsambíka« heißen, liegt daran, dass Frauen, die nach dem Besuch der Wallfahrtskirchen schwanger wurden, ihre Kinder aus Dankbarkeit traditionell nach der Muttergottes, Panagía Tsambíka, nennen. Dass die Muttergottes auf Rhodos den Zusatz Tsambíka, der vom Begriff »tsámba« stammt und im rhodischen Dialekt so viel wie Funke bedeutet, trägt, ist in einer Legende begründet, die in verschiedenen Versionen vom Fund der wundertätigen Marienikone und der Erbauung des Klosters berichtet. Diese Legenden erzählen von einem Hirten, der eines Nachts am Hang des Hügels einen Funken erkennen konnte. Nach zwei weiteren Nächten, in denen er den Funken erneut sehen konnte, wurde der Mann neugierig. Die erste Variante der Geschichte stellt ihn als kinderlosen Ehemann dar, der mit seiner Frau jahrelang vergebens versuchte, ein Kind zu bekommen. Das Ehepaar folgte dem Licht und fand am Hang eine silberne Marienikone, die es demütig auf den Hügel trug. Nach neun Monaten stellte sich der lang ersehnte Nachwuchs ein und zum Dank baute der Vater ein Kloster für die Gottesmutter.

Oben: Der feinsandige Tsámbika-Strand ist einer der schönsten Strände der Insel.
Unten: Weithin sichtbar erhebt sich der Kirchturm des neuen Klosters Káto Tsambíka.

Altes und neues Kloster

Das eher unscheinbare, heute unbewohnte Kloster mit dem weißen Kirchlein wurde auf der Spitze des 240 Meter hohen Tsámbika-Bergs zwischen Schnellstraße und Meer errichtet. Noch heute pilgern vor allem junge Paare mit Kinderwunsch zur ständig geöffneten Gipfelkapelle. Obwohl eine etwa 1,5 Kilometer lange Betonpiste recht weit den Hügel hinaufführt, müssen Besucher den letzten Abschnitt zu Fuß bewältigen. Vom kleinen Parkplatz geht es über etwa 300 Treppenstufen in etwa 20 Minuten hinauf. Oben angekommen wird man mit einem grandiosen Panorama belohnt. Das Kirchlein selbst ist nicht besonders sehenswert: Die alten Fresken sind in schlechtem Zustand und die große Ikone der Muttergottes wird aus Sicherheitsgründen nur noch zum Kirchweihfest Anfang September zur Gipfelkapelle getragen.

Wer die Gipfelkapelle nicht zum Kirchweihfest besucht und die Marienikone sehen möchte, muss das an der Schnellstraße Richtung Líndos (etwa ein Kilometer weiter südlich) liegende moderne Kloster Káto Tsambíka besichtigen. Sehen kann man dort auch ein kleines, modernes Sakralmuseum, in dem liturgische Geräte, Gewänder und Schriften sowie kostbare Ikonen präsentiert werden, die teilweise aus dem 17. Jahrhundert stammen.

Vielbesuchter Traumsandstrand

Für Urlauber, die die Tsámbika-Klöster nicht besuchen wollen, ist ein Ausflug in die Gegend aufgrund des Tsámbika-Strands ein Muss! Die wunderschöne Bucht gilt als eine der schönsten der Insel. Der weitläufige Sandstrand erstreckt sich zwischen den hohen Felsenkaps südlich des alten Klosters und ist unverbaut. Dennoch sorgen mehrere Snackbars, die im Winter wieder abgebaut werden können, fürs leibliche Wohl.

Infos und Adressen

SEHENSWÜRDIGKEITEN

Beide Kirchen sowie das Sakralmuseum am Kloster Káto Tsambíka sind täglich den ganzen Tag über geöffnet. Eintritt Museum 1 €.

ESSEN UND TRINKEN

Panorama. Die 1983 eröffnete Taverne mit großer, schattiger Terrasse bietet freundlichen Service und einen herrlichen Blick auf die Tsambíka-Bucht. Hier gibt's köstliche Fisch- und Meeresfrüchte-Teller sowie typisch griechische Gerichte. Die Familie vermietet auch elf einfach eingerichtete Studios mit Meerblick. Inselrundstraße, südlich des Klosters Káto Tsambíka, Tel. 22 44 02 31 53, www.panoramatsampikas.gr

Panoramic. Das Restaurant-Café mit tollem Blick auf den Strand von Afándou steht auch denen offen, die nur etwas trinken wollen. Parkplatz unterhalb des Gipfelklosters, Tel. 22 44 02 32 03.

Gerne spielt man in griechischen Tavernen mit Farben.

17 Archángelos und Stégna
Gemächliches Landleben

Am Rande einer Ebene mit zahlreichen Olivenhainen liegt das »Städtchen des Erzengels«. Archángelos ist einer der größten Orte von Rhodos. Die ursprünglich gebliebene Ortschaft erwartet Besucher mit einer Johanniterfestung und einer hübschen Dorfkirche. Den nächsten Strand findet man in der 3 Kilometer entfernten kleinen Küstensiedlung Stégna.

Archángelos ist eines der Musterbeispiele dafür, dass der Tourismus nicht zwingend die schönen Seiten eines Ferienziels zerstören muss. Das Landstädtchen, dessen Bewohner sich nicht von der Hektik des modernen Alltags mitreißen lassen, begeistert im Ortskern mit weiß getünchten alten Häusern und verwinkelten, gepflasterten Gassen. Archángelos ist ursprünglich geblieben, auch wenn immer mehr Touristen den Ort besuchen.

GUT ZU WISSEN

AUFSTIEG ZUR BURG

Für den Aufstieg zu den Ruinen der vielen mittelalterlichen Festungen, meist über unbefestigte Pfade, benötigt man zwischen 10 und 30 Minuten. Zur Mittagszeit sollte man die Besichtigung – meist mit Aufstieg in sengender Hitze – meiden. Angenehmer ist es, am späten Nachmittag hinaufzuklettern, allerdings sollte der Abstieg noch vor Einbruch der Dunkelheit erfolgen. Insgesamt gilt jedoch: Mauerreste und Panorama bieten auf die Dauer recht ähnliche An- und Ausblicke. Jede Festung zu besichtigen kann schnell ziemlich eintönig werden.

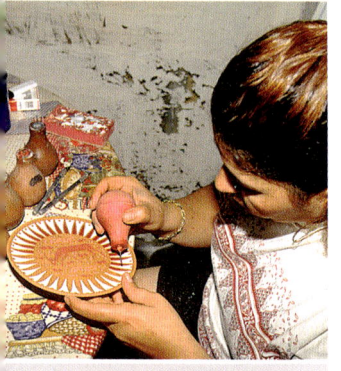

Oben: Von der Johanniterburg von Archángelos hat man einen tollen Blick auf den Ort.
Unten: Rund um Archángelos kann man in den traditionellen Keramikwerkstätten den Künstlern bei der Arbeit zusehen.

Archángelos und Stégna

Treffpunkt ist die breite, an den Ortskern anschließende Hauptstraße, die einige Geschäfte, Cafés und Tavernen säumen.

Die Bewohner von Archángelos leben größtenteils von der Landwirtschaft, kümmern sich im Winter um die Olivenernte und ziehen als Hirten mit dem Vieh über die Felder. Andere gehen handwerklichen Tätigkeiten nach oder verdienen ihr Geld mit dem Tourismus. Besonders das Töpferhandwerk hat in Archángelos eine lange Tradition. Beim Stöbern in den Werkstätten, größtenteils an der Inselrundstraße außerhalb des Orts, sollte man dennoch genau hinschauen. Nicht immer sind die angebotenen Keramikwaren wirklich handgemacht.

Die Kirche des Erzengels

Der markante schneeweiße Glockenturm der Dorfkirche, die dem Erzengel Michael geweiht ist, ragt aus dem Dächermeer des alten Dorfkerns hervor. Während die Kirche bereits 1845 erbaut wurde, stammt der Glockenturm aus der italienischen Besatzungszeit vom Beginn des 20. Jahrhunderts. Sehenswert ist der Kirchplatz, der – wie auch das Kircheninnere – mit einem Mosaik aus weißen und schwarzen Kieseln geschmückt ist. Das Innere der unregelmäßig geöffneten Kirche präsentiert sich besonders farbenfroh: Rote Marmorsäulen, die in vergoldeten korinthischen Kapitellen enden, stützen das Kreuzrippengewölbe, in dem Blautöne dominieren. Vergoldet und reich verziert sind auch der bunte Thron des Bischofs und die Kanzel.

Markante Johanniterburg

Über den Dächern von Archángelos thront auf einem etwa 200 Meter hohen Felsplateau die frei zugängliche Ruine einer alten Johanniterburg, zu der Schilder mit der Aufschrift »Akropolis« führen.

Geheimtipp

AUSFLUG ZUM STRAND
Nicht alle Strände von Rhodos sind von Land aus erreichbar. Die Küstenlinie der Insel wird immer wieder auch von kleinen Buchten mit schönen, meist recht einsamen Stränden gesäumt, die nur per Boot erreichbar sind. Einer der bekanntesten dieser Strände nennt sich aufgrund seines rot schimmernden Sandes »Kókkini Ámmos« und liegt südlich von Stegná. Den flach abfallenden Strand, den eine markante Felswand säumt, die auch schon als Kulisse für eine Nescafé-Werbung herhalten musste, erreicht man mit dem Motorboot in etwa 20 Minuten. Tret- und Motorboote kann man in Stegná beim »Rent a Boat«-Stand von Tsambíko und Roúla (links der Zufahrtsstraße) mieten. Alternativ kann man sich auch von Tsambíko fahren lassen. Tretboote gibt es ab 10 €/Stunde. Motorboote für sechs Personen kosten etwa 100 € für den halben Tag zuzüglich des Benzins.

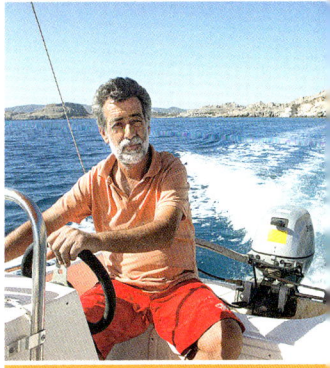

Da die Gegend rund um Archángelos immer wieder Angriffen von Piraten und Korsaren ausgesetzt war, beschloss man nach einem Überfall im Jahr 1457, die Gegend zu befestigen. Fertiggestellt wurde die Festung erst im Jahr 1476 unter Großmeister Orsini. Dessen Wappen, das Erbauungsjahr sowie Embleme anderer Großmeister sind bis heute an der Außenmauer nahe dem Eingang zu sehen. Innerhalb der Festung liegt die kleine Ágios-Geórgios-Kapelle aus dem Jahr 1890. Der Aufstieg lohnt hauptsächlich wegen des schönen Ausblicks.

Der Küstenort Stegná

Eine breite, kurvige Asphaltstraße führt von Archángelos über den Hügel am fast verlassenen Dorf Petróna vorbei zur 3 Kilometer entfernt liegenden Stegná-Bucht. Auf dem Weg können Interessierte einen kurzen Abstecher zur kleinen byzantinischen Kapelle Ágios Geórgios mit einigen erhaltenen Fresken nahe der Taverne Petróna (abseits der Straße nach Stegná) unternehmen. In Stegná ließen sich einige Bewohner von Archángelos einst ihre Strandhäuser erbauen. Heute wird die Küstensiedlung vom Tourismus dominiert. Es werden Zimmer vermietet und an der Uferstraße liegen Tavernen. Der Kies-Sand-Strand, der auch gut für Kinder geeignet ist, wird durch den kleinen Hafen in zwei Abschnitte geteilt. Beliebt ist die Bucht zum Schnorcheln, dazu kann man kleine Motorboote mieten.

Oben: Die typischen Kieselsteinmosaike sieht man vor allem in den Vorhöfen vieler Kirchen.
Mitte: Die Johanniterburgen bieten herrliche Ausblicke ins Umland und auf das Meer.
Unten: Der Strand von Stegná lädt zum Sonnenbaden ein.

Infos und Adressen

ESSEN UND TRINKEN

Mavriós. In einer der ältesten und bekanntesten Tavernen der Ortschaft spürt man das typisch griechische Dorfleben und genießt gute griechische Gerichte in großen Portionen. Gutes Preis-Leistungs-Verhältnis. An der Straße zur Post, Archángelos, Tel. 22 44 02 24 65.

O Gialós. In der bei Einheimischen beliebten Taverne bekommt man köstliche griechische und rhodische Spezialitäten. Zum frischen Fisch und den Meeresfrüchten trinkt man am liebsten Ouzo. Uferstraße, Stegná, Tel. 22 44 02 34 23.

Stegna Kozas. Fisch und Meeresfrüchte nach traditionellen, aber auch nach kreativen, neuen Rezepten zubereitet – natürlich mit Blick aufs Meer. Promenade, Stegná, Tel. 22 44 02 26 32, www.stegnakozas.gr

ÜBERNACHTEN

Agnanti. Die vier im Jahr 2006 errichteten Doppelzimmer und Apartments sind gepflegt und zweckmäßig eingerichtet. Die Lage am Hang bietet Ruhe und einen fantastischen Panoramablick auf die Bucht. Südlicher Ortsrand, Stegná, Tel. 22 44 02 43 51, www.agnantistegna.gr

Kozas. Die geräumigen, einfach eingerichteten Studios in einem rosafarbenen Bau direkt am Strand verfügen über Küchenzeile, Balkon und Blick aufs Meer. Nördlicher Teil der Uferstraße, Stegná, Tel. 22 44 02 26 54, www.kozas-studios.gr

EINKAUFEN

Olive Oil Factory. Bei der lokalen Olivenpresse, die man auch besichtigen darf, kann man verschiedene native Olivenöle, auch als Bio-Variante, probieren und kaufen. Außerdem gibt es Kräuter, Honig und Naturkosmetik. Tgl. 8–20 Uhr, Odós Georgíou Papandréou, Archángelos, Tel. 69 70 03 30 20 (mobil), www.oliveoilfactory.gr

Abseits der Straße nach Stegná liegt etwas versteckt die Taverne Petrona.

18 Charáki
Urlaub für Individualtouristen

Das idyllische Charáki schmiegt sich in eine halbkreisförmige Bucht unterhalb der Reste der Johanniterfestung Féraklos. Der Ort ist besonders bei Individualreisenden beliebt. Das ehemalige Fischerdorf mit der autofreien Strandpromenade zieht vor allem die an, die einen Urlaub ohne großen Rummel verbringen möchten. Zum Baden laden gleich drei Strände ein: der Hauptstrand, Charáki-Süd und die benachbarte Agáthi-Bucht.

Erst in den 1980er-Jahren hat sich das einst winzige Fischerdörfchen in einen Urlaubsort verwandelt, der sich allerdings seine Gemütlichkeit bewahrt. Vorher standen in der Bucht von Charáki nur wenige Sommerhäuser von Bewohnern der nahe liegenden Binnendörfer Mássari und Malónas (s. S. 106). Mittlerweile säumen die beschauliche Strandpromenade des Ortes kleine Pensionen und Apartmenthäuser, einige Cafés und Tavernen. Der charmante Küstenort kann zwar nicht mit seinen typisch griechischen modernen Betonbauten punkten, dennoch kommen seit Jahren viele Stammgäste – vor allem Individualreisende aus Österreich – hierher, einige Apartments sind nur noch über britische Reiseagenturen buchbar. Bei den Griechen ist Charáki besonders am Abend beliebt, wenn sie frischen Fisch in einer der Tavernen mit Blick auf die beleuchtete mittelalterliche Féraklos-Festung im Norden genießen. Anders als in vielen anderen ehemaligen Fischerdörfern der Insel leben in Charáki immer noch einige Fischer – auch wenn die Fischgründe rund um Rhodos fast ausgeschöpft sind und der Tourismus mehr Geld bringt.

Oben: Die Bucht von Charáki strahlt mit der beschaulichen Promenade und dem Kiesstrand vor allem Gemütlichkeit aus.
Unten: Von Charáki fährt man immer noch öfter einmal zum Fischen hinaus.

Am Ende der Zufahrtsstraße, wo sich der winzige Dorfplatz öffnet, kann man einen Blick in das im Jahr 1912 erbaute Kirchlein Ágii Apóstoli werfen, das tagsüber offen steht. Sehenswert sind im kleinen Kirchenraum die Malereien im traditionellen byzantinischen Stil. Die Kapelle wurde in den Jahren 1997 und 1998 von Mönchen des Berges Athos, der orthodoxen Mönchsrepublik in Nordgriechenland, ausgemalt. Besonders beliebt ist in Charáki jedoch das »süße Nichtstun« oder ein Spaziergang auf der Strandpromenade. In der entzückenden Bucht, die mit herrlichem Blick auf den Festungshügel im Norden und auf die bizarren Felsen des südlich hervorspringenden Kaps auftrumpft, dümpeln ein paar Fischerboote. Der etwa 300 Meter lange, flach abfallende Kiesel-Sand-Strand der Bucht ist selbst im Sommer nicht überlaufen. Einen weiteren, etwa 5 Kilometer langen Strand findet man hinter dem Kap im Süden. Der etwa 20 Meter breite Kies-Sand-Strand fällt

Oben: Ein Liegestuhl in der ersten Reihe: entspanntes Strandleben bei Charáki
Unten: Die Féraklos-Festung thront auf dem Kap, das Charáki von der kleinen Agáthi-Bucht im Süden trennt.

FELSKAPELLE AM STRAND

Einfach gut!

Nördlich von Charáki erstreckt sich hinter dem Festungshügel eine weitere beliebte Badebucht, die mit einem etwa 300 Meter langen Sandstrand begeistert. Die Agáthi-Bucht liegt etwa 30 Gehminuten von Charáki entfernt, ist aber auch mit dem Auto erreichbar. Der flach abfallende Strand mit drei einfachen Beach Bars, wo man Sonnenschirme und Liegen mieten kann, trumpft nicht nur mit Badefreuden auf. Am nördlichen Ende der Bucht erwartet Neugierige und kunsthistorisch Interessierte eine uralte Felskapelle, die früher von Einsiedlern bewohnt wurde. Die winzige, in den Stein gehauene Kapelle Agía Agáthi stammt aus dem 12. oder 13. Jahrhundert und birgt noch einige Freskenreste aus der Erbauungszeit. Durch ihren weiß getünchten Eingang ist sie gut zu erkennen. Das schattige Plätzchen davor lädt zur Rast ein.

steiler ab als der Hauptstrand und wird besonders gerne von einheimischen Familien besucht.

Hinauf zur Festung

Am Nordende der Bucht erhebt sich weithin sichtbar ein 85 Meter hoher Hügel, auf dem die Überreste einer alten, ständig frei zugänglichen Festung zu sehen sind. Bereits in der Antike soll auf dem Gipfel eine Burg gestanden haben. Das Kastell, das die Byzantiner dort errichteten, war im Jahr 1306 das erste der Insel, das von den Johannitern eingenommen wurde. Im Laufe der Jahre bauten die Ritter die Festung aus. Die Féraklos-Festung gehörte neben denen von Rhodos-Stadt (s. ab S. 40) und Líndos zu den wichtigsten Befestigungsanlagen der Ritter. Die Johanniter nutzten die Burg mit einer Fläche von 1700 Quadratmetern als Verbannungsort für diejenigen Ritter, die gegen die Ordensregeln verstoßen hatten, aber auch als Gefängnis für Kriegsgefangene. Eine Zuckerpresse diente den Rittern zum Raffinieren von Zucker.

Die Festung erlitt im Jahr 1470 durch einen Angriff der Osmanen so schwere Schäden, dass Großmeister Orsini sie aufwendig restaurieren lassen musste. Im Jahr 1522 wurde das Kastell dann – wie auch die anderen Burgen der Insel – von den Osmanen eingenommen. Erhalten sind von dem massiven Befestigungsbau nur noch Teile des äußeren Mauerrings. Der Innenraum ist stark überwuchert und deshalb kaum begehbar. Dennoch lohnt der rund 15-minütige Aufstieg über den schmalen Trampelpfad wegen des faszinierenden Ausblicks auf das Meer, die Buchten und das fruchtbare Hinterland. Vor dem Aufstieg weckt am Fuße des Hügels außerdem ein Höhleneingang das Interesse. Er führt in einen kurzen Tunnel, der ein Stück weiter oben in den Trampelpfad mündet.

Infos und Adressen

ESSEN UND TRINKEN

Árgo. Fast rundum wird das beliebte Fischrestaurant mit Blick auf die Féraklos-Festung vom Meer umspült. In romantischer Atmosphäre werden etwas gehobene griechische Gerichte, guter Fisch und Meeresfrüchte serviert. Südliches Ende des Bucht, Tel. 22 44 05 14 10, www.argorestaurant.gr

Da Vinci's. Im modern eingerichteten italienischen Restaurant bekommt man leckere Pizza und Pasta sowie köstliche Fleischgerichte. Platía, Tel. 22 44 05 14 60.

Kapetánios. Die stimmungsvolle, familiär geführte Taverne an der Strandpromenade bietet köstlichen frischen Fisch und griechische Küche mit hervorragendem Service und gutem Preis-Leistungs-Verhältnis. Promenade, Tel. 22 44 05 11 20.

ÜBERNACHTEN

Alia Studios. Die freundlich geführte Apartmentanlage mit neun Wohneinheiten liegt ruhig am Ortseingang, etwa 150 m vom Strand

Wunderbar verbringt man die Abende auf den Balkonen des Haraki Mare.

entfernt. Gäste erwartet ein hübscher Garten mit Pool und zwei Außenwhirlpools. Nahe der Zufahrtsstraße am Ortseingang, Tel. 22 44 05 10 65.

Haraki Mare. Die kleine Apartmentanlage bietet gemütliche und einfach, aber zweckmäßig eingerichtete Wohneinheiten direkt am Strand. Die Besitzerinnen kümmern sich äußerst aufmerksam um ihre Gäste. Promenade, Tel. 22 41 07 45 24, www.harakimare.gr

Von drei Seiten vom Meer umschlossen ist das Restaurant Argo.

19 Malóna und Mássari
Im Tal der Zitrusfrüchte

Westlich der Ostküstenstraße liegen die beiden traditionellen, vom Tourismus kaum beeinflussten Bauerndörfer Malóna und Mássari. Die Einwohner leben vom Anbau von Zitrusfrüchten. In Malóna können Besucher in restaurierten Dorfhäusern wohnen. Ein Abstecher lohnt zum nahen byzantinischen Kloster Kammíri.

Der englische Schriftsteller Lawrence Durrell nannte Rhodos »Insel der leuchtenden Orangen«. Vermutlich hatte er dabei die kleinen Dörfer Malóna und Mássari westlich der Ostküstenstraße im Hinterland von Charáki im Sinn. Die Bewohner der beiden Dörfer leben noch immer vom Orangen-, Mandarinen- und Zitronenanbau, auch wenn die Ernte mittlerweile nur noch für den Inselbedarf ausreicht. Obwohl großflächige Waldbrände das Gebiet nördlich der beiden Dörfer erheblich in Mitleidenschaft gezogen haben, lohnen Spaziergänge im herrlichen Tal oberhalb von Malóna, das in allen erdenklichen Grüntönen leuchtet: vom Silbergrün der zahlreichen Olivenbäume über das Dunkelgrün der Kiefern und Zypressen hin zum Farbton der Zitrusfrüchte.

Altertümliche Dörfchen

Beide Bauerndörfer zeugen mit zahlreichen verlassenen und auch verfallenen Häusern von der Auswanderung vieler Familien zu Beginn und Mitte des 20. Jahrhunderts – meist nach Australien oder Amerika. Malóna hat seinen Namen dem fruchtbaren, im Winter durch die zwei Flüsschen Cha und Platanerós bewässerten Tal zu verdanken. Er stammt vom altgriechischen Begriff »mileón« für Bäume, die essbare Früchte tragen.

Oben: Helle Natursteinhäuser prägen das kleine Dorf Malóna.
Unten: Fahrende Händler – hier ein Fischverkäufer – versorgen die Einwohner.

Malóna und Mássari

Der Tourismus hat Malóna noch nicht erreicht. In den Gassen des typisch griechischen Dorfes, in dem das einfache Leben ohne Hektik auch auswärtige Zuwanderer zum Hauskauf gelockt hat, spaziert man an rechteckigen Häuschen vorbei. Sie beeindrucken teilweise noch mit alten, typisch rhodischen Portalen. Bei genauem Hinsehen lassen sich an zahlreichen Fassaden hübsche Verzierungen erkennen. Einige Gebäude wurden liebevoll restauriert und dienen nun als Ferienhäuser. Die meisten Häuser des Dorfes stammen aus dem 19. Jahrhundert und haben nur ein Zimmer. Markant sind ihre alten Schornsteine, die über den Dächern des Dorfes hervorragen.

Im benachbarten, von Pinien und Zypressen umgebenen Weiler Mássari beeindrucken vor allem der frei stehende Glockenturm und das markante, neuklassizistische Schulgebäude aus dem Jahr 1910 an der Platía, in dem das Rathaus untergebracht ist. Ein Ausflug von Mássari zum Kloster Moní Kammíri ist auf jeden Fall empfehlenswert.

Einsames Kloster

Umgeben von Olivenhainen, Zypressen und Pinien liegt das byzantinische Kloster Moní Kammíri (oder auch Moní tou Taxiárxi Michaíl) auf einem Hügel nordwestlich von Mássari. Das mittlerweile unbewohnte Kloster stammt vermutlich aus dem 14./15. Jahrhundert und besticht durch einen schönen Innenhof mit Kieselmosaiken und zahlreichen Blumen sowie mit der Klosterkirche, die dem Erzengel Michael geweiht ist. Sollte das Klösterchen verschlossen sein, findet man den Schlüssel an einem Haken links oben an der Eingangstür. Der kieselsteingepflasterte Kirchenraum präsentiert sich mit einigen Fresken aus dem frühen 16. Jahrhundert, einer neuen, riesigen Darstellung des Erzengels und der geschnitzten Ikonostase.

Infos und Adressen

ESSEN UND TRINKEN

Jimmy's. Jimmy und Maria servieren in der einfachen Taverne köstliche griechische Küche zu fairen Preisen. Besonders empfehlenswert sind die Lammkoteletts. Malóna, Tel. 22 44 05 18 36.

Stéfanos. Im einfachen, traditionellen kafenío, das zugleich Taverne ist, treffen sich die Einheimischen zu *mezédes* und Wein und genießen die Gemütlichkeit. Ursprünglichkeit wird hier ganz groß geschrieben. Gekocht wird wie bei Muttern, egal, ob Fleisch oder auch mal Fisch. Malóna, Tgl. ab 17 Uhr, Tel. 22 44 05 18 50.

ÜBERNACHTEN

Village Houses Rhodes. Die zwei benachbarten Steinhäuser »Foúrno« (ein 65-Quadratmeter-Einraumhaus für vier Personen) und »Big Arch« (100 Quadratmeter, zweistöckig, für sechs Personen) wurden 1895 erbaut und mit Liebe zum Detail zu hübschen Ferienhäusern mit Komfort, Dachterrasse und Kamin umgewandelt. Malóna, Tel. 69 46 98 45 11 mobil), www.villagehousesrhodes. weebly.com

VERANSTALTUNGEN

Orangenfest. Jedes Jahr findet im März (unbedingt Aushänge beachten!) am Kloster Ágios Ioánnis in Mássari das Orangenfest statt. Probieren kann man dort diverse Köstlichkeiten, die aus Orangen hergestellt werden.

LÍNDOS UND LARDOS

Grab von Kleoboulos

Kirche von Panagia

Líndos

Líndos **20**

Agios Pavlos

Pentanisi

Ioannis

20 Líndos
Ein Ort wie im Bilderbuch

Wie weiße Farbkleckse sehen die kubischen Häuschen des kosmopolitischen Líndos aus, die sich am Fuße des imposanten Felskaps mit der antiken Akropolis und der trutzigen Johanniterfestung über die Landzunge verteilen. In den malerischen, labyrinthartigen Gassen des Ortes verlaufen sich täglich Tausende Touristen. Und die Líndos säumenden Buchten laden zum süßen Nichtstun ein.

Vorangehende Doppelseite: Die Apostel-Paulus-Bucht bei Líndos
Oben: Auf dem markantesten Hügel der Insel thront die Akropolis von Líndos.
Unten: Esel und Maultiere nutzen den Weg am Ortsrand entlang hinauf zur Akropolis.

Rhodos schönstes Dorf zählt zwar gerade mal etwas mehr als 800 Einwohner, ist jedoch eine der bekanntesten Attraktionen der Insel. Mit den weißen flachen Häusern schmiegt sich Líndos an den schroffen und markanten Akropolis-Hügel (s. S. 120). Da Líndos bereits vor Jahren unter Denkmalschutz gestellt wurde, konnte die Errichtung neuer und unpassender Betonbauten verhindert werden. Die charmante Atmosphäre des Ortes hat aber auch einen weiteren Grund: In den engen Gassen sind Kraftfahrzeuge verboten. Besonders schön ist Líndos am frühen Morgen oder ab dem späten Nachmittag, wenn die meisten Tagestouristen, die morgens in die Gassen in Richtung Akropolis strömen, wieder abgereist sind.

Wer Líndos mit dem Auto ansteuert, kann es sowohl nördlich als auch südlich des Ortskerns (ausgeschildert: Eingang A bzw. B und C) an mehreren Parkplätzen abstellen. Nutzt man Eingang A, muss man darauf achten, dass an der quirligen Kentriki Platía, dem zentralen Platz, an dem tagsüber hektisches Treiben herrscht, das Parken verboten ist. Stehen dürfen dort nur Taxen und die Gemeindebusse, die Besucher von der Haltestelle

Idylle pur: die Àgios-Pávlos-Bucht im Süden

der Fernbusse an der Umgehungsstraße
hinunter in den Ort bringen.

Kurzer Geschichtsrückblick

Die Bucht von Líndos, bereits in der Bronzezeit
besiedelt, war neben dem Mandráki-Hafen in Rhodos-Stadt der einzige natürliche Hafen der Insel. Es
ist also kaum verwunderlich, dass Líndos in der Antike mit rund 17 000 Einwohnern zur wichtigsten
der drei dorischen Städte von Rhodos wurde.

Nachdem 408 v. Chr. Rhodos-Stadt gegründet worden war, verlor Líndos die Stellung als
Wirtschaftszentrum. Mit dem Tempel auf der
Akropolis blieb es bis ins 4. Jahrhundert n. Chr.
aber religiöser Mittelpunkt. Auf dem Hügel
wurde schließlich über die folgenden Jahrhunderte hinweg die von den Byzantinern erbaute
Festung erweitert. Außerdem entwickelte sich
die Siedlung unterhalb im Mittelalter zum See-
fahrer-Dorf, eine berufliche Tradition, die von
Generation zu Generation bis zum 18. Jahrhundert weitergegeben wurde und die Seefahrer
auch außerhalb der Insel bekannter und dadurch
immer wohlhabender machte. Weil viele Seeleute
gegen Ende des 18. Jahrhunderts auswanderten,

Nicht verpassen

BADEN IN MALERI-
SCHER SZENERIE
Während es die meisten
Besucher bisher meist
in die Bucht von Líndos
nördlich des Ortes zog, wird die
traumhafte Àgios-Pávlos-Bucht im
Süden immer häufiger und von besonders vielen Italienern frequen-
tiert. Die fast kreisrunde Bucht mit
zwei kleinen Sand-Kies-Stränden
und dem klaren, blau und türkis
schimmernden Wasser wird fast
vollständig von bizarren Felsen
umrahmt und ist nur durch eine
schmale Öffnung mit dem Meer
verbunden. Laut Überlieferung
ist im 1. Jahrhundert n. Chr. der
Apostel Paulus nach Rhodos gekommen, um das Christentum zu
verbreiten. Eine kleine, malerisch
gelegene Kapelle an der Südseite
erinnert heute noch an ihn und
dient Paaren aus aller Welt als
Kulisse für die romantische Hoch-
zeit. Wer die Strände im Hochsommer besucht und nach einem
freien Liegestuhl sucht, sollte früh
aus den Federn kommen.

Einfach gut!

verfielen die prächtigen Häuser. Bewohnbar wurden die Kapitänshäuser wieder im 19. Jahrhundert, als Nachfahren nach Líndos zurückkehrten.

Charakteristische Architektur

Bei genauerem Hinsehen besticht Líndos vor allem mit schönen architektonischen Details wie den Eingangsportalen der größtenteils aus dem 17. Jahrhundert stammenden Herren- und Kapitänshäuser. Die typischen Wohnsitze, die Besuchern oft als Unterkünfte dienen, repräsentieren den lindischen Stil, der aus der Kombination byzantinischer, ägäischer, rhodischer und arabischer Elemente entstanden ist.

Betreten werden die Anwesen, beispielsweise das sehenswerte »Herrenhaus des Papakonstantí«, durch einen Innenhof, der von verschiedenen Räumen und hohen Mauern umgeben ist. Der Hof und der größte Raum des Hauses, der »sála« oder »kaló spíti« genannt wird, sind mit den inseltypischen Chochlákia-Mosaiken aus schwarzen und weißen Kieseln dekoriert. Üblich sind geometrische Muster wie Wellen oder Blumen. Die »sála« liegt etwas erhöht am Ende des Hofes und diente der Familie als Schlaf- und Empfangsraum. Sie begeistert mit einer prächtigen Fassade, die byzantinische Kreuze, Doppeladler oder arabische Ornamentik schmücken. Reliefs von geflochtenen Schiffsseilen umgeben Türen und Fenster. Im Inneren der »sála« sieht man meist eine bemalte Holzdecke. Die Wände waren oft mit bemalten Tellern geschmückt, die die Kapitäne entweder von Reisen mitbrachten oder die in Líndos hergestellt wurden. Eine große Holzempore diente der Familie als Schlafbereich, der Platz darunter als Vorratskammer. Ein weiterer wichtiger Raum der Häuser ist das Kapitänszimmer, das über eine Treppe auf der anderen Seite des Hofes erreichbar ist. Das an der

Rundgang Líndos

Im Gassengewirr von Líndos

Die Gasse, die von der Kentrikí Platía in den Ortskern hineinführt, ist zugleich die Hauptachse des Ortes. Sie verbindet die Eingänge A und C. Von Eingang A passieren Besucher zunächst die Station der Maultier- und Eselführer, von wo aus man die Akropolis von Líndos (s. S. 120) erreichen kann. Es lohnt sich, einen Blick in das sehenswerte Gassenlabyrinth abseits des Mainstreams zu werfen. Dort sind die hübschen Hausfassaden auch tagsüber nicht hinter Souvenirständen versteckt.

A Marienkirche – Der Panagía-Kirche mit den einzigartigen Fresken ist ein kleines Museum angeschlossen, in dem Kirchen-Interessierte alte Schriften aus dem 16.–18. Jahrhundert, wertvolle Ikonen und liturgische Geräte sehen können. Kirche Mo-Sa 9–17 Uhr, So 9–15 Uhr, Eintritt frei, Museum tgl. 9–15 Uhr, Eintritt

1,50 €. Nördliches Ende der Hauptgasse. Gebeten wird um angemessene Kleidung.

B Herrenhaus des Papakonstantí – Eines der wichtigsten Kapitänshäuser von Líndos, 1626 erbaut. Aktuelle Öffnungszeiten bei der Touristen-Info erfragen (sporadisch geöffnet). Parallele Gasse zur Hauptgasse (nahe dem antiken Theater), Tel. 22 44 03 16 13, Eintritt frei.

C Antikes Theater – Im Theater mit 26 Sitzreihen auf zwei Rängen fanden u. a. Aufführungen zu Ehren des Weingottes Dionysos statt. Frei einsehbar, Platía Agíou Stefánou (südlicher Ortsrand).

D Tetrástoa – Errichtet wurde die Tetrástoa, die Platz für 1500 Besucher bot, als Heiligtum für einen Gott der griechischen Mythologie, vermutlich Dionysos oder Apollon. Frei einsehbar, Platía Agíou Stefánou (südlicher Ortsrand).

Dachterrasse gelegene Zimmer mit mehreren Fenstern ist das einzige, das sowohl Blick auf die Gasse als auch auf das Meer bietet.

Malerische Dorfkirche

Im Zentrum des Ortskerns begeistert eine der wichtigsten Attraktionen von Líndos: die Panagía-Kirche. Die Marienkirche aus dem 14. Jahrhundert wurde von den Johannitern 1489/90 renoviert und ausgebaut. Beachtenswert sind im Innenraum der Fußboden und die prachtvolle, vergoldete Ikonostase (Altarwand) vom Ende des 17. Jahrhunderts. Kunsthistorisch bedeutsam sind die zahlreichen Fresken, die 1779 von einem Mönch von der Nachbarinsel Symi (s. S. 226) gemalt wurden. Die Wandmalereien sind im Hauptschiff rechts und links in vier Reihen unterteilt. Zwischen den Heiligen, die in der untersten Reihe abgebildet sind, sticht besonders die Abbildung des Heiligen Christophorus hervor. Er wird dort in der seltenen Form des Kynokephalen, also als Mensch mit Hundekopf, dargestellt. Die Fresken darüber präsentieren die 24 Strophen des sogenannten Hymnos Akáthistos, einen der ältesten Lobgesänge auf die Muttergottes. Szenen aus dem Neuen Testament wie die Erweckung des Lazarus, das letzte Abendmahl, die Kreuzigung

Oben: Auch die Ziegen sehen sich am Ausblick nicht satt.
Mitte: Viele griechisch-orthodoxe Kirchen sind mit Fresken bemalt.
Unten: In der Panagía-Kirche entzünden Gläubige jeglichen Bekenntnisses eine Kerze.

Jesu und seine Auferstehung sieht man in der dritten Bilderreihe. An oberster Stelle berichten die Wandmalereien aus der Schöpfungsgeschichte. Üblich für byzantinische Kirchen ist die Darstellung von Christus als Pantokrator (Weltenherrscher) in der Kuppel.

Überreste der Antike

An der Platía Agíou Stefánou kann man am Fuß des Akropolis-Hügels die auffälligen Überreste des antiken Theaters von Líndos sehen. Von dem im 4. Jahrhundert v. Chr. in den Felsen gehauenen Theater ist noch der mittlere Teil der einst in neun Segmente geteilten Sitzreihen zu sehen. Platz bot das Theater für etwa 2000 Zuschauer. Links davor hat man auf einem rechteckigen Platz, auf dem bis ins Jahr 1924 immer wieder Kirchengebäude standen, die spärlichen Überreste eines hellenistischen Heiligtums ausgegraben, das Tetrástoa.

Reizvoller Spaziergang

Entdecker können im Norden der Líndos-Bucht bis zum »Grab des Kleóboulos« wandern. Ein Schild weist von der Hauptstraße, die von der Kentrikí Platía zu den äußerst gut besuchten Sandstränden in der Líndos-Bucht führt, den Weg. Auf dem etwa eineinhalbstündigen Spaziergang mit fantastischer Aussicht auf Líndos folgt man einem schmalen, an der Küste entlang laufenden Pfad, der zunächst zu einer verlassenen Windmühle aus dem 19. Jahrhundert führt. Nach wenigen Metern erreicht man einen auf dem felsigen Hügel thronenden Rundbau, das »Grab des Kleóboulos«, das aus dem 2. bis 1. Jahrhundert v. Chr. stammt. Anders als der Name verspricht, wurde dort aber nicht der Tyrann Kleóboulos bestattet. Es diente einem wohlhabenden Rhodier als Familiengrab. Besonders eindrucksvoll ist von dort der Panoramablick auf Líndos.

Geheimtipp

EIN KLEINES JUWEL

Obwohl die rund 4 km nördlich von Líndos gelegene Vlichá-Bucht mit den luxuriösen Großhotels Urlaubsziel vieler Pauschaltouristen ist, ist der 800 m lange Sand-Kies-Strand nie überlaufen. Wer dort seinen Urlaub verbringt, kann somit entspannten Strandurlaub mit Besuchen des nahe gelegenen Líndos kombinieren. Ein kleines, auch bei Individualtouristen beliebtes Hotel mit tollem Ausblick und familiärem Charme liegt gleich am südlichen, ruhigen Ende des Strandes. Das »Lindian Jewel« wurde vom Sohn der früheren Besitzer, Manólis Zervós, und seiner Frau Mína übernommen und zählt viele Stammgäste. In entspannter Atmosphäre kümmert sich das junge, teilweise auch deutsch sprechende Team des hübsch und komfortabel eingerichteten Hotels zuvorkommend um die Gäste. Im angeschlossenen Restaurant »Rotonda« werden leckere regionale und mediterrane Gerichte serviert. Gutes Preis-Leistungs-Verhältnis.

Lindian Jewel. Südliches Strandende, Vlichá, Tel. 22 44 03 30 33, www.lindianjewel.com

Infos und Adressen

INFORMATION

Touristeninformation. Kentrikí Platía, Mo–Sa 9–15 Uhr, So 10–13.30 (im Hochsommer evtl. länger), Tel. 22 44 03 19 00.

ESSEN UND TRINKEN

Ambrosia. Im familiär geführten, stilvollen Restaurant werden köstlich verfeinerte griechische Gerichte sowie Spezialitäten aus anderen Ländern des Mittelmeerraums serviert. Gasse südöstlich der Marienkirche, Tel. 22 44 03 18 04.

Archontikó. Das preisgekrönte Restaurant mit kreativer mediterraner und griechischer Küche und Dachterrasse mit schönem Blick auf die Akropolis ist in einem Kapitänshaus von 1605 untergebracht. Große Weinliste. Tgl. ab 18 Uhr, Odós Apostólou Pávlou, Tel. 22 44 03 19 92, www.arhontikolindos.com

Für Verwöhnung pur sorgt das Spa Líndos.

Gelo Blu. Das vom Sohn einer bekannten lindischen Gastronomenfamilie geführte Eiscafé begeistert mit köstlichem, hausgemachtem Eis und leckerem Kuchen. Gasse östlich der Marienkirche, Tel. 22 44 03 17 61.

Tambákio. Tagsüber Beach-Bar-Flair, abends romantisches Ambiente mit Blick auf die Akro-

polis von Líndos und hervorragender mediterraner Küche. Ágios-Pávlos-Bucht, Tel. 22 44 03 30 00, www.stpaulsbay.gr

Maria's. Seit 1982 werden in der Taverne mit einfachem und familiärem Ambiente zahlreiche traditionelle griechische Gerichte serviert. Gasse nordwestlich des Herrenhaus des Papakonstantí, Tel. 22 44 03 13 75, www.mariastaverna.gr

Mavrikos. Das renommierte Restaurant mit griechischer Küche wurde von der Familie Mavríkos bereits in den 1930er-Jahren eröffnet, hält mittlerweile jedoch nicht mehr ganz, was der Ruf verspricht. Gespeist hat dort schon viel Prominenz wie Pink Floyd oder Roger Moore. Kentrikí Platía, Tel. 22 44 03 12 32.

ÜBERNACHTEN

Casa Líndos. Das Haus aus dem 19. Jahrhundert begeistert alle Landhaus-Fans mit hölzernem Einbaumobiliar und Fußböden mit Kieselmosaiken, aber auch mit modernem Komfort. Mit Platz für bis zu acht Personen auf zwei Etagen ist es ideal für Familien oder Gruppen. Odós E. Ganotkáki 288, Tel. 697 44 92 8 22 (mobil), www.casalindos.com

Filoxenia Cozy. Acht elegant und individuell eingerichtete Zimmer in einem im Jahr 1982 erbauten und 2014 umfassend restaurierten Haus in traditionellem Stil präsentieren sich mit Flair zum Wohlfühlen. Südlicher Ortsrand, Tel. 22 44 03 20 80, www.lindos-filoxenia.com

Líndos Bay. Das Großhotel der Sensimar-Kette mit 205 modernen Zimmern und Suiten, Außenpool und Wellness-Zentrum liegt gleich am Strand, 4 km von Líndos entfernt, und ist ideal für den Strandurlaub. Vlichá-Bucht (am Strand), Tel. 22 44 03 15 01, www.sentidohotels.com

Líndos Harmony Suites. Die neun Suiten mit gut ausgestatteter Küchenzeile und Balkon oder Terrasse bieten Platz für 2–4 Personen und sind äußerst freundlich in hellen Farben eingerichtet. Von der Dachterrasse hat man einen schönen Blick auf die Akropolis. Westlicher Ortsrand, Tel. 22 44 03 30 60, www.lindosharmony.gr

Xenones Líndos. In dem kleinen, ruhig gelegenen Komplex mit 17 einfachen Studios und Apartments sowie schöner Dachterrasse werden traditionelle Elemente mit modernen und farbenfrohen Details kombiniert. Gutes Preis-Leistungs-Verhältnis. Südwestlicher Ortsrand (nahe der Polizei-Station), Tel. 22 44 03 15 58, www.xenoneslindos.com

AUSGEHEN

Amphitheater. Schon seit 1993 tanzt man in dem großen Open-Air-Club mit sommerlicher Atmosphäre zu internationalem Mainstream und mit der wohl schönsten Aussicht auf Líndos und die Akropolis. Juni–Sept. Fr–Sa ab 22 Uhr, Umgehungsstraße (Große Kurve nördlich von Líndos), freier Taxi-Shuttle von der Kentrikí Platía, Tel. 22 44 04 47 89.

Líndos Ice Bar. In der einzigen Ice-Bar Griechenlands trinkt man aus Eisgläsern und sitzt zwischen Eisskulpturen. Mit −6 °C ist sie ideal für alle, die Abkühlung von der rhodischen Sommerhitze brauchen. Warme Kleidung wird gestellt. Platía Kránas (Umgehungsstraße), Tel. 22 44 03 14 91, www.lindosicebar.gr

Líndos by night. Eine feste Adresse im Nachtleben von Líndos ist die Bar auf drei Etagen. Von der Dachterrasse hat man einen fantastischen Ausblick auf die beleuchtete Akropolis. Gasse rechts der Eselstation, Tel. 22 44 03 14 63.

AKTIVITÄTEN

Spa Líndos. In dem kleinen, modernen Wellness-Zentrum kann sich Mann/Frau nicht nur mit einzelnen Massagen oder Beauty-Anwen-

Ideal für den Strandurlaub: das Líndos-Bay, nur wenige Kilometer von der Stadt entfernt

dungen verwöhnen lassen. Angeboten werden auch 2- bis 5-stündige Wellness-Pakete oder Programme für mehrere Tage für Braut und Bräutigam. Tgl. 10.30–22.30 Uhr, Gasse östlich der Marienkirche, Tel. 22 44 03 17 77, www.lindostreasures.com

The Waterhoppers. Tauchschule mit umfangreichem Angebot für Anfänger bis hin zu Fortgeschrittenen. Angeboten wird z. B. ein eintägiges Schnuppertauchprogramm (ab 72 €), Tauchgänge für Sporttaucher (ab 54 €) und Padi-Kurse. Erste Gasse von der Kentrikí Platía zum Strand, Tel. 22 44 03 30 40, www.waterhoppers.com

ESSEN UND TRINKEN
wie die Rhodier

In den Tavernen trifft man sich gern zum Plausch.

Kaffeehaus oder Café, Taverne oder Restaurant – auf Rhodos findet jeder Gast sein Lieblingsplätzchen. Schnell merkt man dort dann auch, dass Essen und Trinken den Rhodiern nicht nur zum Hunger- und Durst-Stillen dienen. Stundenlanges Verweilen in Gaststätten ist hier eine der beliebtesten Freizeitbeschäftigungen. Schließlich kann man sich dort mit der _paréa_, der Gruppe, mit der man sich trifft, am besten austauschen.

Besonders gut ist die griechische Geselligkeit im traditionellen Kaffeehaus _(kafenio)_ in den Dörfern spürbar. Es wird vorwiegend von älteren Herren besucht, die sich dort die Zeit mit einem griechi-schen Mokka _(ellinikós kafés)_ vertreiben, über Gott und die Welt quatschen oder _távli_ (eine Art Backgammon) spielen. In der Stadt und vor allem in Küstenorten werden die _kafenia_ seltener. Die westlich

118

orientierte, jünger werdende Kundschaft trifft sich lieber in trendigen Szenelokalen in der Stadt oder am Meer.

Richtig Kaffee bestellen

Die sich mit den Jahren ändernde Szene der Lokale verändert auch die Kaffeekultur. Jüngere Leute trinken nicht mehr Mokka, sondern eisgekühlten Frappé, Freddo Espresso oder Cappuccino. Wichtig ist beim Bestellen all dieser Kaffeesorten, dass man im Voraus sagt, ob man den Kaffee mit oder ohne Milch bzw. Zucker trinkt: *skéto*, ohne alles; *me/chorís gála*, mit/ohne Milch; *métrio*, mit etwas Zucker; und *glikó*, mit viel Zucker.

Griechische Gaumenfreuden

Auf Rhodos nur Gyros oder Moussaká zu essen, wäre bei dem breiten Spektrum an Leckereien fast fatal. Sowohl in einfachen Tavernen, in denen Hausmannskost oder Grillgerichte auf den Tisch kommen, als auch in moderneren Restaurants, wo oft mediterran und kreativ gekocht wird, kann man sich auf vielseitige kulinarische Erlebnisse freuen.

Die griechische Hausmannskost besteht oft aus geschmortem Gemüse. In Tavernen wird gegrilltes Fleisch und frischer Fisch, den die Rhodier übrigens an oder nahe der Küste und nicht in den Bergen essen, meist nach Gewicht bestellt. Wer möglichst viel probieren möchte, sollte sich mit den in kleinen Portionen servierten Gerichten, den *mezédes* oder *mezedákia*, beschäftigen. Sie werden im *mezedopolío* oder in der *ouzerí* serviert, aber auch in Tavernen und Restaurants. Die Griechen lassen sich die *mezédes* für die ganze *paréa* in die Mitte des Tisches stellen, sodass jeder von allem probieren kann. Typisch für Rhodos sind *pitaroúdia* (frittierte Gemüsepuffer mit Kichererbsen) und die *jiaprákia* genannten, mit Reis und Hackfleisch gefüllten Weinblätter.

Getrunken werden zum Essen offene Hausweine, aber auch die guten heimischen Flaschenweine. Außerdem sind griechische Biere sehr beliebt, z. B. Mythos, Fix oder Alfa. Der typisch rhodische Tresterschnaps nennt sich *soúma*.

Praktische Infos

In fast allen Tavernen wird das sogenannte Couvert berechnet, ein Betrag zwischen 0,80 und fünf Euro, der pro Person erhoben wird. Tavernen haben meist keine Ruhetage, sind in Ferienorten aber im Winter geschlossen. Im Sommer öffnen sie täglich ab etwa 11 Uhr, serviert wird bis mindestens Mitternacht. Exklusivere Restaurants öffnen oft erst ab 18 Uhr.

21 Akropolis von Líndos
Rhodos-Geschichte kompakt

Der Burgberg über dem Häuserkonglo-merat von Líndos ist nicht nur weithin sichtbar, sondern auch die meistbesuchte Attraktion des Ortes. Auf dem mächtigen Felskap mit einzigartiger Aussicht fanden Archäologen nämlich nicht nur Zeugnisse aus verschiedenen Jahrtausenden wie Werkzeuge aus der Jungsteinzeit. Auf dem Gipfel sind auch uralte Bauwerke erhalten, die aus der Antike bis zum Mittelalter stammen.

Schon bei der Anfahrt von Norden her erweckt die nachts romantisch beleuchtete Akropolis von Líndos Neugier bei den Betrachtern. Kein Wunder, dass sich viele Touristen gleich nach der Ankunft in Líndos den Menschenströmen in Richtung Burgberg anschließen oder sich an der Esel- und Maultier-Station (s. Tipp S. 121) anstellen, um bequemer hinauf zu gelangen. Sehen kann man auf dem 116 m hohen Gipfelplateau u. a. rekonstruierte Säulen, antike Überreste, byzantinisches Erbe

Tafeln helfen den Besuchern der Akropolis bei der Orientierung und geben nähere Informationen zu den freigelegten Bauten.

GUT ZU WISSEN

DIE AKROPOLIS ZUR MITTAGSZEIT
Wer im Hochsommer den Akropolis-Hügel erklimmen will, sollte in jedem Fall die Mittagshitze meiden. Nicht nur der Aufstieg auf den Burgberg, sondern vor allem das Erkunden der archäologischen Stätte kann zu dieser Zeit anstrengend und äußerst sonnenreich werden. Auf dem Gipfelplateau gibt es kaum Schatten! Empfehlenswert ist zu jeder Tageszeit die Mitnahme einer Flasche Wasser.

Auf den Rücken der Esel werden auch Erwachsene wieder zu Kindern.

und die mit Zinnen bekrönten Mauern einer mittelalterlichen Kreuzritterfestung.

Jahrtausendelang besiedelt

Dass Líndos bereits im 2. Jahrtausend v. Chr. bewohnt war, belegen Funde, die in einer Höhle, die als Kultstätte für eine weibliche Gottheit diente, in der Südwestseite des Burgbergs gemacht wurden. Mit der Einwanderung der dorischen Griechen im 1. Jahrtausend v. Chr. wurde auf dem Gipfel über dieser Höhle ein hölzerner Tempel für ihre Göttin Athena Líndia erbaut. Im 6. Jahrhundert v. Chr. erlebte Líndos unter dem guten Tyrannen Kleóboulos schließlich seine Blütezeit. Kleóboulos, der als einer der »Sieben Weisen« galt, errichtete der Göttin um 550 v. Chr. einen ersten Tempel aus Stein. Wie der Tempel zuvor fiel jedoch auch dieser einem Brand zum Opfer. Im Jahr 342 v. Chr. konzipierte man den Akropolis-Hügel schließlich neu und errichtete der Göttin eine kostbare Statue aus vergoldetem Holz und Elementen aus Elfenbein und Marmor. Später kamen weitere Terrassen hinzu, die über Treppen miteinander verbunden waren. Die neuen Säulenhallen auf den Plateaus repräsentierten den Reichtum

Einfach gut!

AUFSTIEG MIT DEM ESEL

Ein Geheimtipp ist der wackelige Trip mit dem Esel durch die Gassen von Líndos zur Akropolis sicherlich nicht mehr. Er ist seit langem beliebte und gleichzeitig praktische Aktivität der Líndos-Besucher. Die zahlreichen Esel- und Maultierführer, die jeweils für zwei Tiere zuständig sind, warten in der Nähe der Bushaltestelle am Eingang A des Ortes und sind nicht zu übersehen. Mit dem 10-minütigen Ritt erleichtert das sogenannte Esel-Taxi den Aufstieg zur Akropolis und verspricht auf der Route einen schönen Blick auf den Hauptstrand von Líndos. Außerdem wird der Besuch der archäologischen Stätte dadurch nicht nur zum kulturellen Highlight, sondern auch zum originellen Erlebnis für Groß und Klein. Ob man mit den Eseln und Maultieren auch wieder hinunter möchte, bleibt jedem selbst überlassen. Doch ist die Strecke hinab auch zu Fuß recht schnell zu bewältigen. Pro Strecke zahlt man 6 €.

von Rhodos. Erst im 4. Jahrhundert n. Chr. wurde die Verehrung der antiken Gottheiten verboten, sodass die heiligen Stätten geschlossen wurden und die Bauwerke mit den Jahrhunderten verfielen. Rund 1000 Jahre später bebauten die Byzantiner die Akropolis erneut und errichteten dort eine Festung mit christlicher Kirche. Später wurde diese Burg von den Johanniterrittern erweitert.

Auf dem Weg zur Festung

Hat man den Hügel bis kurz unter den Gipfel erklommen und das Kassenhäuschen passiert, steht man auf der ersten Terrasse des stufenartig ansteigenden Burgbergs. Auf dem mit Zypressen bewachsenen Plateau sieht man die Öffnungen von drei Zisternen. Außerdem weisen antike Säulensockel auf die einst dort stehenden Statuen wohlhabender Bürger hin, die im Jahr 42 v. Chr. vom römischen Admiral Cassius nach Rom gebracht wurden. Eindrucksvoll ist auf dieser Terrasse vor allem ein Relief aus dem 2. Jahrhundert v. Chr., das neben der Treppe zum nächsten Plateau in die Felswand gemeißelt wurde. Es zeigt das Heck einer antiken Triere, also eines Kriegsschiffes, und ist zu Ehren des erfolgreichen rhodischen Admirals Hegesandros entstanden. Die halbrunde Nische, die Exedra, links diente den Pilgern für eine Rast.

Eine steile, steinerne Treppe führt rechts des Reliefs, hinauf zur Ritterburg. Durch einen gewölbten Torgang, in dem Sockel und Altäre aus der Antike aufgestellt sind, betritt man das Erdgeschoss des einstigen Verwaltungssitzes der mittelalterlichen Festung, wo man an den Mauerabschnitten die Nutzung von Steinen der antiken Bauwerke erkennen kann. Etwas erhöht liegt hinter den mittelalterlichen Bauten das im 13. Jahrhundert als griechisch-orthodoxe Kirche

Zeitreise durch Rhodos' Geschichte

Das Gelände der archäologischen Ausgrabungsstätte wirkt wie ein Querschnitt durch die Inselgeschichte.

Ⓐ Zisternen – Sie dienten in byzantinischer Zeit der Wasserversorgung auf dem Hügel.

Ⓑ Exedra – In der Mitte der Exedra stand einst eine Statue des Admirals Hegesandros.

Ⓒ Relief – Das Relief wurde von Pythókritos, einem Bildhauer der hellenistischen Zeit, gefertigt.

Ⓓ Verwaltungssitz der Ritter – Die Festung stammt aus dem 14./15. Jahrhundert.

Ⓔ Johannes-Kirche – Die Kirche byzantinischer Zeit beruht auf kreuzförmigem Grundriss.

Ⓕ Exedra – Hier thronte früher eine Statue.

Ⓖ Reste des römischen Tempels – Die Überbleibsel stammen aus dem 3. Jahrhundert n. Chr.

Ⓗ Hellenistische Stoá – Der Aufstieg zum Tempel erfolgte früher nur durch die Säulenhalle.

Ⓘ Propyläen – Sie umschlossen den Tempelhof.

Ⓙ Tempel der Athena Lindia – Obwohl bedeutend, war der Tempel recht klein dimensioniert.

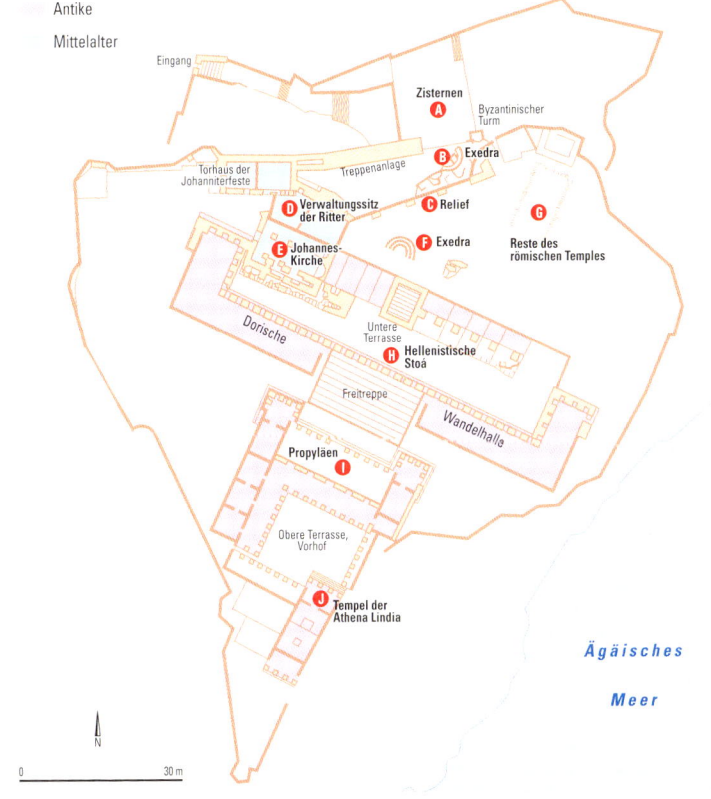

erbaute Gotteshaus. Die Kirche wurde später von den Johanniterrittern übernommen und ihrem Schutzpatron Johannes geweiht.

Die großen Gipfel-Terrassen

Links der Kirche eröffnet sich der untere große Hof, den die Pilger in hellenistischer Zeit mit Gaben füllten. Auffällig ist gleich linker Hand die halbrunde Exedra, die von der Familie des Priesters Pamphilidas gestiftet wurde. Am unteren Rand dieser Terrasse liegen die spärlichen Reste eines römischen Tempels. Gegenüber führt eine Treppe zwischen den markanten hellenistischen Gewölben aus dem 1. Jahrhundert v. Chr. zur nächsten Terrasse hinauf. Dort thront die teilweise von den Italienern Anfang des 20. Jahrhunderts originalgetreu restaurierte hellenistische Stoa, eine Säulenhalle, die einst als imposanter Eingangsbereich des Heiligtums diente. Die im 3. Jahrhundert v. Chr. erbaute Halle mit einst 42 dorischen Säulen war mit einer Breite von 87 Metern der größte Bau der Akropolis.

An höchster Stelle

Von der Stoa führt eine 21 m breite Freitreppe zur obersten Terrasse der Akropolis. Das obere Ende bekrönten einst die Propyläen, die im gleichen Jahrhundert errichtet wurden. Den Propyläen, von denen nur noch die Grundmauern erhalten sind, war ein Hof angeschlossen, an dessen südlichem Ende das wichtigste Bauwerk der Akropolis thront: Der im Jahr 342 v. Chr. errichtete Tempel der Athena Líndia wurde zwischen 2000 und 2005 umfangreich restauriert. Im Zentrum des Heiligtums mit den schlanken dorischen Säulen stand eine Marmorstatue der Göttin. Auf einem Altar vor dem Tempel wurden die Opfergaben dargebracht.

Oben: Der Tempel der Athena Líndia thront auf der Hügelspitze.
Mitte: Täglich sitzen die Dorffrauen am Weg zur Akropolis und bieten ihre Häkelwaren an.
Unten: In den mittelalterlichen Festungsmauern sind einige antike Bauelemente ausgestellt.

Infos und Adressen

INFORMATIONEN

Akropolis von Líndos. April–Okt. tgl. 8–20 Uhr, Nov.-März Di–So 8–15 Uhr. Líndos, Tel. 22 44 03 12 58, Eintritt 12 €.

ESSEN UND TRINKEN

Broccolino. Im charmanten Restaurant mit den bunten, mosaikgeschmückten Tischen kreieren die aus Italien stammenden Wirte Christina und Elia köstliche frische Pasta, Antipasti und Fleischgerichte sowie wechselnde Tagesgerichte. Gasse am nördlichen Ortsrand, tgl. 18.30–23.30 Uhr, Tel. 22 44 03 16 88.

Captain's House Bar. In einem Kapitänshaus aus dem 16. Jahrhundert und seinem schattigen Innenhof kann man z. B. auf dem Rückweg von der Akropolis bei einem kühlen Getränk, einem Kaffee oder einem Cocktail entspannen. Auf der Karte findet man auch einige Snacks. Gasse zwischen Akrópolis und Ortskern (nahe der Post), Tel. 22 44 03 12 35.

ÜBERNACHTEN

Líndos Shore Boutique Villa. Ideal für Familien oder Gruppen ist die hübsch und minimalistisch eingerichtete Villa mit Meerblick. Das ruhig gelegene Haus ist umfassend und modern ausgestattet und bietet Platz für bis zu sechs Personen. Zwischen Akropolis und Hauptstrand, Tel. 69 48 83 76 37 (mobil), www.lindos-shore-villa.com

EINKAUFEN

Musa Shop. Bei Pétros Konstantínou bekommt man originelle und farbenfrohe Keramikobjekte, von hübschen Schalen über Deko-Stücke bis hin zu Wanduhren. Gasse zwischen Akropolis und Ortskern (gegenüber der Post), Tel. 22 44 03 15 38.

Textilien. Am Weg, der von der Akropolis in den Ort führt, bieten die Dorffrauen tagsüber zahllose Tischdecken, Web-, Häkel- und Strickwaren an.

Die Gasse zur Akropolis wird von unzähligen Souvenirgeschäften gesäumt.

22 Péfki
Beliebter Urlaubs- und Badeort

Die einst locker bebaute Sommerhaus-siedlung hat sich seit den 1980er-Jahren zu einem beliebten und familienfreund-lichen Urlaubsort gemausert. Einen alten Ortskern oder spezielle Sehenswürdig-keiten gibt es in Péfki nicht. Dafür be-geistert der Küstenort, in dem wie auch in den anderen Urlaubsorten nur im Sommer etwas los ist, mit einem langen Hauptstrand und vielen weiteren Strän-den in kleineren Buchten.

Entstanden ist der nahe Líndos gelegene Urlaubsort Péfki, der auch Péfkos genannt wird, erst mit der Entwicklung des Tourismus auf Rhodos. Die größ-tenteils in den 1990er-Jahren errichteten Hotels unterschiedlichster Kategorien bieten heute Platz für über 3000 Gäste. Auslöser für die Gründung der Siedlung war nicht nur die Nähe zum kost-spieligeren, 4 Kilometer nördlich gelegenen Líndos sondern auch die schönen, größtenteils durch Fels-vorsprünge voneinander abgegrenzten Strände, die bisher auch die einzige Attraktion des Ortes sind. Einen historischen Ortskern oder spezielle Sehenswürdigkeiten sucht man in Péfki vergeblich.

Den Namen hat Péfki, was übersetzt Kiefer be-deutet, den umliegenden Hügeln zu verdanken. Diese sind teilweise dicht mit Kiefernbäumen bewachsen. Ideal ist die lebendige, aber erholsame Urlaubssiedlung nicht nur für Strandfans, sondern auch für Rhodos-Urlauber, die einen geeigneten Standort für Ausflüge suchen. Zahlreiche Unter-künfte werden in Péfki pauschal angeboten und sind besonders bei vielen deutschen, österreichi-

Oben: Péfki ist vor allem wegen der schönen Badebuchten ein oft gebuchtes Reiseziel.
Unten: Nicht nur die Hauptstraße von Péfki ist von zahlreichen Cafés gesäumt.

Infos und Adressen

schen und britischen Urlaubern beliebt. Da die Besucher des Ortes sämtlichen Altersklassen angehören, findet man Cafés, Restaurants, Bars und Geschäfte nach jedem Geschmack.

Strände, Strände, Strände

Der schöne, sandige Hauptstrand von Péfki, der Lee Beach, ist etwa 400 Meter lang und zwischen fünf und zehn Metern breit. Da der in der Hauptsaison sehr volle Strand flach abfällt, ist er auch für Kleinkinder geeignet. Am touristisch gut erschlossenen Strand, von dem man auch schnell Snack-Bars und Tavernen erreicht, werden Liegen und Sonnenschirme vermietet. Spaß für Groß und Klein bietet dort das große Wassersport-Angebot.

Unternehmungslustige können Boote mieten. Da der Strand bestimmte Anforderungen bezüglich des Umweltmanagements erfüllt, wurde er mit der Blauen Flagge ausgezeichnet. Südlich schließt sich an den Lee-Strand der knapp 100 Meter lange, feinsandigere Kávos-Strand an. Obwohl auch dort Liegen und Sonnenschirme vermietet werden, wird der ebenfalls flach abfallende Strand zumindest in der Nebensaison seltener als der Hauptstrand besucht.

Weitere Strände findet man nördlich des Lee Beach. Dort lohnt für alle, die sich nicht von dem etwas steileren Rückweg abschrecken lassen, der sandige, windgeschützte Ágios-Thomás-Strand einen Besuch. Der flach abfallende Strand mit Sonnenschirm- und Liegen-Verleih wird an beiden Enden von Felsen begrenzt, die im klaren Wasser zum Schnorcheln einladen. Genutzt wird die Bucht jedoch auch von den ansässigen Fischern, die dort mit ihren Boote anlegen. Ähnlich sieht es am sich nördlich erstreckenden, etwa 150 Meter langen und 10 m breiten Plakiá-Beach aus.

ESSEN UND TRINKEN

Nikólas. In der familiär geführten Taverne von Níkos Tsamatélos bekommt man griechische und internationale Gerichte in großen Portionen. Empfehlenswert ist das im Tontopf zubereitete Lamm »kléftiko« oder das »stifádo« (eine Art Rindergulasch mit Schalotten). Hauptstraße, südliches Ortsende, Tel. 22 44 04 83 94, www.nikolastaverna.com

Philosophía. Das auf einem Felsvorsprung gelegene Restaurant bietet nicht nur fantastische Ausblicke auf den Strand, sondern auch eine kreative, kleine Speisekarte mit köstlichen griechischen und mediterranen Gerichten. Oberhalb des südlichen Endes des Hauptstrandes, Tel. 22 44 04 80 44, www.philosophiarestaurant.com

ÜBERNACHTEN

Maria Apartments. Die neun familiär geführten, sehr sauberen Apartments mit Platz für bis zu vier Personen liegen zentral und sind nur 250 m vom Strand entfernt. Hauptstraße zum Lee Beach, Tel. 22 44 04 83 26, www.mariaapartmentspefkos.com

Spilia Bay Villas. Die drei farbenfroh und modern eingerichteten Villen für je sechs Personen haben einen eigenen Pool und liegen ruhig außerhalb von Péfki. Fantastischer Meerblick. Angeschlossen ist ein Wellness-Bereich in einer Felsenhöhle. Straße zwischen Péfki und Líndos, Tel. 22 41 07 77 44, www.spiliavillas.gr

127

23 Lárdos und Kloster Ipsenís
Ein geschäftiges Dorf

Ganz anders als die karge und trockene Küste präsentiert sich die Landschaft rund um Lárdos, trotz der Waldbrände in den letzten Jahren, weiterhin recht grün. Das charakteristische und lebhafte Binnendorf ist für Griechenland-Fans eine gemütliche Alternative zum kosmopolitischen Líndos. Wer Einsamkeit und Ruhe sucht, sollte das in der Nähe liegende Kloster Ipsenís besuchen.

Das recht große Bauerndorf Lárdos hat sich in den letzten Jahren zwar verändert, verspricht im Vergleich zu Lindos und Péfki jedoch weiterhin typisch griechisches Flair. Obwohl das Binnendorf lebendig und äußerst beliebt ist, scheint es auch im Hochsommer nicht überlaufen. In den zahlreichen Tavernen, Cafés und »kafenía« vertreiben sich die Einheimischen bei einem Mokka die Zeit mit der griechischen Backgammon-Variante »távli« oder plaudern über Gott und die Welt.

Für Lárdos-Urlauber ist es von Vorteil, mobil zu sein. So kann man die Strände der Gegend (s. Tipp S. 129) erreichen. Für das Freizeitangebot sorgen aber auch eine GoKart-Piste, eine Minigolf-Anlage und die herrliche Landschaft, die zu ausgiebigen Spaziergängen einlädt. Sehenswürdigkeiten gibt es in Lárdos kaum. An der Platía steht seit der italienischen Besatzungszeit ein auffälliger Brunnen. Seit jeher diente er den Dorfbewohnern zur Trinkwasserversorgung.

Das markanteste Bauwerk im Ortszentrum ist der eindrucksvolle Glockenturm der Dorfkirche Agiou

Das herrlich gelegene Kloster Ipsenís begeistert nicht zuletzt mit seinem schönen blumenreichen Hof.

Aufs Baden muss in Lárdos keiner verzichten.

Taxiárchi Michail aus dem Jahr 1850.
Der erste wurde im Jahr 1910 errichtet.
Von diesem ist heute nur noch die alte
Kalkstein-Basis erhalten, auf die in den
1980er-Jahren mithilfe von Spendengeldern der
Dorfbewohner drei neue Etagen gesetzt wurden.
Der originalgetreu wieder aufgebaute Glocken-
turm hat sechs Glocken und erstreckt sich in
13 Meter Höhe. Gleich daneben stehen hohe
Zypressen auf dem Kirchhof.

Ein Ort der Ruhe

Das 4 Kilometer südwestlich von Lárdos (ab Hotel
Fédra ausgeschildert) liegende Kloster Ipsenís
ruht friedvoll in wunderschöner Landschaft,
sodass sich die Fahrt zum Kloster besonders für
Naturfreunde lohnt. Die schöne Strecke verläuft zunächst durch Orangen- und Olivenhaine
und dann durch Kiefernwälder. Wer ein wenig
spazieren gehen möchte, kann vom Kloster den
Pilgerweg mit den weißen Kreuzwegstationen
hinaufsteigen. Der Kreuzweg führt auch zur klei-

Einfach gut!

STRÄNDE IN
DER UMGEBUNG

Wer in Lárdos seinen Ur-
laub verbringt, muss nicht
auf Badefreuden verzichten.
Mit einem Moped oder Mietwagen erreicht man in etwa 2,5 km
Entfernung den steiler abfallenden
Lárdos-Beach. Der Sand-Kies-
Strand mit Tavernen liegt gleich
unterhalb der Ostküstenstraße und
ist dadurch nicht sehr ruhig oder
gar idyllisch. Schöner und kleiner
ist der 2 km weiter südlich liegende Glystra-Beach (ausgeschildert) in einer malerischen Bucht.
Am flach abfallenden Sandstrand,
besonders bei Familien mit Kindern beliebt, gibt es eine Snack-
Bar sowie einen Sonnenschirm-
und Liegestuhlverleih. Das Grün
im Hinterland, der helle Sand und
das in verschiedenen Blautönen
schimmernde Wasser erzeugen
ein schönes Farbenspiel.

Oben: Gerne führen Nonnen Besucher in ihre Kirche.
Mitte: Das Kloster Ipsenís ist mit Kieselsteinmosaiken geziert.
Unten: Das Anzünden von Kerzen ist auch im griechisch-orthodoxen Christentum wichtiger Brauch.

nen Kapelle am Marmari-Hügel. Vom Hügel, dessen Gipfel ein großes Kreuz markiert, hat man eine schöne Aussicht über das Kloster bis zum Meer.

Den Besuch des Klosters, dessen Kirche aus dem Jahr 1855 stammt, werden all diejenigen genießen, die einen Ort der Stille suchen. Wer auf der Suche nach kunsthistorischen Kostbarkeiten ist, wird enttäuscht sein. Die vielen Pilger besuchen es aufgrund einer alten Marienikone, die als wundertätig gilt und bei physischen und psychischen Krankheiten helfen soll. Hübsch ist besonders der blumenreiche Hof der Klosterkirche, der mit den typisch rhodischen Kieselmosaiken gepflastert ist.

Der Hof ist während wichtiger Feiertage und anlässlich des Kirchweihfests am 22. und 23. August Ort des Geschehens. Der markante Glockenturm stammt aus den 1960er-Jahren. Viele der weißen Nebengebäude mit den roten Ziegeldächern wurden erst in den letzten Jahren angebaut und bieten genug Platz für die dort seit 1992 wieder lebenden 15 Nonnen. Sie bewirtschaften die Ländereien des Klosters mit Olivenbäumen und Weinreben, beschäftigen sich mit der Ikonen- und Freskenmalerei sowie mit der Schneiderei.

Infos und Adressen

SEHENSWÜRDIGKEITEN

Kloster Moní Ipsenís. Mai–Okt. 9–13.30 und 17–20.30 Uhr, Nov.–April 9–13.30 und 16–19 Uhr, Eintritt frei, 4 km südwestlich von Lárdos, http://ypseni.wordpress.com

ESSEN UND TRINKEN

Valantina's. In der gemütlichen Taverne mit freundlichem Service gibt es leckere griechische und internationale Gerichte mit einem guten Preis-Leistungs-Verhältnis. Platía, Tel. 22 44 04 41 67

Savvas. Griechische Hausmannskost und Grillgerichte zu guten Preisen füllen die Speisekarte der einfachen, familiär geführten Taverne. Platía, Tel. 22 44 04 41 78.

ÜBERNACHTEN

Lindian Village. Die luxuriöse Anlage mit hübsch eingerichteten Zimmern und über 70 Suiten, fünf Restaurants, tropischem Garten, Pool und Wellness-Bereich ist ein Musterbeispiel ägäischer Architektur. Lárdos-Beach, Tel. 22 44 03 59 00, www.lindianvillage.gr

Spanos Studios. Die zehn einfachen, ruhig gelegenen Studios überzeugen mit freundlicher Atmosphäre und guten Preisen. 200 m außerhalb des Ortskerns nahe der Straße Richtung Laérma, Tel. 22 44 04 43 06, www.orchideenkartierung.de/Spanos/Studio.html

AUSGEHEN

Memories Cocktail Bar. Besonders bei älteren Besuchern beliebte Café-Bar, in der auch Fußballspiele übertragen werden. Platía, Tel. 22 44 04 42 24.

AKTIVITÄTEN

Hellas Mini Golf. Die 18 Stationen der Minigolf-Anlage bieten Tag und Nacht Spaß für Groß und Klein. Tgl. 10–24 Uhr, Straße zwischen Lárdos und Péfki, Tel. 22 44 04 43 22, www.minigolf.gr

Lardos Go Karts. Die familiär geführte Go-Kart-Bahn, auf der auch die Kleinen fahren dürfen, begeistert mit freundlicher Atmosphäre. Tgl. 9.30–1 Uhr, Straße zwischen Lárdos und Lárdos-Beach, Tel. 22 44 04 47 00.

Beliebter Treffpunkt an der Platía ist die Cocktail-Bar Memories.

24 Láerma und Kloster Thári
Uriges Dorf, beliebtes Kloster

Eines der beliebtesten Ausflugsziele im Inselinneren ist – nicht nur für Kirchenfans – das fast im Zentrum von Rhodos, in schöner Landschaft eingebettete Kloster Thári in der Nähe des winzigen Dorfes Láerma. Nach oder vor einer kurzen Rast in dem kleinen Bergdorf mit seinen guten Tavernen begeistern in der Klosterkirche zahlreiche uralte Fresken.

Gerade mal 360 Einwohner zählt das kleine, traditionelle und unberührte Bergdorf Láerma. Der riesige Olivenbaumbestand in der Umgebung gab im Jahr 2008 der Gemeinde und den Bewohnern den Anlass, ein mittlerweile inselweit bekanntes Oliven-Festival zu initiieren. Während des zweitägigen Dorffestes, das seitdem jährlich zwischen Mitte März und Anfang April (Aushänge beachten!) stattfindet, versammeln sich in Láerma Rhodier von der ganzen Insel. Geboten werden nicht

Oben: Auffallend modern erscheint die große Dorfkirche im ursprünglichen Láerma. **Unten:** Dass sich die Einheimischen hauptsächlich mit der Landwirtschaft beschäftigen, sieht man schnell auf der Straße.

GUT ZU WISSEN

KIRCHENTAUGLICHE KLEIDUNG
Freizügige Kleidung wird in griechisch-orthodoxen Kirchen und Klöstern nicht gern gesehen. Wer z. B. vom Strand kommt und auf dem Weg zu einer Kloster- oder Kirchenbesichtigung ist, sollte die knappen Shorts mit längeren Bermuda-Shorts oder einer Hose tauschen. Frauen sollten keine Mini-Röcke tragen. Am Eingang des Klosters Thári hängen für Frauen lange Röcke bereit. Allerdings wird nicht bei allen Gotteshäusern kirchentaugliche Kleidung für Besucher gestellt.

Eine wahre Oase: der Gadourás-Stausee

nur griechische Musik und Tanz, sondern auch zahlreiche Spezialitäten aus Oliven, von den Frauen des Dorfes zubereitet.

Ein Besuch im Bergdorf

In Láerma halten Besucher vor allem zum Essen in einer kleinen Taverne oder für ein Getränk im traditionellen »kafenío«. Noch heute trifft man hier auf Bauern, die mit ihrem Esel vom Feld kommen, auf weidende Schafe und Ziegen oder herumstreunende Schweine. Im »kafenío« unter der großen Platane sitzen die einheimischen Herren, vertreiben sich die Zeit beim griechischen Mokka und beobachten die vorbeifahrenden Autos. Das markante Bauwerk an der Platía ist die moderne, rosafarbene Dorfkirche Ágios Geórgios, die an die Stelle eines älteren Gotteshauses von 1882 trat. Die Kirchenausstattung stammt noch vom Vorgängerbau, der alte Glockenturm wurde in den 1990er-Jahren durch einen neuen ersetzt.

Das Kloster Thári

Die links abzweigende Dorfstraße führt von der Platía in Láerma zur bekannten, etwa 4 Kilometer südwestlich liegenden Moni Thári, einem der

Geheimtipp

EIN SEE IN DEN BERGEN

An der Straße von Lárdos nach Láerma verweist rechts ein Schild mit der Aufschrift »ΦΡΑΓΜΑ ΓΑΔΟΥΡΑ« auf den von Olivenhainen und Weinterrassen gesäumten Weg zum über vier Quadratkilometer großen Stausee Gádoura. Der Stausee, dessen Bau von der Europäischen Union finanziell unterstützt wurde, soll die Wasserversorgung auf der Insel unterstützen, ist für Naturliebhaber aber auch einen Abstecher wert. Am malerischen See mit einem Fassungsvermögen von über 2,5 Mio. Kubikmetern kann man vor allem die Ruhe genießen, spazieren gehen oder picknicken. Auch kann man die idyllische Oase mitten im Grünen mit dem Mietwagen umfahren. Ein Großteil der Straße ist asphaltiert. Die Reste der mitgebrachten Verpflegung sollten wieder mitgenommen werden!

Unvorhersehbare Pause in der Bergregion.

ALTERNATIV-ROUTE AN DIE KÜSTE

Eine Alternativroute für die Rückfahrt vom Kloster Thári stellt die Strecke gen Süden Richtung Asklipió (s. S. 142), einem weiteren hübschen Binnendorf, dar. Die knapp acht Kilometer lange Asphaltstraße führt durch uralte Olivenhaine, die in den letzten Jahren leider Bränden zum Opfer gefallen sind, und vorbei an ein paar kleinen Kapellen, die entweder wie das neue Ágios-Fanoúrios-Kirchlein gleich am Straßenrand liegen oder von dort ausgeschildert sind. Nur selten trifft man hier andere Autos. Weggefährten sind meist nur weidende Schafe und Ziegen. Einsam mitten im Nirgendwo stehen zwischen Zypressen, Pinien- und Olivenbäumen die Kirchlein Ágios Geórgios Kounará und Zoodóchos Pigí Arosáli, die aus dem 19. Jahrhundert stammt. Die frei zugänglichen Kirchen, deren Türen bei Verlassen wieder geschlossen werden müssen, bergen einige alte Freskenreste.

Geheimtipp

schönsten und meistbesuchten Klöster von Rhodos. Das dem Erzengel Michael geweihte Kloster liegt in einer Senke im teilweise verbrannten Pinienwald und wird erst seit Anfang der 1990er-Jahre wieder von etwa 30 Mönchen bewohnt. Die jungen und gebildeten Mönche, die in den auffälligen, neuen Gebäuden südlich der Kirche leben, sind ein gutes Beispiel dafür, dass das bereits in byzantinischer Zeit gegründete Kloster auf Weltoffenheit setzt.

Woher das Kloster seinen Namen hat, beruht auf einer Geschichte mit Happy End, die von einer byzantinischen Prinzessin erzählt. Im 6. oder 7. Jahrhundert kam eine todkranke Prinzessin der byzantinischen Kaiserfamilie nach Rhodos, um dort ihren Lebensabend zu verbringen. Ihre Zeit auf Rhodos verlief allerdings anders als gedacht und die Prinzessin wurde wieder gesund. Im Schlaf war ihr der Erzengel Michael mit den Worten »Échis thári« erschienen, was übersetzt »Habe Mut!« bedeutet. Die Kaiserfamilie war so glücklich, dass sie aus Dankbarkeit eine dem Erzengel geweihte Kirche erbauen ließ.

Schon der Blick vom Parkplatz auf die im Grünen liegende, äußerst gut gepflegte Klosteranlage be-

134

geistert die meisten Besucher. Gleich bei Betreten des Klosterhofs fällt das große Kieselsteinmosaik in der Mitte auf: das Symbol der griechisch-orthodoxen Kirche. Der Doppeladler hat seine Ursprünge im Wappen der letzten byzantinischen Kaiserfamilie, der Palaiologen, die das Byzantinische Reich bis 1453 regieren. Mit dem linken Kopf symbolisiert der Adler das im Westen liegende Rom und mit dem rechten Kopf Konstantinopel, das heutige Istanbul. In den Klauen hält der Adler ein Schwert und einen Globus, die für die weltliche und geistliche Autorität stehen. Ein Durchgang im Süden des Hofes führt über einen mit Weinreben überrankten Weg zwischen dem Olivenhain hinunter durch den Klostergarten zu einer Quelle. Das Wasser aus dem Brunnen soll heilende Kräfte haben.

Ein Juwel: die Kirche

Die Grundmauern der im 9. Jahrhundert erbauten Klosterkirche stehen bis heute. Die restlichen Bauteile des byzantinischen Kirchleins aus hellem Naturstein sind ein Gemisch aus mehreren Jahrhunderten. Während der Altarraum im 12. Jahrhundert erbaut wurde, stammen die dortigen Wandmalereien sowie die Kirchenkuppel aus dem 14. Jahrhundert. Das Tonnengewölbe lässt sich auf die Wende vom 16. zum 17. Jahrhundert datieren. Weitere Fresken stammen sowohl aus dem Jahr 1506 als auch von 1620, wie sich an den Inschriften erkennen lässt. Sie bilden viele Heilige und Szenen aus dem Leben Christi und der Muttergottes ab.

In der Kuppel wird Christus als Weltenherrscher dargestellt und von den 16 Propheten umgeben. In den Hängezwickeln, den sogenannten Pendetifs, die den Übergang zwischen dem Runden der Kuppel zum Eckigen des Innenraums bilden, sind die vier Evangelisten Matthäus, Lukas, Johannes und Markus abgebildet. Darunter sieht man die

Oben: Auch von außen besonders hübsch: das Kloster Thári.
Mitte: Der riesige Doppeladler der griechisch-orthodoxen Kirche schmückt den Klosterinnenhof.
Unten: Lange kann man sich die gut erhaltenen Wandmalereien in der Klosterkirche anschauen.

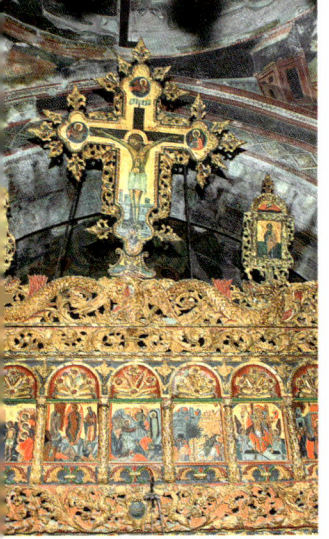

Erzengel. Während man im rechten Kreuzarm einige Ereignisse aus dem Alten Testament wie den brennenden Dornbusch sieht, ist der linke mit Szenen aus dem Leben Marias sowie mit Heiligen wie Johannes, Dimitrios oder Geórgios ausgemalt. Die Fresken im Hauptschiff und im Gewölbe berichten vom Leben Christi und bilden weitere Heilige ab.

Im Altarraum (Apsis) sieht man eine für die griechisch-orthodoxen Kirchen unübliche Darstellung Christi. Der thronende Christus ist von den Symbolen für die vier Evangelisten umgeben: Für Matthäus steht ein Engel, der die Menschwerdung Christi symbolisiert. Johannes, dargestellt als Adler, versinnbildlicht die Himmelfahrt. Der Löwe für Markus zeugt von der Auferstehung Christi und Lukas als Stier vom Opfer Christi. Darunter sieht man die Apostelkommunion. Die Apostel stehen vor dem Altar, um von Jesus die heilige Kommunion zu empfangen. Außer Fresken, die Szenen aus dem Alten Testament zeigen, sieht man in der untersten Bilderreihe acht Kirchenväter. Diese zeugen – über die zeitlichen Grenzen hinweggesehen – von der Gemeinschaft aller Gläubigen.

Oben: Die Fresken in der Klosterkirche bedecken jeden Abschnitt der Wand.
Unten: Imposant sind im Gotteshaus die Wandmalereien sowie die prachtvolle Altarwand.

Infos und Adressen

SEHENSWÜRDIGKEITEN

Kloster Thári. Tgl. ab 8 Uhr bis zum Sonnenuntergang, 4 km südwestlich von Láerma (ausgeschildert), Eintritt frei.

ESSEN UND TRINKEN

Ingos. Auch ohne Speisekarte erfährt man von Wirt Panagiótis, der lange in Deutschland lebte, was seine Frau Stamatía in der Küche gezaubert hat: z. B. leckere Schweine- oder Lammfleischgerichte, griechische Hausmannskost oder die rhodischen Gemüsefrikadellen »pitaroúdia«. Hauptstraße, Tel. 22 44 06 10 71.

Plátanos. Im Schatten der uralten Platane schmecken die köstlichen »mezédes«, die typisch griechischen Gerichte oder die leckeren Souvláki besonders gut. Platía, Tel. 22 44 06 11 68.

ÜBERNACHTEN

Frida/Noah. Mit ihrem ruhig gelegenen Haus haben sich die Deutschen Gudrun-Maria und Hans einen Traum verwirklicht. Naturfreunden und Wanderern bieten sie dort zwei Studios mit eigenen Terrassen, die nicht nur mit dem Blick ins Tal begeistern, sondern auch mit komfortabler Einrichtung. Am Dorfrand, Tel. 69 74 94 16 89 (mobil), www.rhodos-individuell.de

AKTIVITÄTEN

Elpida Ranch. Das deutsch-griechische Paar Elpída und Avgoustínos bieten Reiturlaub, Wanderungen, Bogenschießen und Wander-Trails an. Wer keinen Reiturlaub macht, kann auch nur an Ausritten teilnehmen wie der Sonnenaufgangstour (53 € inkl. Frühstück, 2 Std.) oder dem Panoramaritt mit Besuch des Klosters Thári (48 €, 2 Std.). Etwas Besonderes ist der 7,5-stündige Ausritt zum Kloster Thári und zum Meer, wo mit den Pferden geschwommen wird (150 € inkl. Barbecue, Snack und Softdrink). Von der Straße zwischen Láerma und Kloster Thári ausgeschildert, Tel. 69 48 13 29 77 (mobil), www.elpidaranch.eu

Im Klostershop gibt es vor allem religiöse Utensilien.

25 Kiotári
Ein junger Ferienort

Wie zahlreiche andere Urlaubsorte der Insel war auch das einst unscheinbare Kiotári nur Liegeplatz für die Fischer eines Binnendorfes. Erst im letzten Jahrzehnt hat sich der Küstenweiler zum Touristenzentrum mit großen und schönen All-Inclusive-Anlagen entwickelt. Nach Kiotári kommt man, um am kilometerlangen Strand zu entspannen. Für Aktivurlauber gibt es ein gutes und umfangreiches Wassersportangebot.

Erst ab der letzten Jahrhundertwende entwickelt sich der Küstenweiler Kiotári zu einer beliebten und bekannten Feriensiedlung mit großen Hotels sowie wenigen Tavernen und Cafés. Vorher nutzten ausschließlich die Fischer aus dem Bergdorf Asklipió den Weiler als kleinen Hafen. Die sich nördlich dieses Hafens erstreckenden Großhotels bieten größtenteils All-inclusive-Urlaub an. Vorteilhaft ist, dass Kiotári trotz der großen Hotels von großen Bausünden verschont geblieben ist, hässliche Hotelanlagen wurden vermieden. In Kiotári fügen sich die Komplexe deutlich harmonischer in die Landschaft ein als beispielsweise in Faliráki.

Kiotári vor Jahrhunderten

Ursprünglich lag an der Stelle der Urlaubssiedlung das mittlerweile landeinwärts liegende Bergdörfchen Asklipió (s. S. 142). Wie viele andere Orte, die früher die Küstenabschnitte von Rhodos säumten, sah sich auch das ungeschützte Asklipió oftmals Angriffen von Piraten ausgesetzt. Die Angst und die Schäden, die die Piraten immer wieder im Küstenort anrichteten, veranlassten die Bewohner, etwa

Die wichtigste Sehenswürdigkeit des Ferienorts Kiotári ist der kilometerlange Strand.

4 Kilometer landeinwärts eine neue Siedlung zu erbauen. Funde, die weder systematisch erforscht wurden noch dem Laien ersichtlich sind, lassen darauf schließen, dass die Gegend bereits in der Antike bewohnt war. Auf die frühere Besiedelung der Gegend weist nur die kleine Kirche Metamórfosis tou Sotíros nahe dem Hafen hin. Das Kirchlein aus dem 15. Jahrhundert restaurierte man in den letzten Jahren liebevoll. Sowohl in den Kirchenmauern als auch rund um das Gotteshaus sieht man Bauelemente und Marmorteile einer Kirche, die bereits in frühchristlicher Zeit an dieser Stelle stand.

Die kleine Felsenhalbinsel

Neugier erweckt in Kiotári eine Hütte auf der kleinen Felsenhalbinsel Chiliorávdi am Strand in der Nähe des Hafens. Die romantisch anmutende Hütte, um die sich eine Legende rankt, war bis vor einigen Jahren noch recht windschief. Mittlerweile hat man sie mithilfe von Steinen und Holz verstärkt. Die von den Einheimischen »chiliorávdi«, also »tausend Stöcke«, genannte unbewohnte

Oben: Mit Pferden baden am Strand von Kiotári, organisiert von der Elpida Ranch.
Unten: In einigen Hotels des Ferienorts erfreut man sich über Zimmer mit eigenem Pool.

ORIGINELLER SCHMUCK

Einfach gut!

Der deutsche Schmuckdesigner Timo Alb fertigt in seinem Geschäft viele einzigartige Schmuckstücke aus Silber, oft auch in Kombination mit Naturmaterialien. Besonders häufig verwendet er für seinen Schmuck den aus dem Meer stammenden Weichstein Operculum, der auch unter dem Namen Shiva-Auge bekannt ist. Der Stein, der den Meeresschnecken bis zu ihrem Tod zum Verschluss des Gehäuses dient und abhängig von der Nahrungsaufnahme verschiedene Farbnuancen hat, wird entweder von Tauchern gefunden oder an den Strand gespült. Das Operculum wird dann in feiner Handarbeit geschliffen und poliert. Wer sich ein Schmuckstück aus dem selbst am Strand gefundenen Stein wünscht, kann ihn in Silber fassen lassen (ab 16 €).

Silver Art Workshop Natur Arte.
April–Okt. etwa Mo–Sa 10–13 und 17–22 Uhr (im Sommer länger), Hauptstraße nahe des nördlichen Ortseingangs, www.timoalb.com

Hütte aus Schilfrohr wurde einst von einem Einwohner aus dem heutigen Asklipió erbaut. Erinnern soll sie an eine Idee, mit der die Einwohner des alten Küstenorts vor einigen Jahrhunderten angreifende Piraten überlisteten.

Die zahlreichen Piratenangriffe machten den Bewohnern des Küstenorts schwer zu schaffen. Da die Rhodier ständig in der Minderzahl waren, schafften es die Piraten immer wieder, Angst und Schrecken zu verbreiten und die Ortschaft zu verwüsten. Ein Dorfbewohner hatte schließlich die Idee am Strand, am Hafen und auf dem kleinen Felsen einen großen Zaun aus Schilfrohr zu bauen und so etwas wie Vogelscheuchen aufzustellen. Als die Piraten erneut angriffen, sahen sie aus der Ferne die Attrappen und ließen sich täuschen. Aus Angst vor den vorgetäuschten Menschenmassen an der Küste kehrten sie um und der Küstenort blieb verschont.

Baden, baden, baden

Die Strände von Kiotári sind die wichtigste Attraktion der Urlaubssiedlung. Der kilometerlange Hauptstrand, der von den meisten Großhotels gesäumt wird, ist rund 40 Meter breit und ideal zum Schwimmen. Am Sand-Kies-Strand findet man nicht nur Liegestühle und Sonnenschirme, sondern auch Beach-Bars und ein umfangreiches und gutes Wassersportangebot. Wer kleinere Buchten bevorzugt, wird nördlich des Hauptstrandes fündig, wo sich zwischen Felsenkaps kleine Sand- und Kies-Strände erstrecken. Der sich im Süden von Kiotári erstreckende Strand wird von dem Felsen mit der Hütte »chiliorávdia« geteilt: Nördlich des Felsens findet man Buchten mit flachen Felsen und südlich einen langen, flach abfallenden Kieselstrand.

Infos und Adressen

ESSEN UND TRINKEN

Lighthouse. Die hübsche Grünanlage am Strand lädt zum Entspannen ein – egal, ob um Kaffee, Bier oder Cocktails zu trinken oder um Fisch und Meeresfrüchte zu essen. Tgl. ab 9 Uhr, am langen Strand südlich des Hafens, Tel. 22 44 04 71 79.

Moúrella. Auf der romantischen Dachterrasse des Restaurants von Antónis Gourgourínis werden kreative mediterrane und griechische Gerichte serviert. Köstlich sind die gegrillten Fleisch- und Fischgerichte sowie das selbstgebackene Brot, lecker auch die Cocktails. Mo–Sa 12–15 und 19–24 Uhr, So 13–23 Uhr, nördlicher Ortsteil (Strandpromenade), Tel. 22 44 04 73 24.

Stéfano. In der gemütlichen, seit 1924 familiär geführten Taverne mit Meerblick gibt es leckere griechische Spezialitäten sowie frischen Fisch und Meeresfrüchte mit einem guten Preis-Leistungs-Verhältnis. Am Strand, Tel. 22 44 04 73 39.

ÜBERNACHTEN

Boutique 5. Das ausschließlich Erwachsenen vorbehaltene, luxuriöse Boutiquehotel mit Wellnessbereich hat 44 Zimmer und Suiten,

Das weitläufige Lighthouse bietet Gastronomie am Meer.

die alle über Meerblick verfügen, die Suiten auch über einen privaten Pool. Nördliches Ortsende (am Strand), Tel. 22 44 03 90 70, www.boutique5.gr

Studios Kirania. Die acht einfach, aber zweckmäßig eingerichteten Studios und Apartments mit Meerblick werden familiär geführt und haben Platz für bis zu vier Personen. Südlicher Ortsteil (am Strand), Tel. 22 44 04 70 41, www.studios-kirania.com

AUSGEHEN

Shimba's Beach Bar. In der exotisch anmutenden Beach-Bar werden oft Partys veranstaltet, bei denen bis zum Morgengrauen getanzt wird. Mai–September tgl. ab 10 Uhr bis zum Sonnenaufgang, nördlicher Ortsteil, am Strand.

Inselweit bekannt: das hübsche Restaurant Mourella.

141

26 Asklipió
Kleines Dorf mit uralter Kirche

**Das Dorf Asklipió liegt in der Hügelland-
schaft eigentlich recht nahe am touristisch geprägten Kiotári. Dennoch wirkt es
unberührt und ursprünglich. Das hübsche
Dorf im Inselinneren wird von Touristen
hauptsächlich aufgrund zweier jahrhundertealter Bauwerke besucht: der Kirche
»Mariä Entschlafung« und der Ruinen
einer Johanniterburg.**

Nur 4 Kilometer trennen das vermutlich im 7.
Jahrhundert gegründete Asklipió von der Küste.
Dennoch erweckt das Dorf in 150 Meter Höhe den
Anschein, als ob es völlig einsam inmitten der
hügeligen Umgebung am Rand eines meist ausge-
trockneten Flussbettes liege. Die weiß getünchten,
kubischen Häuser und die kleinen Gassen des
480-Seelen-Örtchens strahlen Ländlichkeit und
Ruhe aus. Besonders zur Mittagszeit, wenn die
Kinder von der mitten im Dorf liegenden Schule
nach Hause kommen, herrscht in Asklipió Stille.
Zur Mittagszeit sitzen nur ein paar ältere Herren
im »kafenío« und Touristen genießen von den wenigen Dorftavernen aus die Aussicht auf das Meer.

Eindrucksvolles Gotteshaus

Die meisten Besucher kommen nach Asklipió, um
die knapp 1000 Jahre alte Kirche zu sehen. Sie
wurde der Entschlafung Mariä vermutlich im
11. Jahrhundert geweiht und beeindruckt nicht
nur mit einer aufwändig geschnitzten, prächtigen
Ikonostase. Das einst kleine Kirchlein mit kreuzförmigem Grundriss wurde im 17. Jahrhundert um
zwei Seitenschiffe mit Kreuzrippengewölbe erweitert und vollständig mit Fresken ausgeschmückt.

Oben: Bauern bei der Olivenernte
Unten: Wertvolle alte Ausstellungsstücke im kleinen Sakralmuseum neben der Dorfkirche
»Mariä Entschlafung«

Die Wandmalereien, teilweise Anfang des 20. Jahrhunderts restauriert, gehören zu den schönsten der Insel. In der überkuppelten Kirche begeistern besonders die selten in orthodoxen Gotteshäusern dargestellten Szenen aus der Offenbarung des Johannes (Apokalypse). Außerdem sind zahlreiche Darstellungen aus dem Leben Jesu Christi und der Muttergottes zu sehen. Die Fresken, die aus dem Leben Christi erzählen, sind ebenso lebensnah wie die Szenen aus dem Alten Testament im Hauptschiff der Kirche. Außerdem sieht man dort Wandmalereien, die von der Erschaffung der Welt, der Sonne und des Mondes sowie von Adam und Eva berichten. Wie in vielen griechisch-orthodoxen Kirchen üblich, wird in der Kuppel Christus als Weltenherrscher dargestellt. Im unteren Bereich der Apsis (Altarraum) sind hingegen verschiedene Kirchenväter und in der Mitte die Apostelkommunion abgebildet. Darüber thront die Muttergottes mit dem Christuskind, die von den Erzengeln Michael und Gabriel flankiert werden. Die seltenen Fresken, die von der Apokalypse berichten, sind im rechten Seitenschiff zu sehen. Im linken Seitenschiff erzählen die Wandmalereien von den Heilungen Jesu Christi und zeigen verschiedene Propheten und den Erzengel Michael.

Oben: Mittelpunkt in Asklipió ist die uralte Dorfkirche »Mariä Entschlafung«.
Unten: Die prächtigen Wandmalereien in der Kirche gehören zu den eindrucksvollsten der Insel.

Einfach gut!

Kleine Museen

Außer der Kirche lohnt auf dem hübsch gestalteten Kirchenplatz für Interessierte der Besuch eines kleinen Sakralmuseums, in dem alte Schriften, Ikonen, liturgische Geräte und Gewänder des 16. bis 19. Jahrhunderts präsentiert werden. Im Hinterhaus lohnt außerdem ein Blick ins winzige volkskundliche Museum. Dort sieht man alte Möbel, landwirtschaftliche Geräte und eine Maschine für die Herstellung von Matten und Säcken. Eindrucksvoll ist auch eine uralte Olivenpresse. Dass diverse Objekte nach dem Zweiten Weltkrieg neue Funktionen in den Haushalten fanden, zeigt ein Wasserkanister der deutschen Wehrmacht.

Die familiär geführte Taverne am Dorfplatz ist nicht nur bei vielen Dorfbewohnern beliebt, sondern auch bei Rhodiern, die nicht in Asklipió wohnen. Die Einheimischen treffen sich in der Taverne Agapitós einfach gerne, um »távli«, die griechische Backgammon-Variante, zu spielen. Von der weinüberrankten, blumenreichen Terrasse mit Bananenstauden und Kürbissen hat man einen schönen Blick auf die Kirche. Der gastfreundliche Wirt Agapitós und seine Frau Athanasía servieren leckere griechische Gerichte zu guten Preisen und vermieten einfache Zimmer. Eine Rast lohnt auch nur zum Kaffeetrinken, zu dem die Spezialität des Hauses zu empfehlen ist: ein Pfirsichkuchen, dessen Cremefüllung von Sohn Giórgos gemacht wird, der Koch in der Dorfschule ist.

Agapitós. Platía, Tel. 22 44 04 12 55.

Auf die Johanniterfestung

Etwa 300 Meter nordöstlich des Dorfkerns bieten sich die ständig frei zugänglichen Reste einer Burg der Johanniterritter auf einem etwa 200 Meter hohen Hügel für einen Besuch an. Lohnenswert ist der etwa 20-minütige Aufstieg vor allem wegen der fantastischen Aussicht über die Dächer des Dorfes zum Meer und auf die teilweise noch recht grüne Hügellandschaft im Landesinneren. Die Festung, die zwischen 1476 und 1503 erbaut wurde, diente den Bewohnern der Gegend zum Schutz. Von dort konnten sie einen umfassenden Abschnitt der Küste überwachen, die immer wieder feindlichen Angriffen ausgesetzt war. An den Ecken der quadratischen Burg erhoben sich vier Wachtürme. Zwei Türme sind heute noch erhalten.

Wer vom Ort nicht die gesamte Strecke zu Fuß laufen will, kann die Burg mittlerweile auch über eine kleine Betonstraße mit dem Auto ansteuern. Vom »Parkplatz« sind es nur wenige Meter bis zu den Mauerresten. Von ein paar weidenden Ziegen sollte man sich nicht erschrecken lassen.

Infos und Adressen

SEHENSWÜRDIGKEITEN
Kirche Kímissis tis Theotókou und Museen.
Tgl. 9–18 Uhr, Platía, Eintritt Museen 1 €,
die Kirche ist frei zugänglich,
www.asklipieio-church.com

ESSEN UND TRINKEN
Nikólas. Die familiär geführte Taverne von
Níkos und seiner Frau Effi ist ideal, um das
beschauliche Leben auf dem Dorfplatz zu
beobachten. Man bekommt griechische
Hausmannskost oder diverse Tagesgerichte.
Besonders lecker und deshalb sehr empfehlenswert sind die gefüllten Paprika (»ge-
mistá«), das »stifádo«, eine Art Rindergulasch
mit Schalotten, sowie die Grillgerichte. Platía,
Tel. 22 44 04 70 16.

ÜBERNACHTEN
The Mandolin. Das alte, liebevoll restaurierte
Haus bietet eine herrliche Aussicht bis zum
Meer. Das Ferienhaus mit Kamin, zwei Schlafzimmern, modernem Badezimmer, gut ausgestatteter Küche und sehr schöner Einrichtung
bietet auf 100 Quadratmetern Platz für bis
zu sechs Personen und ist auch für größere
Familien ideal. Gäste des Hauses können
die Außenanlagen wie den Pool eines nahe
gelegenen Hotels nutzen. Unterer Dorfrand,
buchbar z. B. über www.fewo-direkt.de

VERANSTALTUNGEN
Kirchweihfest. Am 15. August findet auf
dem Dorfplatz rund um die Kirche Kímissis
tis Theotókou ein großes Fest statt.

Die Johanniterfestung ist auch gut mit dem Auto zu erreichen.

GENNÁDI UND DER INSELSÜDEN

27 Gennádi
Quartier für den Süden

Das weitläufige Bauerndorf Gennádi ist ein ideales Quartier für Individualreisende. Obwohl am Dorfrand mittlerweile einige kleine Hotels entstanden sind und das Dorf immer beliebter wird, geht der Tourismus mit dem Alltag der Einheimischen hier noch Hand in Hand. In Cafés, Tavernen und Bars genießen Einheimische und Touristen gemeinsam den Tag und die Nacht. Ein langer Sand-Kies-Strand lädt zum Baden ein.

Die nahe gelegenen Touristenzentren und wenige an der Küste erbaute Großhotels haben auch in Gennádi dazu beigetragen, dass sich die Bewohner des ehemaligen Bauerndorfs auf den lukrativen Wirtschaftszweig Tourismus eingestellt haben. Dennoch scheinen das charakteristische Dorfleben und die Gemächlichkeit nicht allzu stark betroffen zu sein. Trotz Tavernen, Cafés und Bars, kleiner Apartmenthäuser und privater Pensionen geht es in dem 670-Seelen-Ort besonders abseits des Ortszentrums noch recht ruhig zu. Der Alltag der

GUT ZU WISSEN

UNERSCHLOSSENER INSELSÜDEN

Wer Gennádi als Ausgangsort für Ausflüge in den Süden von Rhodos nutzt oder in einem anderen Ort im Süden seinen Urlaub verbringt, tut sich schwer, wenn er sich dabei auf den öffentlichen Nahverkehr verlässt: Die Busverbindungen sind in diesem Teil der Insel recht überschaubar oder teilweise nur auf die Bedürfnisse der Einheimischen zugeschnitten. Besser ist es, mit dem Mietwagen, Moped oder Motorrad auf eigene Faust auf Tour zu gehen.

Vorangehende Doppelseite:
Ein Paradies für Surfer und Kiteboarder: Prasonísi
Oben: Farbenprächtige Bougainvilleen schmücken zahlreiche Häuser auf der Insel.

148

Ein Hauch von alten Zeiten in der restaurierten Olivenpresse

Einfach gut!

Bauern nimmt seinen üblichen Lauf und die Gäste mischen sich dazwischen.

Der Hauptstrand von Gennádi liegt unterhalb der Umgehungsstraße etwa 1 Kilometer vom Dorf entfernt. Der fast 6 Kilometer lange, breite Sand-Kies-Strand mit Liegestuhl- und Sonnenschirmverleih ist steil abfallend und deshalb nicht sehr kinderfreundlich. Das klare Wasser eignet sich wunderbar zum Schwimmen. Ruhige Plätzchen findet man zu jeder Tageszeit. Besonders schön ist es zur Zeit des Sonnenaufgangs.

Interessante Architektur

Obwohl in den letzten Jahren in Gennádi einige Neubauten entstanden sind, kann man bei einem Spaziergang in den engen Gassen abseits der Hauptstraße mehrere Gebäude aus der italienischen Besatzungszeit, byzantinische Kirchen und teilweise sehr schön restaurierte Bauernhäuser entdecken. Auffällig ist bei den meist weiß getünchten Steinhäusern das hohe Mauerwerk, das die Bewohner früher vor Piratenangriffen schützen sollte; dahinter verbirgt sich heute meist ein blumenreicher Innenhof.

URLAUB IM FERIENHAUS

Kleine, hochwertige Ferienhaus-Komplexe werden in der Gegend von Gennádi immer beliebter. Die gut ausgestatteten Häuser bieten meist absolute Ruhe, ausreichend Platz für die ganze Familie oder für eine Gruppe von Freunden, die Möglichkeit, sich nach Lust und Laune selbst zu verpflegen und oft auch einen eigenen Pool. Im Jahr 2015 wurden am südlichen Ortsrand von Gennádi, nur wenige Minuten Fußweg vom Ortskern und etwa 500 m vom Strand entfernt, die Gennadi Aegean Horizon Villas erbaut. Die drei 133 Quadratmeter großen Häuser mit jeweils drei Schlafzimmern und Platz für je acht Personen, komfortabler Ausstattung und eigenem Pool sind herrlich mit Blick auf das Meer gelegen und bieten Erholung pur!

Gennadi Aegean Horizon Villas. Südlicher Ortsrand, Tel. 69 45 75 72 00 (mobil), www.gennadiaegeanvillas.com

149

Gennádi und der Inselsüden

Markant erhebt sich über den Dächern des Orts der 1923 errichtete Glockenturm der Dorfkirche Agíos Ioánnis Theológos aus dem Jahr 1841. In ihrem Vorhof steht eine hohe Zypresse, eine Säule mit byzantinischem Kapitell bezeugt, dass es an dieser Stelle einen Vorgängerbau gab. Einige der alten byzantinischen Bauelemente wurden in das Mauerwerk des heutigen Gotteshauses eingefasst. Bänke unterhalb des Hofs laden mit Blick in die Landschaft zu einer idyllischen Rast ein. Auffällig ragt zwischen den Bäumen der weithin sichtbare Schornstein einer ehemaligen Fabrik vom Anfang des 20. Jahrhunderts am Ortsrand empor.

Von dort kann man auch zu einer intensiveren Dorferkundung starten. Dort plätschert auch noch das Wasser aus dem alten Dorfbrunnen, der früher der Wasserversorgung der Bewohner diente. Kirchen- und Freskenfans sollten im Café nach der Friedhofskirche Agía Anna tís Romaías am Ortsrand fragen, die man von dort gut über einen Fußpfad erreichen kann. Ein Schild mit der Aufschrift »St. Anastasia Footpath« weist den Weg. Wenn Hotelier Giórgos im Café den Dorfpriester erreicht, öffnet dieser Interessierten gerne die Tür des sonst meist verschlossenen Kirchleins mit kostbarem Freskenschmuck.

Wer sich die Kirche von außen genauer anschaut, kann wie bei der Dorfkirche alte Säulen und Kapitelle in der Mauer erkennen, die von einem Vorgängerbau aus dem 6. Jahrhundert stammen, und die Stille genießen. Besonders eindrucksvoll sind jedoch die zahlreichen, außergewöhnlichen Fresken aus dem 13. und 17. Jahrhundert im Inneren. Abgebildet werden Szenen aus dem Leben der Gottesmutter und die Leiden Christi. Außerdem wird das Leben der heiligen Anastasia thematisiert.

Oben: Wie in Gennádi öffnen die Dorfpriester gerne Interessierten die Türen zu ihren Kirchen.
Unten: Der Heilige Mámas wird auf neuzeitlichen Ikonen auf einem Löwen reitend abgebildet.

Infos und Adressen

ESSEN UND TRINKEN

Antonis. In der seit über 30 Jahren familiär geführten Taverne von Anastasía Kallistoú kümmert sich die Chefin täglich selbst um köstliche traditionelle Gerichte und serviert ebenso leckere Meeresfrüchte und Fisch vom Holzkohlegrill. Am Strand, Tel. 22 44 04 31 24, www.antonis-restaurant.com

Mama's Kitchen. Wirt Antónis und seine Frau servieren in einem gemütlichen Garten leckere griechische Gerichte und Pizza in verschiedenen Größen mit einem guten Preis-Leistungs-Verhältnis. Hauptstraße, Tel. 22 44 04 35 47.

Nikos & Marias Souvlaki Place. Typisch griechisches, leckeres Fast-Food wie die Fleischspieße Souvlaki oder Gyros-Píta serviert Níkos seit Jahrzehnten. Einer der Räume ist im traditionellen Landhaus-Stil eingerichtet. Tgl. ab 17 Uhr, Gasse westlich der Hauptstraße, Tel. 22 44 04 35 11.

ÜBERNACHTEN

Gennadi Gardens Apartments. Die modernen und umfassend ausgestatteten Apartments zwischen 50 und 120 qm liegen rund um den Außenpool und bieten auch großen Familien viel Platz. Äußerst freundlicher Service. Zwischen Dorfzentrum und Umgehungsstraße, Tel. 22 44 04 36 83, www.gennadigardens.gr

Villa Anna – Villa Maria. Zwei restaurierte Einraumhäuser im traditionellen Stil bieten Platz für drei bzw. fünf Personen und entzücken mit kleinen Innenhöfen. Die Villa Anna hat außerdem einen 80 qm großen Garten. Dorfzentrum, Tel. (Deutschland) 0931/132 93, www.rhodos-genadi.de

AUSGEHEN

Antika. Das gesellige *kafenío* ist beliebter Treffpunkt von Touristen und Einheimischen, um am Abend in guter Gesellschaft einen Ouzo oder einen Drink zu genießen. Gasse westlich der Hauptstraße.

In der Taverne Antónis kann man sich auf frischen Fisch freuen.

28 Váti
Traditionelles Flair

Das kleine Dorf Váti begeistert trotz der Nähe zur Küste mit seiner Ursprünglichkeit und den Traditionen, die hier immer noch gepflegt werden. Touristische Einrichtungen sucht man in dem authentischen Weiler mit seiner idyllischen Platía vergeblich. In Váti erhalten Besucher vielmehr Einblicke in das authentische griechische Dorfleben, die unberührte Natur und die regionalen kulinarischen Spezialitäten.

Bei Rhodiern ist Váti vor allem wegen seiner Ursprünglichkeit, des guten Essens und der großen Kirchweihfeste bekannt. Fremde halten indessen nur selten im winzigen Binnendörfchen, das knapp 7 Kilometer nordwestlich von Gennádi liegt und gerade mal 323 Einwohner zählt. Die Asphaltstraße, die quer über die Insel von Gennádi im Osten nach Apolakkiá an die Westküste führt, verläuft nämlich nur außerhalb des Dorfs, sodass Reisende nur selten einen Blick ins Dorf werfen.

Auf die Lage des ruhigen Weilers weist auch sein Name hin, der auf das griechische Wort »vatós« zurückzuführen ist, das so viel wie »passierbar« oder auch »Durchgang« bedeutet. Váti liegt mit seinen engen Gassen, der kleinen Platía und den kubischen Häuschen zwischen Pinienwäldern und uralten Olivenhainen, die in der Antike dem Tyrannen Kleóboulos von Líndos gehört haben sollen. Leider hat die Landschaft in der Gegend in den letzten Jahren stark unter Bränden gelitten, so dass es in der weiteren Umgebung überwiegend kahl ist. Bei einem Spaziergang nahe dem Dorf kann man sich jedoch einen Eindruck darüber verschaffen, wie der gesamte hügelige Landschaftsabschnitt

Ziel vieler Gläubigen ist die als wundertätig geltende Marienikone in der Kirche Panagía Galatoúsa.

vorher ausgesehen hat. Außerdem kann man bei einer kleinen Erkundungstour zahlreiche Zeugnisse aus vergangenen Jahrhunderten bestaunen.

Gemächliches Dorfleben

In Váti scheint die Zeit stehen geblieben zu sein. Das Leben der Dorfbewohner ist in dem charakteristischen Ort mit den Häusern, die die inseltypische Dorf-Architektur des 19. Jahrhunderts präsentieren, noch ziemlich unberührt. Souvenirgeschäfte oder andere touristische Einrichtungen sucht man in Váti vergeblich. Beliebter Treffpunkt von Einheimischen und Gästen und eine Art »Wahrzeichen« des Dorfes ist die Platía mit den beiden inselweit bekannten Tavernen. In den traditionellen Gasthäusern erlebt man noch die typisch griechische Gastfreundschaft. Man trifft auf Einheimische, die sich dort die Zeit bei einem duftenden Mokka, beim Kartenspielen oder Fußballschauen vertreiben. Gerne unterhalten sie sich mit Fremden und erzählen vom Dorf und ihrem Alltag.

Kirchen und Kapellen

Dass die Bewohner von Váti nicht nur ihre Traditionen, sondern auch ihre Religiosität pflegen, zeigt sich deutlich an den vergleichbar vielen

Oben: Vor der Taverne Pétrino spendet ein großer Maulbeerbaum viel Schatten.
Unten: Die große Dorfkirche Ágios Ioánnis tou Theológou markiert das Zentrum des kleinen Dörfleins.

AUF DEM KLOSTERHÜGEL

Geheimtipp

Die bekannteste Kirche von Váti ist dem Erzengel Michael »Paralimniótis« geweiht und liegt auf einem Hügel südlich des Orts. Die meist geöffnete postbyzantinische Kirche wurde im typischen Stil des Dodekanes erbaut. Sie birgt ein beachtliches Spitzbogengewölbe, das dem gotischen Stil des Mittelalters nachempfunden ist, und eine geschnitzte Ikonostase aus Massivholz. Eine 1,6 km lange Schotterpiste führt vom südlichen Ortsrand (an den Sportplätzen vorbei) durch einen Wald zur einsam gelegenen Kirche und für Entdeckungsfreudige auch weiter zum alten Beobachtungsposten Ái Giánnis. Gemischte Gefühle ergeben sich leider beim Betrachten des gewaltigen Panoramas, das sich von dort eröffnet: Die verheerenden Folgen der Brände sind nicht zu übersehen. Besonders schön ist es bei der Kirche am ersten Samstag im September, wenn das Kirchweihfest stattfindet.

Kirchen und Kapellen in der Gegend. Nahe der Platia steht seit 1862 die meist verschlossene Dorfkirche Ágios Ioánnis tou Theológou. Wer die Kirche von Westen her betrachtet, sieht noch die Basis des ersten Glockenturms. Sowohl der obere Teil des Glockenturms als auch große Teile der Kirche wurden 1940 zerbombt. Bereits im Jahr 1946 ließen die Bewohner jedoch einen neuen, 10 Meter hohen Turm errichten, der bis heute mit der riesigen Zypresse im Kirchenhof in die Höhe ragt. 2,5 Kilometer westlich des Dorfs lohnt die mit neuen Fresken geschmückte Kapelle Panagía Galatoúsa an der Hauptstraße einen Besuch. Die an der Stelle der im 19. Jahrhundert erbauten Kirche gefundene seltene Ikone der stillenden Maria aus dem 14. Jahrhundert ist allerdings in der Dorfkirche untergebracht. So hängen Pilger ihre Votivtäfelchen an einem Fresko aus dem 19. Jahrhundert auf, das die Muttergottes mit dem Christuskind zeigt.

Von Rittern und Italienern

Obwohl Váti als Bezirk von Líndos schon in der Antike besiedelt war, stammen die für Laien sichtbaren Überreste aus dem Mittelalter und vom Beginn des 20. Jahrhunderts. Sowohl westlich als auch östlich des Dorfes weisen Schilder auf gut erhaltene Mühlen aus der Ritterzeit hin. Váti war darüber hinaus wichtiger Militärstützpunkt der Italiener, die überall in der Umgebung markante Gebäude- und Befestigungsreste hinterließen. Auffällig sind vor allem die Ruinen der alten Lagerhallen am südlichen Ortsrand, die zwar im 2. Weltkrieg zerstört wurden, dem Zahn der Zeit mit ihrem äußerst dicken Mauerwerk jedoch weitgehend trotzen. Einige der Gebäude wurden inzwischen zu außergewöhnlichen Wohnhäusern umgebaut.

Infos und Adressen

ESSEN UND TRINKEN

Gut zu wissen: Die beiden Tavernen an der Platía werden aufgrund des leckeren Essens und des guten Preis-Leistungs-Verhältnisses besonders am Wochenende von zahlreichen Rhodiern aufgesucht, so dass sich der sonst ruhige Platz zum eher stimmungsvollen Treffpunkt wandelt.

Platanos. Die einfache Taverne bzw. Ouzerie ist gleichzeitig das kafenío des Dorfs. Serviert werden beim Lehrer für Wirtschaftswissenschaften Kóstas, der auch gerne Infos zu Váti gibt, und seiner Frau Toúla leckere griechische und lokale Spezialitäten wie die frittierten Gemüsepuffer pittaroúdia, würzige Bauernwurst oder das Zicklein in Tomatensauce (kokkinistó katsikáki). Platía, Tel. 69 45 55 43 44 (mobil).

Petrino. Das uralte Steinhaus und die Tische unter einem Maulbeerbaum bieten ein herrliches Ambiente, um köstliche mezédes und traditionelle Gerichte zu probieren. Äußerst beliebt sind paidákia (Lammrippchen vom Holzkohlegrill), tsirígia (gebratenes Schweinefleisch mit Eiern), das Zicklein oder die Kichererbsenpuffer rebithokeftédes. Am Wochenende wird auch Spanferkel zubereitet. Platía, Tel. 22 44 06 11 38.

Beliebter mezé sind die gefüllten Weinblätter ntolmadákia.

ÜBERNACHTEN

Dolce Vati. Die drei im Jahr 2009 erbauten, unterschiedlich großen Ferienhäuser mit moderner Einrichtung und guter Ausstattung sind ideal für Ruhesuchende. Das größte bietet Platz für 7 Personen. Nördlich der Hauptstraße, Tel. 69 44 45 42 34 (mobil), www.dolcevati.com

VERANSTALTUNGEN

Kirchweihfest. Am 15. August jedes Jahres feiert das Dorf zu Ehren der Panagía Galatoúsa mit zahlreichen zugereisten Rhodiern und mit viel Speis und Trank das große Fest Mariä Himmelfahrt.

Typisch griechische Gastfreundschaft findet man in der Ouzerie Platanos.

29 Lachaniá und Plimmíri
Hübsches Dorf, lange Strände

Das am Fuße eines Hügels liegende Lachaniá wirkt zwar auf den ersten Blick recht unscheinbar, gilt mit seinen liebevoll restaurierten historischen Häuschen jedoch als eines der schönsten Dörfer der Insel. Die kleine Ortschaft liegt etwa 3 Kilometer von der Küste entfernt und bietet Erholung pur. Ein wenig weiter südlich lohnt die Bucht von Plimmíri mit ihrem langen Sand-Kies-Strand einen Besuch.

Obwohl das winzige Lachaniá mit seinen 150 Einwohnern nur wenige Kilometer von der Ostküste mit dem kilometerlangen grauen Sand-Kieselstein-Strand entfernt liegt, hat es der Massentourismus noch nicht erreicht. Dennoch ist das Dörfchen mit der hübschen alten Bausubstanz auch für Fremde kein völlig unbekanntes Pflaster. Denn in den 1990er-Jahren haben einige Ausländer, darunter europäische Intellektuelle und Künstler, alte Häuser in Lachaniá gekauft und sie liebevoll restauriert. Mit den zugewanderten Malern, Kunsthandwerkern und Musikern machte sich der kleine, friedvolle Ort einen Namen als »Künstlerdorf«.

Oben: In Plimmíri hängt man die Tintenfische zum Trocknen an die Leine.
Unten: Anders als an vielen Stränden der Ostküste stehen die wenigen Liegestühle in Plimmíri nicht dicht an dicht.

Bei einem Bummel durch die Gassen rund um die kleine Platía können sich die Besucher ein Bild von der charmanten Dorfatmosphäre machen. In den Gassen sieht man die typischen weiß gestrichenen Einraumhäuser, die mit kleinen steinernen Portalen und blau oder grün gestrichenen Hoftüren begeistern. Für viel Farbe sorgen Bougainvilleen, Granatapfelbäume und Jasmin. In einigen der restaurierten Dorfhäuser kann man auch übernachten.

Der Sand-Kies-Strand von Plimmíri lädt zu gemütlichen Badeerlebnissen ein.

Idyllischer Dorfplatz

Die Platía von Lachaniá gehört zweifelsohne zu den gemütlichsten der Insel und ist mit der dortigen Taverne besonders im Sommer beliebter Versammlungsort im Dorf. Große, uralte Platanen spenden Schatten und aus kleinen Brunnen plätschert kühles Wasser. Gleich daneben steht die weiß getünchte Dorfkirche Ágios Geórgios von 1848, deren Hof durch den im Jahr 2008 originalgetreu rekonstruierten Glockenturm im barocken Stil betreten wird. Sehenswert ist auf dem hinteren Teil des Kirchenhofs ein kleines Taufbecken aus frühchristlicher Zeit. Im Innenraum des Gotteshauses imponieren die kunstvoll geschnitzte Ikonostase und die reich verzierte Kanzel. Der Fußboden ist mit dem typisch rhodischen schwarz-weißen Kieselstein-Mosaik ausgelegt. Nahe der Kirche lohnt es außerdem, einen Blick in die alte Olivenpresse des Dorfes »Mággana« zu werfen. Das restaurierte Gebäude dient Künstlern gelegentlich als Ausstellungsraum.

Kirchlein in schöner Natur

Eingebettet in landschaftlich reizvollen Gegenden liegen rund um Lachaniá einige hübsche, teilweise

Geheimtipp

SAND UND MEER
Ein von Rhodiern gern besuchter, touristisch völlig unerschlossener Strand südlich von Plimmíri lohnt für Entdecker oder Nacktbadende einen Besuch. Erreichbar ist der kilometerlange Strand Ágios Geórgios über eine befahrbare Schotterpiste, die 4,6 km westlich der Abzweigung nach Plimmíri von der Umgehungsstraße links abzweigt. Der Weg führt zunächst durch eine von der Hauptstraße sichtbare, 900 m lange »Zypressen-Allee«. Hält man sich dann links und folgt der 3,5 km langen Piste weiter gen Süden, erreicht man den feinsandigen, flach abfallenden Strand, der nicht nur mit Einsamkeit, sondern auch mit Dünen und Zedern begeistert. Da der schattenlose Strand unerschlossen ist, sollte man unbedingt Wasser und eine Kopfbedeckung mitnehmen. Sonnenschutz ist unumgänglich! Mitgebrachte Sonnenschirme halten im feinen Sand aufgrund der starken Winde jedoch kaum.

157

uralte Kirchen. Wie viele Kirchlein, die man verstreut auf der Insel findet, sind sie meistens nicht verschlossen. Beachten sollte man, dass man bei Verlassen der Kirchen die Türen wieder schließt, da sonst herumlaufende Ziegen und Schafe hineingehen. Wer von Nordosten her anreist, kann beispielsweise einen Halt an der einsam gelegenen Kirche Ágios Geórgios machen. An der Straße nach Mesanagrós (s. S. 160), also in nordwestlicher Richtung, lohnt außerdem ein Besuch der im Grünen liegenden kleinen Wallfahrtskirche Ágios Thomás mit leider nicht mehr ganz so gut erhaltenen Fresken aus dem 14. und 15. Jahrhundert. Dort findet am Sonntag nach Osten auch ein großes Kirchweihfest statt.

Menschenleere Strände

Obwohl Lachaniá nicht an der Küste liegt, müssen Besucher in der Umgebung nicht auf Badefreuden verzichten. Der knapp 11 Kilometer lange Küstenabschnitt zwischen Gennádi und dem kleinen Weiler Plimmíri lockt mit zahlreichen ruhigen und oft noch einsamen Sand-Kies-Stränden, die touristisch teilweise völlig unerschlossen sind. Die meisten Besucher von Lachaniá fahren zum Baden in die Bucht des 6,5 Kilometer südlich liegenden Plimmíri. Dort erstreckt sich in hügeliger Umgebung ein gut 2 Kilometer langer Sand-Kies-Strand gen Süden. Und obwohl über dem Südrand der Bucht im Jahr 2015 ein Großhotel eröffnet hat, scheint der lange Strand zumindest gen Norden oft menschenleer. Am nördlichen Ende der Bucht tummeln sich am neuen Bootsanleger meist bunte Fischerboote. Einen Besuch lohnt dort das einfache Kirchlein des verlassenen Klosters Zoodóchou Pigí. Für den Bau der Kirche in der ersten Hälfte des 19. Jahrhunderts wurden auch Materialien einer frühchristlichen Basilika und in der Gegend gefundene korinthische Säulen und Kapitelle »recycelt«.

Oben: Bunt gestrichene Türen setzen Farbtupfer an den Häusern.
Mitte: In der Taverne Plátanos kann man Olivenöl und Tresterschnaps kaufen.
Unten: Die Mojito Beach Bar ist eine der beliebtesten von Rhodos.

Infos und Adressen

ESSEN UND TRINKEN

Chrissi's »Acropol«. In der kleinen Taverne des Dorfpriesters Papá Giórgos kümmert sich seine Frau Chrissí um die hausgemachten Speisen. Das Gemüse stammt größtenteils aus dem biologischen Anbau, den ein Sohn der Familie betreibt. Hauptstraße, Lachaniá, Tel. 22 44 04 60 33.

Plimmiri. Typisch griechisch präsentiert sich die Fischtaverne am Strand mit blauen Holzstühlen, blau-weiß karierten Tischdecken und an einer Leine zum Trocknen hängenden Tintenfischen. Wirt Antónis und seine Frau Olga servieren frischen Fisch und Meeresfrüchte. Nördliches Strandende, Plimmíri, Tel. 22 44 04 60 03.

Platanos. Die Tische der familiär geführten Taverne verteilen sich im Schatten des Glockenturms und der großen Platane am Dorfplatz. In gemütlicher Atmosphäre werden leckere griechische Gerichte serviert. Besonders empfehlenswert sind die Fleischgerichte vom Grill und aus dem Ofen. Platía, Lachaniá, Tel. 22 44 04 60 27, www.lachaniaplatanostaverna.com

ÜBERNACHTEN

The Four Elements. Die traditionell eingerichteten und farblich an die vier Elemente angepassten Apartments bieten Platz für je zwei bis vier Personen. Die kleine, von einem belgischen Paar geführte Anlage hat außerdem einen blumenreichen Garten und einen kleinen Außenpool. Ortseingang, Lachaniá, Tel. 22 44 04 60 01, www.bnbthefourelements.com

AUSGEHEN

Mojito. Die Beach Bar zwischen Plimmíri und Gennádi gehört zu den bekanntesten der Insel. Karibisches Flair, erzeugt durch Farbe, Hängematten, Sonnenschirme aus Palmwedeln, gute Musik und leckere Cocktails, lädt zum Relaxen ein. Abends werden die Sterne mit einem Teleskop beobachtet. Ausgeschildert von der Umgehungsstraße, etwa 3 km in Richtung Gennádi am Strand, www.mojitobeachrooms.gr

Dorfpriester Papá Giórgos und seine Frau bei der Arbeit.

159

30 Mesanagrós
Zwergdorf in den Bergen

Ruhe, Einsamkeit und das einfache Leben der wenigen Einwohner prägen das mitten im Nirgendwo liegende Mesanagrós. In dem verwinkelten Dörfchen scheint vor Jahrzehnten die Zeit stehen geblieben zu sein. Lohnenswert ist ein Besuch vor allem wegen eines der ältesten rhodischen Gotteshäuser: die auf frühchristlichen Ruinen stehenden Kirche Mariä Entschlafung (Kímissi tis Theotókou) aus dem 13. Jahrhundert.

Gegründet wurde das abgeschiedene Mesanagrós schon vor rund 2000 Jahren, was Funde und Ruinen von Kirchen aus frühchristlicher Zeit in der Umgebung bezeugen. Die versteckte Lage des Ortes sollte die Bewohner einst vor Piratenangriffen schützen. Heute ist Mesanagrós einer der ursprünglichsten Orte der Insel. Das verschlafene Dörflein, das auf 400 Meter Höhe inmitten einer herrlichen Hügellandschaft liegt, hat nur noch wenige Bewohner. Die abgeschiedene Lage und die nicht vorhandenen beruflichen Perspektiven waren im letzten Jahrhundert Hauptauslöser für den Entschluss zahlreicher Bewohner zur Auswanderung. Viele Einheimische zog es nach Australien, andere, vor allem die jungen Menschen, ließen sich in den letzten Jahren in Rhodos-Stadt oder in den geschäftigen Küstenorten nieder.

Oft trifft man in den Bergdörfern wie in Mesanagrós auf alte Damen, die nach alter Tradition noch Kopftücher tragen.

Ein uraltes Kirchlein

Da Mesanagrós in der frühchristlichen Zeit recht groß und sogar Bischofssitz war, wurde dort im 5. Jahrhundert eine fünfschiffige Kirche erbaut. Mit der Zeit verfiel sie und im 7. Jahrhundert

Einsam schlummert Mesanagrós im Dornröschenschlaf.

war der Bau einer neuen, nun kleineren Kirche
notwendig. Für den Bau des dreischiffigen Gotteshauses wurde das Fundament der alten Kirche
verwendet. Auch sie fiel schließlich der Zeit zum
Opfer, sodass man im 13. Jahrhundert erneut
eine Kirche in die Ruinen der alten Gotteshäuser
hineinbaute. Bis heute kann man die einschiffige
Kirche tagsüber im Dorf bestaunen. Sollte sie verschlossen sein, fragen Sie im daneben liegenden
kafenío nach dem Schlüssel.

Während man außen nur noch wenige Überreste
seiner Vorgängerbauten sieht, kann man im Inneren
alte Bauelemente wie Säulen und Kapitelle erkennen. Außerdem ist im Kirchenraum ein kreuzför-
miges marmornes Taufbecken aus frühchristlicher
Zeit erhalten. Die Fresken aus dem 14. Jahrhundert,
die einst die Wände zierten, sind nur noch schlecht
erkennbar. An der hölzernen Ikonostase sind hingegen noch einige alte Ikonen zu sehen. Die als wundertätig geltende Marienikone an der linken Seite
der Altarwand war einst der Grund für die Popularität der Kirche. Der Legende nach stach einst ein osmanischer Pascha auf die Ikone ein und war gleich
darauf gelähmt. So schwor er, dem Christentum
beizutreten, wenn die Muttergottes ihn heile. Dies
geschah und der Pascha trat dem Christentum bei.

Infos und Adressen

ESSEN UND TRINKEN
Kafenío tou Mike. Im einzigen
Kaffeehaus des Dorfes können
Besucher die Stille genießen und
einen Plausch mit den Einheimischen führen – zur Not mit Händen
und Füßen. Es gibt natürlich
griechischen Mokka und den inseltypischen Tresterschnaps sowie
eine kleine Auswahl leckerer Kleinigkeiten. Neben der Kirche Mariä
Entschlafung, Tel. 22 44 04 60 56.

VERANSTALTUNGEN
Kirchweihfest. Am 15. August
jeden Jahres findet in der Kirche
Mariä Entschlafung ein Gottes-
dienst und rundherum ein großes
Fest statt.

Kirchweihfest Ágios Thomás.
Das größte Kirchweihfest der
Umgebung ist am Sonntag nach
Ostern bei der kleinen Wallfahrts-
kirche Ágios Thomás (an der
Straße Richtung Lachaniá). Neben
Musik und Tanz erfolgt eine Wan-
derung zu einem Wasserfall.

Kloster Skiádi
31
563

31 Kloster Skiádi
Wallfahrtsort im Süden

Eine bekannte Ikone der Panagía Skidianí, der Muttergottes, macht das Kloster Skiádi zum bedeutendsten Pilgerziel im Süden der Insel. Besucher staunen dort nicht nur wegen der kostbaren Ikone, sondern auch aufgrund der prächtigen Fresken im Innenraum. Eindrucksvoll sind außerdem die fantastische Lage und die Idylle in den Hügeln oberhalb der Westküste mit einer herrlichen Aussicht auf das Meer.

Das Kloster Skiádi liegt auf einem Hochplateau in völliger Einsamkeit zwischen dem Bergdorf Mesanagrós und der Westküste und ist von beiden Seiten gut über Asphaltstraßen erreichbar. Das ganze Jahr über besuchen Pilger aufgrund der bedeutendsten Ikone von Rhodos die gepflegte Klosteranlage, die von jungen und freundlichen Mönchen bewohnt wird. Die alte Marienikone gilt als wundertätig und wird in der Klosterkirche aufbewahrt. In der Woche vor und in der Woche nach dem griechisch-orthodoxen Osterfest geht die Ikone jedoch jährlich auf Reisen. Sie wird dann meist für je einen Tag von Dorf zu Dorf in andere Kirchen gebracht.

Die Klostergründung

Wie viele andere Gründungen griechisch-orthodoxer Kirchen und Klöster geht auch die der Moní Skiádi auf den Fund einer als wundertätig geltenden Ikone zurück. Der Legende nach erschien vor mehreren Jahrhunderten drei Eremiten mehrere Nächte hintereinander ein Licht an der Küste. Sie folgten ihm und fanden eine Marienikone, die sie mit in ihre Höhle nahmen. Als die Ikone am nächs-

Zahlreiche Pilger besuchen das berühmte Kloster Skiádi mit seiner hübschen Klosterkirche auf dem Plateau hoch über dem Meer.

Infos und Adressen

ten Tag verschwunden war, suchten sie die Gegend ab und fanden die Ikone zwischen den Überresten eines antiken Artemis-Tempels wieder. Die Eremiten glaubten, dass es sich um eine der vom Evangelisten Lukas gemalten Marien-Ikonen handeln musste. Ihm wurden zu dieser Zeit mehrere Ikonen zugeschrieben. Die Eremiten bauten der Muttergottes zu Ehren aus dem alten Baumaterial am Fundort eine Kapelle. Da sie sich nahe dem Gotteshaus niederließen, entwickelte sich aus dem Kirchlein im 13. Jahrhundert das Kloster Skiádi.

Eine kleine Schönheit

Die Moní Skiádi begeistert nicht nur mit ihrer Lage und der erst in den letzten Jahren umfassend restaurierten Klosteranlage mit vielen Blumen und Sitzgelegenheiten, die eine tolle Aussicht versprechen, sondern bei genauerem Hinsehen auch mit der Kirchenarchitektur: Die kleine Kreuzkuppelkirche aus dem 13. Jahrhundert wurde in das große Gotteshaus aus dem Jahr 1861 integriert und dient dort als Altarraum. In der Kuppel des heutigen Altarraums sind noch jahrhundertealte Fresken erhalten. Wandmalereien schmücken auch den Innen- sowie den Vorraum des neuen Teils des Gotteshauses, dessen Bau von einem Mönch aus Kattaviá finanziert wurde. Die Kirche wurde mit dem für den Dodekanes üblichen Spitzbogengewölbe erbaut. Nicht zu übersehen ist an der kunstvoll geschnitzten Ikonostase, die den Altar- vom Kirchenraum trennt, die berühmte Marienikone. Gleich bei Betreten des Innenraums sieht man die glänzende mit einer teilweise vergoldeten Silberverkleidung bedeckte Ikone und die darunter hängenden Eisenplättchen, die Gläubige als Opfergaben für die als wundertätig geltende Ikone dort anbringen. Die Abdeckung, der sogenannte Oklad, ist bei bedeutenden Ikonen im griechisch-orthodoxen Christentum üblich.

Kloster Skiádi. Sowohl von der Westküstenstraße (4 km östlich) als auch vom Dorf Mesanagrós (etwa 5 km nordwestlich) gut ausgeschildert, tgl. von Sonnenaufgang bis Sonnenuntergang, Mittagsruhe 14–17 Uhr, Eintritt frei.

Wie auch in den anderen Klöstern der Insel wird um angemessene Kleidung sowie ausdrücklich um Ruhe gebeten.

ESSEN UND TRINKEN
In der näheren Umgebung gibt es keine Cafés, Restaurants oder Tavernen. Die am schnellsten erreichbaren Essensmöglichkeiten findet man im nahe gelegenen Dorf Apolakkiá (s. S. 170).

EINKAUFEN
Klostershop. Im kleinen Geschäft auf dem Klosterhof kann man Gebetsketten, Ikonen, Kreuze und andere religiöse Andenken erstehen. Außerdem bekommt man dort die für griechisch-orthodoxe Gläubige wichtigen Metallplättchen, die sie als Opfergaben an Ikonen hängen. Kaufen und anhängen kann man sie natürlich auch, wenn man nicht griechisch-orthodox ist.

VERANSTALTUNGEN
Kirchweihfest. Jährlich findet zum Geburtstag der Muttergottes am 8. September ein feierlicher Gottesdienst mit zahlreichen Besuchern statt. Das Fest beginnt bereits am Abend zuvor.

RELIGION
Der Glaube im Alltag

Ein übliches Bild: Christus als Pantokrator in der Kirchenkuppel

Nicht nur diejenigen, die genauer hinsehen, erkennen, dass der grie-chisch-orthodoxe Glaube eine besondere Rolle im rhodischen Alltag spielt. Immer wieder trifft man auf Kirchen und Ikonen sowie auf markant gekleidete Priester und Menschen, die sich bekreuzigen. Einige orthodoxe Selbstverständlichkeiten sind Gläubigen anderer Religionen, aber auch Christen aus westlichen Konfessionen oft fremd.

In Griechenland gibt es kaum ein Kind, das nicht getauft wird, und nur wenige Hellenen, die nicht – mal mehr und mal weniger – gläubig sind. Am Patronatstag der jeweiligen Ortskirche, an Ostern und zum Fest der Mariä Entschlafung am 15. August kommen Familien traditionell zusammen, gehen zur Messe und feiern danach meist auf den Folklorefesten *(panijiri)*. Aber auch sonst gehen Rhodier

gern spontan in die Kirche, sei es nur kurz, um eine Kerze anzuzünden und um eine Ikone zu küssen. Dass Griechen lieber nur kurz in die Kirche gehen und nicht dem gesamten Gottesdienst beiwohnen, fällt auch während der gut zweistündigen Sonntagsmesse auf.

Kirche und Priester

Die griechisch-orthodoxe Kirche spielte schon während der jahrhundertelangen Besatzungen eine wichtige Rolle. Damals wurden in den Gotteshäusern Pläne gegen die Fremdherrscher geschmiedet, aber auch die Kultur, die Sprache und Traditionen aufrechterhalten. Heute steht in jedem Ort mindestens eine Kirche am Hauptplatz, der *platía*, und auch mitten im Nirgendwo sind Gotteshäuser immer wieder zu sehen. Als Dank für ein wundersames Ereignis, aus Ehrfurcht vor Gott oder im Andenken an Verstorbene war es nämlich besonders früher üblich, Kapellen zu errichten. Ähnlich ist es mit den oft am Straßenrand stehenden »Miniaturkirchen«, den *ikonostásia*. Sie markieren Stellen, an denen sich ein Unfall ereignet hat, erinnern an Verstorbene oder an jemanden, der glimpflich davongekommen ist.

Auffallend sind jedoch nicht nur die vielen Kirchen, Kapellen und Klöster. Oft sieht man auch einen griechisch-orthodoxen Priester, den *papás*, der am langen Bart, dem dunklen Gewand und der hutähnlichen Kopfbedeckung erkennbar ist.

Kreuzzeichen, Ikonen und Wunder

Griechisch-orthodoxe Traditionen wirken für Urlauber manchmal befremdlich, so zum Beispiel, dass sich einige Griechen bekreuzigen, wenn sie an Kirchen vorbeilaufen, um sich unter den Schutz des Kreuzes Jesu Christi zu stellen. Die drei zusammengelegten Finger symbolisieren dabei übrigens die Dreifaltigkeit. In Kirchen küssen sie nach Anzünden einer Kerze eine oder mehrere Ikonen. Für griechisch-orthodoxe Gläubige sind Ikonen nämlich nicht nur »Bilder«, ganz im Gegenteil. Sie werden verehrt und schaffen eine spirituelle Verbindung mit dem Himmel, dem abgebildeten Heiligen und dadurch auch mit Gott. Deshalb sieht man sie immer wieder, im Taxi, im Bus, im Hotel und manchmal sogar in einer Bar.

Oft werden ihnen, wie bei der Ikone der Gottesmutter im Kloster Panagía Tsambíka (s. S. 96), auch Wunder zugeschrieben. Sie sollen Menschen vor verschiedenen Dingen beschützen und oft auch bei Heilungen helfen. Als Opfergaben oder als Dank werden Votivtäfelchen an einige Ikonen gehängt.

32 Kattaviá und Prasonísi
Das Surferparadies der Insel

Sowohl das südlichste Dorf der Insel Kattaviá als auch der schöne und lange Strand Prasonísi mit dem vorgelagerten gleichnamigen Eiland sind die Plätze, die gern von Surfern aufgesucht werden. Auch historisch Interessierte und Kirchenfreunde kommen auf ihre Kosten.

Das »letzte Dorf« der Insel, wie die Rhodier Kattaviá aufgrund seiner Lage nennen, liegt im Zentrum eines weitläufigen Tals, mit dessen landwirtschaftlichen Erzeugnissen einst die ganze Insel versorgt wurde. Bis heute verdienen sich die Bewohner von Kattaviá ihren Lebensunterhalt vorwiegend mit dem Anbau von Getreide und Melonen, auch wenn aufgrund des nahe liegenden Sandstrands Prasonísi, einem der bekanntesten Surfer-Treffs der Ägäis, mittlerweile einige Zimmer vermietet werden. Im Sommer sitzen in den Tavernen an der beschaulichen *platía* hauptsächlich Surfer und

GUT ZU WISSEN

GEFÄHRLICHER WIND

Das Bild von Prasonísi mag zwar auf den ersten Blick sehr idyllisch wirken, doch können der aufkommende »Meltémi«, der bei den Surfern beliebte starke Wind, der meist aus nordwestlicher Richtung kommt, und die entstehenden hohen Wellen vor allem in der Nebensaison sehr gefährlich werden. Besonders bei gestiegenem Meeresspiegel sollte man beim Überqueren des Sandstreifens vorsichtig sein. Dort ist es schon öfter zu folgenschweren Unfällen gekommen.

Oben: Zur Dekoration wurden sowohl an einigen alten Dorfhäusern als auch an Brunnen früher oft Reliefes angebracht.
Unten: Überreste des antiken Vroúlia östlich von Prasonísi

166

Surfer und Kiter versammeln sich alljährlich am Sandstreifen von Prasonísi.

Kiteboarder, die hier ihren Urlaub verbringen. Doch das Bauerndorf und natürlich der schöne Sandstrand Prasonísi lohnen auch für Nicht-Wassersportler einen Besuch.

Rhodos' südlichstes Dorf

Kattaviá ist ideal für alle, die mobil sind und abseits des Massentourismus ein ruhiges Plätzchen suchen. Die gemütliche *platía* lädt zum Faulenzen ein, und bei einem Spaziergang im Ort mit seinen vielen leer stehenden Häusern – ein Beispiel für die Landflucht auf der Insel – sind zwei alte Kirchen besuchenswert.

Im Ortskern erhebt sich markant der Glockenturm der Hauptkirche Agía Paraskeví, einer Basilika im Dodekanes-Stil aus dem 19. Jahrhundert. Nach dem Schlüssel kann man in der Taverne an der Platía fragen. Eines der ältesten rhodischen Gotteshäuser ist die Friedhofskirche Mariä Entschlafung (Kímisis tis Theotókou) am südlichen Ortsrand. Sie stammt aus dem 10. Jahrhundert und birgt interessante Wandmalereien aus dem 16. bis 19. Jahrhundert. Wie bei vielen anderen Kirchen der Insel wurden auch dort marmorne Bauelemente verwendet, die von einem Vorgängerbau stammen.

Geheimtipp

ANTIKE RUINEN MIT AUSSICHT

Wer archäologisch besonders interessiert ist oder einen einsamen und herrlichen Aussichtspunkt sucht, kann auf einem Hügel östlich des Strandes von Prasonísi (am kleinen Fischerhafen) die Überreste des antiken Vroúlia besichtigen. Die zwischen 1907 und 1908 vom dänischen Archäologen Karl Frederik Kinch ausgegrabene antike Siedlung, die auf die Zeit zwischen 650 und 550 v. Chr. datiert wird, wurde vermutlich aus militärischen Gründen gegründet und war von einer 300 m langen Mauer umgeben. Die lange Zeit umzäunten Ruinen der Stadt sind mittlerweile wieder frei zugänglich. Durch weitere Freilegungen sind seit 2013 auch für Laien unter anderem wieder vereinzelte Mauerreste erkennbar. Die Ausgrabungen sind von Prasonísi über eine knapp 1 km lange Schotterpiste erreichbar und begeistern vor allem mit dem schönen Blick auf das vorgelagerte Inselchen.

167

Ruinen der Italiener

Die Umgebung von Kattaviá zeugt bis heute von der italienischen Besatzungszeit in der ersten Hälfte des 20. Jahrhunderts. Einige der heruntergekommenen Bauten sind östlich des Dorfs noch zu sehen. An der Inselrundstraße erhebt sich 3 Kilometer östlich von Kattaviá das verlassene Kloster Ágios Márkos mit seinem weithin sichtbaren Glocken- und Uhrturm. Außerdem weisen von dieser Straße Schilder gen Süden zur Ruine einer ehemaligen Seidenfabrik, die später auch als Gefängnis diente, sowie zur kleinen steinernen Kapelle Ágios Pávlos und einem verfallenen Gutshof.

Prasonísi: Das Surfer-Mekka

Die 8 Kilometer lange Asphaltstraße, die von Kattaviá zum landschaftlich äußerst reizvoll gelegenen Strand Prasonísi an der Südspitze von Rhodos führt, wurde erst vor wenigen Jahren ausgebaut. Die bessere Erreichbarkeit sorgte am feinen Sandstrand mit dem gleichnamigen vorgelagerten Eiland für den Aufschwung, sodass sich dort Surfschulen, Tavernen, zwei kleine Supermärkte und Pensionen angesiedelt haben.

Bereits bei der Anfahrt begeistert der Ausblick auf das Surfer-Gebiet: eine winzige unbewohnte Insel mit einem alten Leuchtturm, die durch einen oft überspülten Sandstreifen mit der Südküste verbunden ist. Darüber liegen die Schirme der Kiter im perfekten Wind. Auf den Wellen reiten Surfer und Kiter um die Wette. Am sowohl nach Westen als auch nach Osten ausgerichteten Strand, an dem das Mittelmeer auf die Ägäis trifft, sind die Windbedingungen für Surfer ideal. Für Badefreunde bringt der Wind jedoch auch Nachteile mit sich. Durch die starken Strömungen wird häufig Unrat angeschwemmt und die aufkommenden Wellen sind zum Schwimmen leider meist ungeeignet.

Oben: Das »Lighthouse« ist seit Jahren beliebter Treffpunkt.
Unten: Lohnenswert ist ein Besuch der jahrhundertealten Friedhofskirche Kímisis tis Theotókou.

Infos und Adressen

ESSEN UND TRINKEN

Eftihia. Auf der gemütlichen Terrasse der kleinen, familiär geführten Taverne serviert der junge Wirt Thodorís griechische Köstlichkeiten, die seine Mutter in der Küche zaubert. Gutes Preis-Leistungs-Verhältnis. Nahe der Platía, Kattaviá, Tel. 22 44 09 10 60.

Penelope. Hinter einigen Werbetafeln, die auffällig auf die urige Taverne hinweisen, servieren Wirt Stamátis und seine Frau im Schatten eines riesigen, alten Baums traditionelle griechische Gerichte und – wenn vorhanden – frischen Fisch. Platía, Kattaviá, Tel. 22 44 09 12 05.

ÜBERNACHTEN

Lighthouse. Das im Jahr 1997 eröffnete Hotel mit angeschlossenem Restaurant besteht aus mehreren Häusern und ist sehr bei Windsurfern und Kiteboardern beliebt. Die Häuser bieten Unterkünfte unterschiedlichen Komforts und unterschiedlicher Kategorien.

Am Strand, Prasonísi, Tel. 22 44 09 10 30, www.prasonisilighthouse.com

Prasonisi Club. Alle Doppel- und Drei-Bett-Zimmer des gemütlichen Hotels, das bei Surfern ebenfalls sehr beliebt ist, verfügen über eine Küchenzeile und einen großen Balkon. Im Preis enthalten ist der Transfer nach Prasonísi. Es werden Mountainbikes verliehen. Am nördlichen Dorfrand, Kattaviá, Tel. 22 44 09 10 54, www.prasonisiclub.gr

AKTIVITÄTEN

Pro Center Christof Kirschner. Die Windsurf-Station unter der Leitung von Christof Kirschner und Martin Baltensperger liegt nur wenige Meter von der Flachwasserseite von Prasonísi entfernt. Dort kann man sowohl modernes Equipment leihen als auch an Kursen teilnehmen. Der Schnupperkurs (2 Stunden) kostet 75 €. Mai–Oktober, Tel. 22 44 09 10 45, www.prasonisi.com

Im Winter ist Prasonísi einsam und wirkt noch recht unberührt.

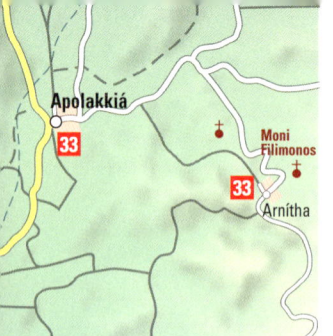

33 Apolakkiá und Arnítha
Kleine Kirchen und tolle Natur

Rund um das recht große Bauerndorf Apolakkiá erhält man einen guten Einblick in die landwirtschaftlichen Tätigkeiten der Rhodier. Die Umgebung lädt zu beschaulichen Erkundungstouren auf den Spuren kleiner Kirchlein und zu Picknicken in idyllischer Landschaft ein. Ohne viel Rummel geht es weiter zu nur selten besuchten Dörfern, die an den nahen Berghängen liegen.

Der Küstenabschnitt unterhalb von Apolakkiá ist touristisch noch völlig unberührt. Die Landschaft ist wild und die langen Strände sind wegen des aufkommenden Windes meist menschenleer. Kilometerweit säumen vom Wind gekrümmte Sträucher die steinerne Landschaft. Für alle, die Landschaft genießen wollen oder Orte suchen, die recht ursprünglich sind, ist diese Gegend ideal. Im

GUT ZU WISSEN

BADEN AN DER SÜDWESTKÜSTE
Der Küstenabschnitt zwischen Kattaviá und Apolakkiá ist wenig besucht und ideal für alle, die einsame, weitläufige und sandige Strände suchen. Dennoch ist beim Besuch der touristisch unerschlossenen Strände, die oft mit ihren Dünen und mit dem Blick auf die vorgelagerten Felseninselchen begeistern, Vorsicht geboten: Aufgrund der starken aufkommenden Winde bilden sich oft so hohe Wellen, dass Schwimmen kaum möglich ist. Außerdem wird dadurch oft Müll ans Ufer gespült. Also am besten vor dem Sprung ins Wasser die Lage kritisch einschätzen!

Oben: Landschaftlich schön: der Staudamm von Apolákkia
Unten: Die Häuschen von Profiliá klettern markant den Hügel empor.

Rund um Apolakkiá trifft man noch auf viele Landwirte bei der Arbeit.

großen Binnendorf Apolakkiá verdienen die meisten Bewohner ihren Lebensunterhalt noch immer mit der Landwirtschaft. Angebaut werden vor allem Wasser- und Honigmelonen, Tomaten und Getreide. Kahler und ruhiger ist es weiter landeinwärts in der Hügellandschaft rund um die kleinen Dörfer Arnítha, Ístrios und Profiliá.

Die meisten Besucher, die den 500-Seelen-Ort aufsuchen, bleiben nur für eine kurze Rast während einer Inselrundfahrt. Dennoch sollte man auch einen Blick in die Dorfkirche Agía Marína werfen, in deren Bau marmorne Kapitelle aus einer frühchristlichen Basilika eingearbeitet wurden. Außerdem ist das Dorf ein guter Ausgangspunkt für lange und einsame Spaziergänge und Wanderungen oder Ausflüge in die Region.

Kirchlein in der Umgebung

Ein Ausflug von Apolakkiá sowohl über die Westküstenstraße in Richtung Monólithos (s. S. 216) als auch durch die Anbaugebiete 3,5 Kilometer nördlich des Ortes zur uralten Kirche Ágios Geórgios Várdas ist empfehlenswert. Die Kirche stammt aus

Geheimtipp

URSPRÜNGLICHE NATUR
Auf 320 Meter Höhe liegt nördlich der Straße, die von Apolakkiá nach Gennádi führt, das Dörflein Profiliá mit seinen kubischen Häuschen, die den Hang emporklettern. Schön ist ein Besuch des Dörfleins nicht nur wegen der Stille, die dort herrscht. An der *platía* kann man einen Blick in die Kapelle Ágios Geórgios aus dem 16. Jahrhundert werfen. Sie birgt einige recht gut erhaltene jahrhundertealte Fresken. Besonders lohnenswert ist eine Pause in der einzigen Taverne. Das idyllisch gelegene Lokal »To liméri tou listí« ist aufgrund der hervorragenden Inselküche auf ganz Rhodos bekannt. Wirt Sávvas und seine Frau Konstantína servieren Grill- und wechselnde Tagesgerichte. Zu den Spezialitäten gehören der Auberginensalat und der Hahn in Wein-Tomaten-Sauce.

To liméri tou listí. Neben der Kirche Ágios Geórgios, Profiliá, Tel. 22 44 06 15 78.

171

den Jahren 1289/90. Im Inneren sind noch einige der ältesten Wandmalereien der Insel erhalten. Ein paar Hundert Meter weiter nördlich bietet sich außerdem ein Abstecher zum großen Stausee an, dessen Fluten zum Bewässern der Felder genutzt werden.

Abseits der Straße nach Monólithos liegt vier Kilometer nordwestlich des Dorfs die ausgeschilderte Kapelle Ágios Geórgios Kálamos. Das vollständig mit neuen Fresken ausgemalte Kirchlein ist von zahlreichen Kiefern umgeben. Vom Vorplatz hat man eine herrliche Aussicht auf die vorgelagerten Felsinselchen und den gesamten Küstenabschnitt. Besonders idyllisch ist es dort am frühen Abend, wenn die untergehende Sonne den Horizont in ein romantisches Licht taucht.

Ein Stück landeinwärts

Wer von Apolakkiá der Straße Richtung Gennádi ein Stückchen landeinwärts folgt, kann den südlich liegenden, winzigen Weiler Arnítha besuchen. Der Weg führt am Kloster Ágios Filímonas aus spätbyzantinischer Zeit vorbei. In der Klosterkirche wurden Säulen und marmorne Kapitelle eines Apollon-Heiligtums eingearbeitet, das in der Antike an dieser Stelle stand. Im ruhigen, an einem Berghang liegenden Bauerndorf leben vorwiegend ältere Menschen.

In Arnítha bietet sich der Besuch der Kirche Ágios Nikonos an, die am oberen Ende der Durchgangsgasse steht. Im kleinen Kirchlein sind Fresken aus dem 13. und 14. Jahrhundert erhalten. Interessierte können nahe des Dorfs (nördlich der Straße nach Gennádi in Richtung Ístrios) die Ruinen der frühchristlichen Basilika Agía Iríni besichtigen. Man erkennt noch einen Teil der Mauern und Säulen sowie einen Teil des Mosaik-Fußbodens.

Oben: Oft hat man die Straßen an der Westküste fast für sich allein.
Mitte: Recht gut erhalten sind die alten Fresken in dem Kirchlein Ágios Geórgios Várdas.
Unten: Von der frühchristlichen Basilika Agía Iríni sind nur noch die dicken Mauern zu sehen.

Infos und Adressen

ESSEN UND TRINKEN

Amalia. Obwohl die Tavernen an der Platía von Apolakkiá mit ihren bunten Reklame-Schildern und den haltenden Ausflugsbussen auf den ersten Blick recht touristisch wirken, kann man dort noch ruhige Abende erleben. Serviert werden Grillgerichte sowie traditionelle griechische Hausmannskost. Platía, Apolakkiá, Tel. 22 44 06 13 65.

Chrisama. Einen faszinierenden Ausblick auf die wilde Westküste und die sich dort brechenden Wellen hat man von der romantischen Location am Strand. Besonders zum Sonnenuntergang ist die Taverne mit freundlichem Service sowie einfachen, aber leckeren Fisch- und Meeresfrüchte-Gerichten sowie Fleisch vom Grill sehr beliebt.

An der Westküstenstraße, 4 km südlich von Apolakkiá Richtung Kattaviá, Tel. 69 73 98 21 56.

O Notos. In der kleinen Taverne mit freundlichem Service treffen sich Einheimische auch im Winter vor dem Kamin gern. Serviert werden traditionelle griechische Gerichte und leckere mezédes. Platía, Ístrios (3 km nordwestlich von Profiliá), Tel. 22 44 06 15 80.

ÜBERNACHTEN

Amalia. Das kleine Hotel mit 18 einfach eingerichteten Doppelzimmern, die alle über einen kleinen Balkon verfügen, hat sogar einen kleinen Pool. Die preiswerten Räumlichkeiten sind ideal für alle, die Urlaub auf dem Land machen wollen. Platía, Apolakkiá, Tel. 22 44 06 13 65.

Das Kloster Ágios Filímonas liegt am Weg nach Árnitha.

DER INSEL-WESTEN

34 Ialyssós und Kremastí
Tourismuszentrum des Nordwestens

Die ineinander übergehenden Orte zwischen Rhodos-Stadt und dem Flughafen sind touristisch stark beeinflusst. Kritiká, Ixiá, Ialyssós und Kremastí sind auf den ersten Blick mit den Tavernen, Souvenirshops und Hotels, die die lange Durchgangsstraße säumen, eher weniger verlockend. Bei genauem Hinsehen begeistern jedoch einige Strandabschnitte, die guten Windverhältnisse für Surfer sowie hervorragende Hotels.

Die Nähe zu Rhodos-Stadt, die weitläufigen Strände und die guten Hotelanlagen machen die der Ägäis zugewandten Orte an der Nordwestküste schon seit Jahren zu beliebten Urlaubszielen – vor allem bei Pauschalreisenden. Während es in Kritiká und in Kremastí noch recht überschaubar und beschaulich zugeht, bilden Ixiá und Ialyssós, das auch unter dem Namen Triánda bekannt ist, die quirligeren und stark besuchten Urlaubszentren der Westküste.

Sehenswürdigkeiten gibt es in diesen Orten kaum. Dennoch ist der über zehn Kilometer lange Küstenabschnitt ideal für Urlauber, die Stadt- und Strandurlaub verbinden möchten. Außerdem bieten sich die Küstenorte auch gut als Ausgangspunkt für Ausflüge im Norden der Insel an. Der Wind, der dort fast ständig parallel zur Küste weht, macht die Gegend zu einem der beliebtesten Surferreviere des Dodekanes. Besonders im Juli und August sind die Windverhältnisse für Surfer und Kiter ideal. Dann genießen Wassersportfans, von Anfängern über Fortgeschrittene bis hin zu Profis, das Wellenreiten.

Vorangehende Doppelseite:
Winzige Buchten laden zwischen Rhodos-Stadt und Kritiká zum Baden ein.
Oben: In einem historischen Gebäude ist die Bibliothek von Kremastí untergebracht.

Die meisten Strände sind touristisch erschlossen.

Das unscheinbare Kritiká

Einfach gut!

Eigentlich ist der winzige Weiler Kritiká zwischen Rhodos-Stadt und den Touristen-Hochburgen für Touristen eher uninteressant. Nur der etwa ein Kilometer lange Pfad, der vom Ende des westlichen Stadtstrands von Rhodos-Stadt auch zu Fuß in die kleine Ortschaft führt, ist für alle, die ein wenig Einsamkeit suchen, eine Erkundung wert. Auf dem Fußweg, der am Meer entlang am Fuße des grünen Monte Smith (s. S. 68) verläuft, passiert man zahlreiche hübsche, kleine, durch Felsen gebildete Kiesbuchten, die zu einsamen Badeerlebnissen einladen. Auffällig ist dort auch eine in den Fels gehauene, winzige Kapelle, die dem Erzengel Michael geweiht ist und in der viele Ikonen hängen.

Passiert man Kritiká mit dem Auto, fallen besonders die im einheitlichen Stil erbauten Häuschen am Rande der Durchfahrtsstraße auf. Die kleinen, niedrigen Häuser mit den Ziegeldächern wurden rund um die Wende vom 19. ins 20. Jahrhundert von den aus Kreta ausgewanderten Moslems errichtet. Ihnen verdankt der Ort auch seinen Namen. Sie wurden 1898 mit der Autonomie Kretas, nach der Befreiung aus der osmanischen

GEMÜTLICH
WOHNEN IN IXIÁ

Die kleine und hübsche Apartmentanlage Blue Roses liegt in einer ziemlich ruhigen Seitenstraße des Wohnviertels von Ixiá und ist ideal für alle, die eine einfache Unterkunft mit gutem Preis-Leistungs-Verhältnis suchen. Der junge und äußerst freundliche Besitzer Theo kümmert sich jeden Nachmittag vor Ort um seine Gäste, gibt hilfreiche Tipps und ist ein gutes Beispiel für griechische Gastfreundschaft. Die elf einfach, aber zweckmäßig eingerichteten und mit einigen netten Details dekorierten Unterkünfte, die entweder über einen Balkon oder Gartenzugang verfügen, bieten Platz für bis zu vier Personen und liegen nur wenige Gehminuten vom Strand entfernt. Besonders viel Wert legt Theo nicht nur auf die Gastfreundschaft, sondern auch auf die Sauberkeit seiner Studios und Apartments. Selbstverpflegung.

Blue Roses. Odós Chatziantoníou 14, Ixiá, Tel. 22 41 09 00 97.

Geheimtipp

AUSSERGEWÖHN-LICHES MUSEUM

Das private Museum für Mineralogie und Paläontologie, das Polychrónis Stamatiádis im Jahr 2008 als Einziges seiner Art auf dem Dodekanes eröffnet hat, lohnt nicht nur für speziell Interessierte einen Besuch. In dem modernen, mit viel Liebe zum Detail eingerichteten Museum können Groß und Klein Mineralien und Fossilien aus ganz Griechenland sowie aus anderen Ländern bestaunen. Eindrucksvoll sind z. B. Mineralien wie der blaue Azurit oder der grüne Malachit, die aus der Gegend von Lávrio in der Nähe von Athen stammen, sowie Fossilien, die viele Millionen Jahre alt sind. Einzigartig ist die Sammlung rhodischer Mineralien wie dem kristallisierenden Hydromagnesit oder dem Gestein Ophit.

Museum Stamatiádi. Tgl. 9–13 Uhr (sonst im Hotel fragen), Eintritt 4 €, Kinder 2 €, Leofóros Iraklídon 33 (im Erdgeschoss des Hotels Perla Marina), Tel. 22 41 09 02 01, www.geomuseum.gr

Fremdherrschaft, von der Insel Kreta vertrieben und gründeten dort sowie in vielen Gegenden Syriens und im Libanon neue Siedlungen. Bis heute ragt auch das Minarett der muslimischen Gemeinde zwischen den markanten Häuschen empor.

Surfrevier und Luxushotels

Recht fließend verläuft der Übergang entlang der Durchfahrtsstraße von Kritiká zum Rand des Monte Smith in den Urlaubsort Ixiá, der zur Gemeinde Ialyssós gehört und hauptsächlich von vielen großen und luxuriösen Hotelanlagen geprägt wird. Ixiá wurde auch schon von viel Prominenz besucht. In den Luxus-Bleiben des Orts, die durch die teilweise palmengesäumte Durchfahrtsstraße von den unterschiedlichen Strandabschnitten getrennt sind, waren schon Politiker wie François Mitterrand oder Schauspieler wie Roger Moore zu Gast.

Ixiá ist jedoch auch beliebtes Ziel von Surfern und Kiteboardern. Der Wind ist dort nämlich selbst für Profis stark genug, sodass oft Surf-Wettkämpfe stattfinden. Während der Wind morgens für Anfänger ideal ist, weht er am Nachmittag stärker, sodass dann die Profis auf ihre Kosten kommen. An den eher steil abfallenden und teilweise recht langen und breiten Sand-Kies-Stränden, die touristisch natürlich äußerst gut erschlossen sind, werden außerdem Tretboote vermietet oder Tauchkurse angeboten. Wer lieber Felsen mag, kann an einigen Abschnitten der Küste auch felsige Badeplätze finden.

Bekannt: Urlaubsort Ialyssós

Der größte Urlaubsort der Gegend Ialyssós zählt über 11 000 Einwohner und ist die zweitgrößte

Ialyssós und Kremastí

Stadt von Rhodos. Der beliebte Ort wird oft auch bei seinem älteren Namen Triánda genannt, den er bis vor rund 20 Jahren hatte.

Vor vielen Jahrhunderten war Ialyssós eine der drei antiken Städte von Rhodos. Einige Überbleibsel aus der Antike hat man auf dem grünen Hügel Filérimos (s. S. 182) im Hinterland finden können. Auf seiner Spitze stand einst die Akropolis der Stadt. Heute ist Ialyssós einer der wichtigsten Urlaubsorte der Insel. So gesellen sich im Sommer zu den zahlreichen Einheimischen täglich Tausende Touristen. Anders als in Ixiá sind sowohl die kleinen als auch die großen Hotels des weitläufigen Küstenorts schöner in die Landschaft integriert. Auch sieht man rund um die Durchfahrtsstraße noch einige schöne, teils gut erhaltene, teils verfallene Villen mit hübschen Gärten, die zu Beginn des 20. Jahrhunderts errichtet wurden und wohlhabenden Rhodiern als Wochenenddomizil dienten. Die Straße, die von der zentralen Kreuzung gen Norden abzweigt, führt zum schönen, beliebten und kilometerlangen Sand-Kies-Strand, der von zahlreichen Hotels, Tavernen und Cafés umgeben ist. Dort gibt es auch ein großes Wassersportangebot.

Ursprüngliches Kremastí

Die Durchfahrtsstraße verläuft weiter gen Westen durch das lebhafte Kremastí, das schon auf den ersten Blick ursprünglicher erscheint als Ixiá und Ialyssós. Die große Ortschaft ist noch nicht vollständig dem Tourismus verfallen, vermutlich auch aufgrund der Nähe zum Flughafen und dem dadurch entstehenden Lärmpegel. Die Einheimischen beschäftigen sich noch ein wenig mit der Landwirtschaft, bauen auf ihren Feldern Gemüse an und pflegen ihre Obstbäume. Außerdem findet in Kremastí am Sonntag vor Rosenmontag der einzige Karnevalsumzug der Insel statt.

Oben: Zahlreiche Restaurants und Tavernen laden gleich am Strand zum Essen ein.
Unten: Blick vom Monte Smith auf den Küstenabschnitt rund um Ialyssós

Gut erkennbar ist die erhaltene Ursprünglichkeit auch an den gemütlichen Cafés und Tavernen, die vorwiegend von Einheimischen besucht werden. Der weitläufige, grobe Sandstrand, der abschnittsweise auch viel Kies aufweist, ist touristisch nur an einigen Stellen erschlossen. Der mehrere Kilometer lange und recht breite Strand, an dem einige Tamarisken Schatten spenden, wird weniger besucht als die Strände der Nachbarorte. Dennoch kommen in Kremastí auch Wassersportfans auf ihre Kosten.

Wer sich in der traditionellen Ortschaft etwas anschauen möchte, kann Halt an der großen Dorfkirche Panagía Kremastí am östlichen Ortsrand machen. Die markante Kirche der »hängenden Muttergottes« stammt aus dem Jahr 1960 und begeistert mit dem schönen, großen Vorhof. Er beeindruckt mit den riesigen Zypressen und den hübschen Kieselsteinmosaiken. Der Kirchenraum ist vollständig mit Fresken im byzantinischen Stil ausgemalt. Imposant ist auch die vergoldete Ikonostase. Eine alte Marienikone, die als wundertätig gilt, ist reich mit Opfergaben von Gläubigen behängt, die auf die Hilfe der Gottesmutter hoffen.

Oben: Bei einem Spaziergang in Kremastí kann man einige klassizistische Bauten entdecken.
Unten: Spaziergang abseits der Massen: der Pfad zwischen Kritiká und Rhodos-Stadt

Infos und Adressen

ESSEN UND TRINKEN

Aspri Avli. Die moderne Gartentaverne wird aufgrund des guten Preis-Leistungs-Verhältnisses und der köstlichen griechischen Küche sowie der Fisch- und Meeresfrüchtegerichte gern von Einheimischen besucht. Odós Fereníkis, Ialyssós, tgl. ab 17 Uhr, Tel. 22 41 07 14 00.

Aegean Fish. Bei diesem Fischhändler kann man sich den frischen Fisch mit einfachen Beilagen auch gleich vor Ort grillen lassen. Preise teils nach Gewicht, teils nach Portionen. Leofóros Iraklídon/Leofóros Posidónos, tagsüber geöffnet, Tel. 22 41 09 48 89.

ÜBERNACHTEN

Trianta Hotel Apartments. Das familiär geführte Hotel mit 21 zweckmäßig ausgestatteten Apartments und kleinem Pool liegt etwa 15 Gehminuten vom Strand entfernt. Parodós Triánton, Ialyssós, Tel. 22 41 09 45 25, www.triantahotel.gr

AUSGEHEN

Cavo Tango. Das Café-Restaurant im Kykladen-Stil ist seit vielen Jahren eine beliebte Adresse für einen Drink am Abend oder auch für einen Kaffee am Nachmittag. Odós Fereníkis 3, Ialyssós, Tel. 22 41 09 09 93, www.cavotango.com

Maestro. Die restaurierte Windmühle am Strand lohnt wegen der außergewöhnlichen Einrichtung als volkskundliches Museum einen Besuch. Odós Protogení, Ialyssós, Tel. 22 41 09 23 19.

AKTIVITÄTEN

Kite Pro Center. In kleinen Gruppen werden im Kitesurf-Center sowohl Anfänger als auch Fortgeschrittene unterrichtet. Erfahrene Kiter können auch nur das Equipment leihen. Mittlerer Strandabschnitt, Kremastí, Tel. 22 41 02 49 95, www.kiteprocenter.gr

Windsurfers' World. Mit über 25 Jahren Erfahrung bietet das Windsurf-Center Kurse für alle Levels. Es werden sowohl Equipment als auch Jetskis vermietet. Am Strand (schräg gegenüber dem Olympic Palace Hotel), Ixiá, Tel. 22 41 02 49 95, www.windsurfersworld.gr

Im »Aegean Fish« in Ialyssós kann man Fisch frisch aus dem Meer kaufen.

35 Filérimos
Der antike Akropolis-Hügel

Im Hinterland des Küstenorts Ialyssós erhebt sich der markante Hügel Filérimos, auf dessen Bergrücken einst die Akropolis des antiken Ialyssós, eines der drei antiken rhodischen Stadtstaaten, thronte. Aus dieser Zeit ist leider nicht mehr viel übrig. Besucher können jedoch die herrliche Aussicht und Ruhe genießen, ein riesiges Betonkreuz begehen und Überreste aus byzantinischer Zeit und aus dem Mittelalter besichtigen.

Viele Serpentinen führen von Ialyssós durch einen Pinien- und Zypressenwald auf den 267 Meter hohen Berg Filérimos, der seinen Namen wohl einem Eremiten verdankt, der sich in byzantinischer Zeit dort niedergelassen haben soll. Denn der Name des Hügels bedeutet übersetzt »Freund der Einsamkeit«.

Schon auf der Fahrt eröffnen sich immer wieder schöne Ausblicke auf die Westküste. Aufgrund der herrlichen Landschaft und kühlen Brise, die auch im Sommer auf dem Filérimos weht, ist der Hügel auch bei den Rhodiern ein äußerst beliebtes Ausflugsziel. Die parkähnliche Anlage ist ein idealer Ort, um fern vom Trubel der Stadt und den quirligen Orten an der Küste ein wenig Ruhe zu genießen. Inmitten von hohen Kiefern und Zypressen sieht man Pfauen herumstolzieren und hört Zikaden zirpen. Während Naturfreunde die Landschaft und die Ausblicke auf die Küste und die sich im Süden erhebende rhodische Bergwelt genießen, können an Archäologie Interessierte auf dem Plateau uralte Bauwerke aus mehreren Jahrtausenden bestaunen.

Oben: Vom Filérimos-Hügel hat man einen fantastischen Blick auf die Küste und Rhodos-Stadt. **Unten:** Frei herumlaufende Pfauen faszinieren in Filérimos vor allem kleine Besucher.

Beliebt für Fotos: die Aussichtspunkte
von Filérimos

Eine kleine Zeitreise

Wie auch einige andere Sehenswürdigkeiten
auf Rhodos kann Filérimos sehr gut als Zeuge
für die Geschichte der Insel stehen. Funde in der
Umgebung beweisen, dass die Gegend schon
in mykenischer Zeit besiedelt war. Mit der Einwanderung der Dorer nach 1200 v. Chr. wurde
der Name Ialyssós das erste Mal erwähnt. In den
folgenden Jahrhunderten der Antike, als Ialyssós
besonders wegen sportlicher Erfolge bekannt
war, hat es mehrere Siedlung in der Umgebung
gegeben, deren gemeinsame Akropolis auf dem
Filérimos-Berg, der zu dieser Zeit Achaia hieß,
thronte. Mit der Gründung von Rhodos-Stadt
408 v. Chr. zogen viele Einwohner vermutlich
dorthin. Eine wichtige Rolle spielte der Filérimos-Berg aber auch bei allen Eroberungen von
Rhodos viele Jahrhunderte später. Eine kleine von
den Byzantinern errichtete Festung wurde sowohl
von den Genuesen als auch etwa 50 Jahre danach
von den Johanniterrittern eingenommen – kurz
bevor sie im Jahr 1309 Rhodos-Stadt eroberten.
Interessant war der Berg aber auch für die Osmanen, die sich im Jahr 1522 während der Belagerung von Rhodos-Stadt dort niederließen.

Geheimtipp

**EINSAM MIT
TOLLEM AUSBLICK**
Gleich hinter der
Klosteranlage führt eine
markante Kiefernallee zur
byzantinischen Festung, die nur
von wenigen Besuchern aufgesucht wird. Schon der Spaziergang
zu der am östlichen Ende des
Plateaus gelegenen Ruine, die wie
das Kloster von den Italienern restauriert wurde, ist ein landschaftlich reizvolles Erlebnis. Der Weg
führt durch die hübsch angelegte,
kurze Kiefernallee zur Festung,
von deren Ostmauer sich ein
fantastisches Panorama über die
Westküste bis hin zur Nordspitze
der Insel sowie hinüber zur türkischen Küste eröffnet. Ein weiterer
recht einsamer Aussichtspunkt mit
ähnlichem Ausblick führt von der
Höhlenkirche nördlich durch eine
kleine Allee zum Rand des einst
von Mauern umgebenen Plateaus.
Schön lässt sich auch von dort
das Treiben an der Westküste
mit den Surfern und den vorbeifahrenden Booten und Fähren
beobachten.

Informativ: die Ausstellung des Imkereimuseums

Gleich zu Beginn

Noch bevor man den eintrittspflichtigen Teil der Ausgrabungsstätte erreicht, kann man am Parkplatz die umzäunten Überreste einer byzantinischen Kirche sehen. Der Weg gen Süden zu den recht gut erhaltenen Überresten eines Brunnenhauses aus dem 4. Jahrhundert v. Chr. ist jedoch seit Jahren versperrt. Wann man den jahrtausendealten Brunnen wieder besichtigen kann, ist bislang nicht bekannt. Gen Osten führt der Weg schließlich zum kleinen Kassenhäuschen, hinter dem eine von Zypressen gesäumte Treppe mit breiten Stufen auf das längliche Plateau hinaufführt.

Imposante Bauwerke

Gleich oberhalb der Stufen imponiert die Sicht auf das mittelalterliche Kloster und seine Kirche. Noch bevor man die von den Italienern zu Beginn des 20. Jahrhunderts rekonstruierte Klosteranlage erreicht, sieht man die unmittelbar davor liegenden Mauern und Säulenreste eines antiken Zeus-und-Athene-Tempels, der wahrscheinlich im 3./2. Jahrhundert v. Chr. erbaut wurde. Einige Bauelemente des Tempels wurden im 5. oder 6. Jahrhundert für den Bau einer frühchristlichen Basilika genutzt,

Rundgang: im Wandel der Zeit

Die archäologisch interessanten Überreste lassen Besucher einen Streifzug durch die rhodische Geschichte unternehmen. Sowohl die eintrittspflichtige archäologische Stätte als auch die frei zugänglichen Bauten sind einen Blick wert. Das großartige Panorama lässt nachvollziehen, warum alle Eroberer ihre Lager zunächst auf diesem Berg aufschlugen.

Ⓐ Byzantinische Kirche – Von dem größtenteils zerstörten Gotteshaus sind noch die kreuzförmigen Grundmauern erkennbar.

Ⓑ Ruinen des Zeus-und-Athene-Tempels – An der Stelle des in frühchristlicher Zeit zerstörten Tempels im dorischen Stil soll es schon im 9. Jahrhundert v. Chr. einen anderen Tempel gegeben haben.

Ⓒ Frühchristliches Taufbecken – Über zwei Stufen betraten die Gläubigen das Taufbecken, das Teil einer dreischiffigen Basilika war.

Ⓓ Kloster der Kreuzritter – Die ab Ende des 15. Jahrhunderts erbauten Kapellen verfielen während der osmanischen Herrschaft und wurden erst im 20. Jahrhundert wieder aufgebaut.

Ⓔ Byzantinische Festung – Die von Eroberern weiter ausgebaute Festung, in deren Mauerwerk marmorne Bauelemente der antiken Bauten eingefasst sind, diente als idealer Aussichtspunkt bei den Eroberungsplänen von Rhodos-Stadt.

Ⓕ Höhlenkirche Ái Giórgis Chostós – Die verwitterten Wandmalereien bilden nicht nur den Heiligen Georg, sondern auch Szenen aus dem Leben Christi und Marias ab.

Ⓖ Dorischer Brunnen – Zwei Kanäle leiteten Wasser in das Brunnenhaus mit den marmornen Löwenköpfen, dessen Eingangsbereich aus einem dorischen Säulengang bestand.

Ⓗ Kreuzweg – Die Zypressenallee führt an den Kreuzwegstationen mit den Kupferstichen entlang, die die Leiden Christi abbilden.

Ⓘ Aussichtsplattform – Ein erstes Kreuz wurde bereits 1934 im Auftrag des damaligen italienischen Verwalters an dieser Stelle errichtet.

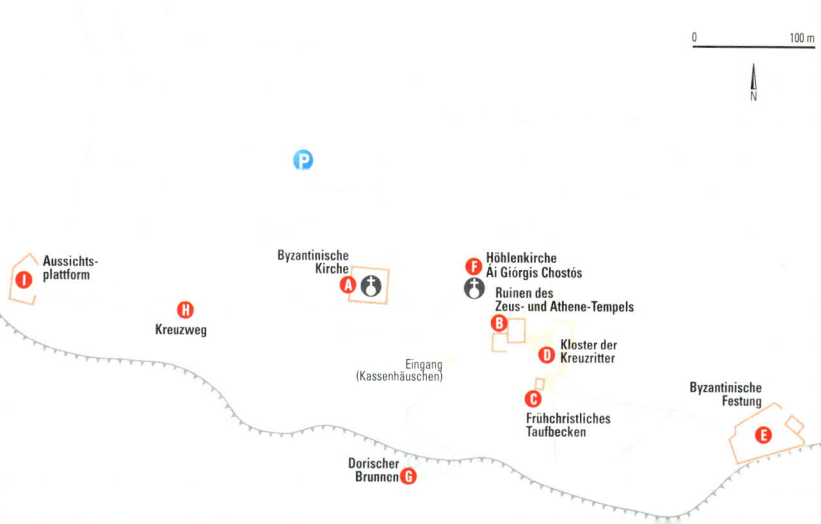

von der heute nur noch einige spärliche Reste der Grundmauern und das in den Boden eingelassene, kreuzförmige Taufbecken sichtbar sind.

Äußerst auffällig ist an der Fassade der romantischen Kirche im gotischen Stil das große Johanniter-Kreuz. Ursprünglich bauten die Kreuzritter an der Stelle des restaurierten Baus vom 15. bis zum Beginn des 16. Jahrhunderts mehrere Kapellen. Die Klosteranlage, die aus dem 10. Jahrhundert stammt, begeistert mit den Arkaden und Kreuzgängen, die mit Heiligenmosaiken geschmückt sind. Besonders schön sind außerdem die hohen Zypressen und die farbenprächtigen Bougainvilleen. Hinter der hübschen Klosteranlage führt eine Kiefernallee zur byzantinischen Festung (s. Autorentipp S. 183) und der Rückweg am Kloster vorbei zu der auf den ersten Blick leicht übersehbaren, mindestens 500 Jahre alten Höhlenkapelle Ái Giórgis Chostós. Die Fresken aus dem 15. Jahrhundert zeigen nicht nur Szenen aus dem Leben Christi, sondern bilden auch Ritter ab.

Spaziergang zur Aussichtsplattform

Der auf der gegenüberliegenden Seite des Bergrückens von den Italienern angelegte römisch-katholische Kreuzweg ist nicht nur für Besucher der Ausgrabungsstätte interessant, sondern für alle, die wegen der Landschaft und tollen Aussicht auf den Filérimos hinaufsteigen. Der gerade Weg führt an 14 Kreuzwegstationen zum westlichen Aussichtspunkt des Bergs, auf dem ein etwa 18 Meter hohes Betonkreuz thront. Alle, die nicht unter Platzangst leiden, können es auch von innen besteigen. Von der Plattform und vom Kreuz hat man eine fantastische Aussicht auf die Landschaft im Landesinneren sowie auf die Küste bis hinüber zu den bergigen türkischen Küstenabschnitten.

Oben: Überreste des Zeus- und Athene-Tempels
Unten: Die Kirche aus dem 15./16. Jahrhundert wurde aufwendig restauriert.

Infos und Adressen

SEHENSWÜRDIGKEITEN
Filérimos. Mai–Okt. Di–Fr 8–19.30 Uhr,
Sa–Mo 8–15 Uhr, Nov.–April Di–So 8–15 Uhr,
Mo geschlossen, Eintritt 6 €, Filérimos-Berg

ESSEN UND TRINKEN
Kiosk. Der Kiosk vor der archäologischen
Stätte bietet Erfrischungsgetränke und Eis an
den Tischen im Schatten einer großen Eiche
an. Verkauft werden außerdem auch zahlreiche
Souvenirs und der Likör Sette Erbe, eine lokale
Spezialität aus sieben Kräutern. Zwischen
Eingang und Parkplatz, Filérimos-Berg

Filerimos. Das typisch griechische *mezedopolío* an der Straße zwischen Ialyssós und
Filérimos ist besonders bei Einheimischen
sehr beliebt. Seit 1993 werden in dem familiär
geführten Lokal köstliche griechische Spezialitäten wie *moussaká* oder *stifádo* sowie Fisch
als auch Fleisch und die leckeren Kleinigkeiten
mezédes serviert. Di–So ab 13.30 Uhr,

Mo ab 18 Uhr, Odós Filerímou 1, Ialyssós,
Tel. 22 41 09 29 94.

ÜBERNACHTEN
Santa Helena. Das kleine Hotel mit 22 Zim-
mern und Apartments, hübschem Garten,
Außenpool und kleinem Spielplatz liegt abseits
des Massentourismus von Ialyssós an der
Straße Richtung Filérimos. Ein Mietwagen ist
unbedingt empfehlenswert. Odós Filerímou 52,
Ialyssós, Tel. 22 41 09 23 51.

Vivian. Die 13 Studios mit kleiner Küchenzeile
und Balkon für bis zu vier Personen sind einfach, aber mit liebenswerten Details eingerichtet und liegen in einer ruhigen Nachbarschaft,
etwa 15 Gehminuten vom Ialyssós-Strand
entfernt. Bei der freundlichen Besitzerin Vivan
fühlt man sich schnell wie zu Hause. Gutes
Preis-Leistungs-Verhältnis. Odós Akropóleos
10, Ialyssós, Tel. 22 41 09 35 15,
www.vivianstudios.gr

Hübsch angelegte Baumalleen spenden in Filérimos Schatten.

36 Paradíssi und Theológos
Typisch griechisches Dorfleben

Obwohl Paradíssi und Theológos wegen des nahe liegenden Flughafens und des Elektrizitätswerks im Süden nur bedingt als Urlaubsorte geeignet sind, lohnen die Dörfer mit dem typisch griechischen Charme für diejenigen einen Halt, die in das urtümliche Leben der Rhodier hineinschnuppern möchten. Archäologie-Fans können in Theológos zudem antike Überreste besichtigen.

In der Antike hatte die Insel Rhodos auch wegen ihrer hervorragenden Sportler einen großen Bekanntheitsgrad. Die Familie des Faustkämpfers Diagóras von Rhodos, der im Jahr 464 v. Chr. Olympiasieger wurde, war die bekannteste Sportlerdynastie ihrer Zeit. Kein Wunder, dass man den Flughafen der Insel, den Ankunftsort der meisten Rhodos-Urlauber, nach ihm benannt hat.

Anders als der Flughafen wird das anliegende, auf den ersten Blick eher unattraktiv wirkende Dorf Paradíssi nur von den wenigsten Urlaubern besucht. Dennoch lohnt der große Ort entlang der Landebahn besonders für Flugzeug-Fans einen Besuch. In den Cafés und Tavernen können gut die Abflüge und Landungen beobachten.

Von den Lokalen rund um die Platía kann man außerdem das oft recht chaotische Fahrverhalten der Einheimischen beobachten, ihnen beim Zeitvertreib zuschauen und sich von der entspannten Atmosphäre mitreißen lassen. Bei einem Spaziergang lassen sich einige schöne alte Wohnhäuser oder an der Hauptstraße das markante alte Gym-

Beliebter Surfer- und Kiter-Treff ist der lange Strand des kleinen Örtchens Theológos.

Die antiken Ausgrabungsstätten bei Theológos

nasium entdecken. In einigen Gärten
der Häuser wachsen bis heute exotische
Pflanzen und Blumen, die einst von den
Arabern eingeführt wurden. Diesen einst
zahlreichen prächtigen Gärten verdankt Paradíssi
auch seinen Namen.

Das kleinere Theológos

Im Gegenteil zu Paradíssi geht es im kleinen Theológos, das auch Tholós genannt wird, ruhiger zu.
Die Tavernen, die an der Hauptstraße des kleinen
Orts liegen, sind nur selten voll. Die Umgebung
wird noch von vielen Olivenhainen geprägt, sodass
sich die Einheimischen im Winter mit der Olivenernte beschäftigen. Im Sommer arbeiten viele
Dorfbewohner in den Hotels, die zwischen der
Inselrundstraße und dem Strand liegen.

Der kilometerlange Kiesstrand von Theológos, an
dem teilweise Tamarisken Schatten spenden, wird
hauptsächlich von Surfern genutzt. Aufgrund
des Inselkraftwerks, das sich südlich des Ortes am
Strand erhebt, wird die Wasserqualität je nach
Windrichtung jedoch oft beanstandet. Dennoch
wird der Strand in der Hauptsaison besonders von
Einheimischen gut besucht.

Einfach gut!

ESSEN WIE BEI MUTTERN

Die Einheimischen
schwören auf das leckere
Essen in der Taverne Drosiá,
die sie gerne mit ihren Familien
oder mit Freunden, ihrer *paréa*,
vor allem sonntags mittags aufsuchen. Der hübsch gestaltete Außenbereich an der gepflasterten Gasse
ist ideal für größere Gruppen. Kein
Wunder, dass zur ab und zu stattfindenden Livemusik auch schon
mal das Tanzbein geschwungen
wird. Wichtigster Grund für den
Besuch sind jedoch die köstlichen
Gerichte, die von den beiden
Frauen Pópi und Mariléna in der
Küche gezaubert werden. Ob typisch griechische Hausmannskost
wie die mit Reis gefüllten Weinblätter *ntolmadákia*, die Zucchinipuffer
kolokithokeftédes und das Zicklein
im Holzkohleofen oder die hervorragenden Grillgerichte – die Portionen sind riesig und ein Genuss.

Drosia. Oberhalb der Platía,
Theológos, tgl. ab 18 Uhr,
Tel. 22 41 04 16 84.

Seit der Antike besiedelt

Die Gegend rund um Theológos wurde bereits in der Antike besiedelt. An der Zufahrtsstraße, die von der Inselrundstraße ins landeinwärts liegende, stille Dorf führt, können Interessierte noch einige antike Überreste bestaunen. Die bis vor einigen Jahren noch überwucherten, spärlichen Ruinen eines kleinen Apollon-Tempels, eines Theaters und anderer kleiner antiker Bauwerke sowie die Reste einer frühchristlichen Basilika wurden in den letzten Jahren wieder freigelegt, sodass sie auch für Laien wieder gut erkennbar sind. Verwitterte Schilder geben kurze Informationen.

Während der deutsche Reisende und Archäologe Ludwig Ross bereits im Jahr 1843 die frühchristliche Basilika mit einem Taufbecken und einem Mosaik-Boden ausgrub, wurden die Überreste aus der Antike erst 1931 von italienischen Archäologen entdeckt. Die frühchristliche Basilika, eine der ersten christlichen Kirchen auf Rhodos, soll laut Legende vom Evangelisten Johannes gebaut worden sein. Dieser wollte auf der Insel das Christentum verbreiten. Der Apollon-Tempel im dorischen Stil, der etwa 400 v.Chr. erbaut wurde, war dem Apollon Erethimos, dem Schutzgott der Landwirte, geweiht.

Oben: Das Inselkraftwerk liegt leider direkt an der Küste.
Mitte: Beliebt: Taverne Drosia in Theólogos
Unten: Im gemütlichen *mezedopolío* To Kapilió in Parádissi verbringen Einheimische gern ihre Zeit.

Infos und Adressen

ESSEN UND TRINKEN

Airport View. Perfekt für Flugzeug-Fans ist das sonst recht unspektakuläre Café nahe der Landebahn. Von der Terrasse lassen sich mit oder ohne Fernglas genauestens die landenden und abhebenden Flugzeuge beobachten. Südwestliches Ende der Landebahn, am Ende der Parallelstraße zur Durchfahrtsstraße, Paradíssi, Tel. 22 41 08 18 80.

To Kapilió. Das gemütliche *mezedópolio* ist modern in hellen Farben eingerichtet und wird besonders gern von jungen Einheimischen besucht. Es gibt eine Vielzahl der leckeren Kleinigkeiten *mezédes* sowie ab und zu Livemusik. Tgl. ab 19.30 Uhr, Odós Kleánthous (unterhalb der Platía), Tel. 22 41 08 30 53.

To kafenedáki. Die gemütliche Taverne in direkter Strandlage mit ihrem freundlichen Service und leckeren Gerichten aus dem Meer ist nicht zuletzt dank der etwas versteckten Lage auch bei Einheimischen sehr beliebt. Am Strand direkt hinter der Landebahn, Paradíssi, Tel. 22 41 08 11 98.

ÜBERNACHTEN

Filoxenia. Die hübsche, familiär geführte Anlage im Grünen mit 35 Apartments und Studios, zwei Pools und gutem Preis-Leistungs-Verhältnis hält, was der Name Filoxenía (griech. für Gastfreundschaft) verspricht. Die Betreiber des Hotels stehen den Gästen mit Rat und Tat zur Verfügung. Inselrundstraße zwischen Paradíssi und Theológos, Tel. 22 41 08 24 00, www.filoxenia-hotel-tholos.gr

Naturist Angel. Das einzige FKK-Hotel der Insel wurde im Jahr 2013 von den beiden Schwestern Kikí Chatzistamatíou und Kéti Biliá mit Unterstützung des griechischen FKK-Verbands eröffnet. In dem Hotel mit 32 Zimmern, schönem Garten, zwei Bars, Außenpool und Restaurant

Liebevoll dekoriert: Taverne in Parádissi

verbringt man den Tag ohne Kleidung. Inselrundstraße zwischen Paradíssi und Theológos, Tel. 22 41 08 18 55, www.naturistangel.gr

AKTIVITÄTEN

Surf and Kite Theologos. Die nah beieinander liegenden Stationen mit viel Platz bieten Surfern und Kitern jeden Levels ideale Voraussetzungen für den Wellenritt. Buchbar sind auch Kite-Ferien. Am Strand, Theológos, Tel. 22 41 08 22 03, www.surfandkitetheologos.com

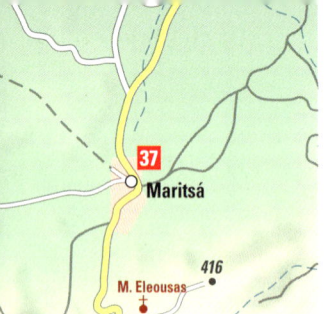

37 Maritsá und Psínthos
Dörfer in schöner Natur

Die charakteristischen Dörfer Maritsá und Psínthos sind ideal für Rhodos-Urlauber, die im Norden der Insel ihren Urlaub verbringen und nicht weit entfernt ein bisschen griechische Dorfluft schnuppern möchten. Die durch eine idyllisch verlaufende Bergstraße verbundenen Dörfer liegen in einem landschaftlich reizvollen Gebiet und versprechen gutes Essen in Tavernen, die besonders bei Rhodiern beliebt sind.

Sowohl von der Verbindungsstraße, die zwischen der Westküste beim Flughafen und Faliráki an der Ostküste verläuft, als auch vom Dorf Afándou (s. S. 84) können alle, die dem touristischen Trubel auf die Schnelle entfliehen möchten, einen Ausflug in die beiden typisch rhodischen Ortschaften machen. Naturfreunde und diejenigen, die auf der Suche nach ursprünglichen Dörfern sind, führt die kurze Tour von Norden her zunächst ins lebhafte Dörfchen Maritsá, das inselweit vor allem für seine vielen traditionellen Tavernen bekannt ist. Die romantisch ein wenig durch das hügelige Inselinnere verlaufende Straße führt etwa neun Kilometer weiter südlich ins Bergdorf Psínthos, in dem es vor allem am Abend gemächlicher zugeht.

Gute Tavernen, schöne Umgebung

In Maritsá herrscht noch das ursprüngliche griechische Dorfleben. Anders als in den meisten anderen Dörfern von Rhodos leben in dem großen Ort mit 1800 Einwohnern auch noch viele junge Leute. Somit ist es kaum verwunderlich, dass im Ort nicht nur die Tavernen einen guten

Bei einem Bummel lassen sich überall hübsch restaurierte Häuser entdecken.

Ruf genießen, sondern auch das Nachtleben. Die zahlreichen Tavernen, die rund um die Platía traditionelle Gerichte anbieten, sorgen im Ort für einen appetitlichen Grillgeruch. Außer den guten Fleischgerichten werden auch die leckeren Kleinigkeiten *mezédes* und griechische Hausmannskost serviert.

Kirchenfans können rund um Maritsá einige kleine Kirchlein aus dem 15. Jahrhundert wie die Kapelle Ágios Geórgios oder die dem Heiligen Nikólaos geweihte Kirche mit erhaltenen Fresken aus dem 15. Jahrhundert besichtigen. Gut ausgeschildert ist zudem das nahe der Straße Richtung Psínthos oberhalb von Maritsá gelegene, nicht mehr bewohnte Kloster Metamórfosis Sotiros. Es verbirgt im Inneren eine wertvolle, mit alten Ikonen geschmückte Altarwand und verwitterte Fresken und ist einen Abstecher wert. Die Bänke bei der Quelle unterhalb der Kirchenterrasse laden zum Picknicken ein. Laut wird es beim Kloster nur zum Kirchweihfest am 5. und 6. August.

Beschauliches Bergdorf

Anders als Maritsá wird das kleinere Psínthos vorwiegend tagsüber, besonders von Ausflugsbussen, besucht. Rund um die große Platía des in einem grünen Tal liegenden Weilers warten zahlreiche Tavernen auf Besucher. Am Abend sitzen in den Tavernen meist nur Einheimische. Für die Rhodier ist Psínthos ein historisch sehr wichtiger Ort. Im Jahr 1912 besiegten dort die Italiener die Osmanen nach fast 400 Jahren Fremdherrschaft. Urlauber können am Ortsrand einen Spaziergang rund um den Bach Fassoúli mit den vom Aussterben bedrohten Gizani-Fischen unternehmen. Ein steinerner Pfad führt durch das Tal, in dem sich im Sommer auch zahlreiche Schmetterlinge beobachten lassen.

Infos und Adressen

Artemida House. In der ländlichen Taverne gibt es hervorragende griechische Landküche. Spezialität des Hauses ist das gefüllte Zicklein. Außerdem empfehlenswert sind z. B. die gefüllten Zucchiniblüten und der Auberginensalat. Zum Nachtisch werden köstliche Minipfannkuchen serviert. 800 m außerhalb des Ortes, an der Straße Richtung Archípoli, Psínthos, Tel. 22 41 05 00 03.

Masasoura. In einem der bekanntesten Restaurants der Insel, das in einem Haus mit charmanter Atmosphäre von 1932 untergebracht ist, werden seit 1995 griechische und mediterrane Gerichte serviert. Die traditionellen, kreativ abgewandelten Speisen entstehen aus regionalen Zutaten. Große Weinkarte. Tgl. ab 19 Uhr, Platía, Maritsá, Tel. 22 41 04 81 09.

Pigi Fassouli. In der Taverne am gleichnamigen Bach genießt man die leckeren Gerichte wie Zicklein mit Kichererbsen im Schatten einer uralten Platane. Östlicher Ortsrand, am Bach, Psínthos, Tel. 22 41 05 00 71.

Bohnengerichte stehen in der griechischen Küche auf dem Programm.

38 Schmetterlingstal Petaloúdes
Einzigartige Naturerlebnisse

Eine der bekanntesten Attraktionen der Insel ist das kleine Tal der Schmetterlinge, das seinen Namen Tausenden Schmetterlingen (griech.: petaloúdes) verdankt, die zwischen Mitte Juni und Mitte September in dem grünen, über 1,5 Kilometer langen Gebiet leben. Am oberen Ende bietet das Kloster Kalopétra eine tolle Aussicht aufs Meer. In der Nähe lohnt die größte Straußenfarm Griechenlands einen Besuch.

Über drei Eingänge können Besucher das beliebte und (wenn nicht gerade überlaufen) romantische Schmetterlingstal am Nordhang des Psínthos-Gebirges begehen. In der Ägäis stellt es ein einzigartiges Biotop der Schmetterlingsart Panaxia quadripunctaria mit den deutschen Namen Russischer Bär oder Spanische Flagge dar. Auf den ersten Blick sind die Schmetterlinge mit ihren zusammengefalteten Flügeln durch ihre dunkel-

GUT ZU WISSEN

BUNTE FLIEGENDE SCHMETTERLINGE
Die meisten Besucher hoffen im Tal auf Tausende herumfliegende Schmetterlinge, die in vielfältigen bunten Farben leuchten. Diese sind bei ihrem Besuch schließlich enttäuscht. Im Tal lebt nämlich nur eine nachtaktive Schmetterlingsart. Sie ruhen tagsüber und bewegen sich erst in der Nacht – also wenn das Tal geschlossen ist. Um die Falter zu schützen, ist das Aufschrecken durch Pfeifen oder Klatschen verboten. Rauchen ist natürlich auch strengstens untersagt.

Oben: Der Wasserreichtum im Schmetterlingstal sorgt an heißen Tagen für erfreuliche Frische.
Unten: Die heimische Schmetterlingsart zeigt sich tagsüber nur selten in ihrer vollen Pracht.

Im Schatten der Bäume die Aussicht genießen

braune Farbe und den hellen Streifen auf den Felsen, auf Baumstämmen und auf dem Blattwerk kaum erkennbar. Nur wenn zwischendurch mal einer die oberen Flügel öffnet oder durch das Tal fliegt, sieht man auch die markanten unteren, roten Flügel mit den schwarzen Punkten. Im Juli oder August sollte man sich so früh wie möglich oder am späten Nachmittag auf den Weg machen. Aufgrund der dort wachsenden Amberbäume, die ein die Schmetterlinge anziehendes Harz enthalten, verbringen Tausende Nachtfalter dort in den Sommermonaten ihre Paarungszeit. Im Herbst fliegen die Schmetterlinge wieder davon, um ihre Eier woanders abzulegen.

Spaziergang in schöner Natur

Möchte man das gesamte Schmetterlingstal (hin und zurück circa 3 Kilometer) mit seinen kleinen Wasserfällen und Teichen durchlaufen, sollte man den Rundgang am unteren Eingang beginnen – wer außerdem das schön gelegene Kloster Kalopétra (s. Autorentipp rechts) besuchen möchte, kann dies übrigens auch mit dem Auto tun. Zu Fuß beginnt der insgesamt etwa anderthalbstündige Spaziergang unterhalb der

Nicht verpassen

GRANDIOSE AUSSICHT

Oberhalb des Schmetterlingstals liegt nahe der Passhöhe auf dem Weg nach Psínthos das kleine Kloster Kalopétra. Der einstige Konvent ist zwar lange kein Geheimtipp mehr, lohnt aber einen Besuch – vor allem wegen der grandiosen Aussicht über das Schmetterlingstal auf das Meer. Bis 2015 haben sich dort drei Frauen mit hausgemachten Leckereien um das leibliche Wohl der Besucher gekümmert. Strengere Gesetze im gastronomischen Bereich lassen die Bewirtung in der Anlage mittlerweile jedoch nicht mehr zu. Die Bänke und Tische mit Aussicht laden jedoch weiterhin zum Verweilen ein, z. B. mit einem mitgebrachten Picknick. Wer eine leere Wasserflasche dabei hat, kann sich diese mit Trinkwasser am Brunnen im Klosterhof auffüllen. Es ist nicht nur erfrischend, sondern gilt unter Gläubigen auch als heilend.

Verbindungsstraße am kleinen naturgeschichtlichen Museum, das ausgestopfte Tiere, Schmetterlings- und Insektensammlungen, Fossilien und Mineralien zeigt. Von dort führt der Weg an der Taverne vorbei zum Kassenhäuschen (Ticket für die Zwischeneingänge und den Rückweg aufbewahren!). Dort beginnt der erste Teil des bergauf verlaufenden und hübsch angelegten Wegs entlang des Flüsschens Pelekános. Der anfangs noch relativ breite, steinerne Pfad wird teils von hölzernen Stegen unterbrochen und führt an zahlreichen Bäumen und Baumstümpfen vorbei, auf denen Schwärme von Schmetterlingen sitzen, bis zu einem kleinen Stausee mit Wasserfall.

Der zweite Teil beginnt oberhalb der Straße am mittleren Eingang (mit Kiosk und Souvenirläden). Auf dem 950 Meter langen Abschnitt bis zum Kloster kann es nicht nur im Hochsommer etwas eng werden. Der schmale Pfad führt an einem hübschen See mit Seerosen und weiteren Bäumen mit Schwärmen von Schmetterlingen vorbei. Vom oberen Eingang ist in nur wenigen Minuten das kleine, weiß getünchte Kloster Kalopétra aus dem 19. Jahrhundert zu erreichen. Zurück geht es wieder durch das Tal, da der Weg über die Asphaltstraße keinen Schatten bietet und anstrengender zu laufen ist.

Ausflug für die Kleinen

Wer vor- oder nachher noch mehr Tiere sehen möchte oder mit Kindern unterwegs ist, kann in der Nähe die gut ausgeschilderte Straußenfarm besuchen. Das Gelände, in dem auch Kamele, Kängurus, Lamas, Hirsche, Waschbären, Affen und viele Tiere mehr leben, wird in den letzten Jahren jedoch oft wegen der engen Gehege kritisiert. Bei Kindern ist der Park dennoch sehr beliebt, da sie die Tiere mit dem gekauften Futter füttern dürfen.

Oben: Die im 19. Jahrhundert nach einem Erdbeben wieder aufgebaute Kapelle des Klosters Kalopétra lohnt einen Blick. **Unten:** Dort sind auch noch Ikonen aus dem 19. Jahrhundert zu sehen.

Infos und Adressen

SEHENSWÜRDIGKEITEN

Petaloúdes – Schmetterlingstal. Mitte Juni–Mitte Sept. 8.30–18 Uhr, April–Mitte Juni, Mitte Sept.–Okt. tgl. 8.30–17 Uhr (der untere Teil schließt eine Stunde früher), Petaloúdes (ausgeschildert), Eintritt 5 € (Tal und Museum), Tel. 22 41 08 28 22. Tipp: Wer das Auto am mittleren Parkplatz abstellt, kann mit einer Bimmelbahn auf Gummirädern zum oberen Ende des Tals fahren, das Kloster Kalopétra besichtigen und dann von oben nach unten durch das Tal laufen. Der obere Teil des Schmetterlingstals ist ohnehin der schönere von beiden. Ende Mai–Okt. 9–17 Uhr alle 30 Min., Fahrt 4,50 €, Kinder bis 12 Jahre kostenlos, www.butterflytrain.gr

Fárma Ródou (Straußenfarm). Tgl. 9–18.30 Uhr, 1,2 km abseits der Hauptstraße zwischen der Westküste und Petaloúdes (ausgeschildert), Eintritt 5,50 €, Kinder bis 12 Jahre 3 €, Tel. 69 45 32 71 42 (mobil).

ESSEN UND TRINKEN

Alexandros Panorama. Die eher unscheinbare Kantine, die oberhalb des Schmetterlingstals an der Straße nach Psínthos liegt, lohnt wegen des herrlichen Panoramas einen kurzen Halt für ein Erfrischungsgetränk, einen Kaffee oder einen Snack. Straße zwischen Kloster Kalopétra und Psínthos

Petaloúdes (Butterfly). Die gemütliche Ausflugstaverne von Theófilos Katalifós wird schon seit 1948 von der Familie geführt. Auf der Speisekarte findet man nicht nur Grill- und Nudelgerichte, sondern auch Kleinigkeiten wie Omeletts oder Toasts. Unterer Eingang des Schmetterlingstals, Tel. 22 41 08 12 90.

EINKAUFEN

Weingut Triantafíllou. Die kleine, 1995 eröffnete Weinkellerei von Winzerin Anastasía Triantafíllou, Tochter einer bekannten rhodischen Winzerfamilie, lohnt eine Einkaufspause. Man kann dort ihre Weine verkosten und kaufen sowie den lokalen Tresterschnaps *soúma*, Olivenöl, Honig und andere regionale Produkte erstehen. Tagsüber geöffnet, Hauptstraße zwischen Westküste und Petaloúdes, Tel. 22 41 08 20 41.

Im Weingut Triantafíllou hat man die Qual der Wahl.

39 Fánes und Sálakos
Abseits des Inseltrubels

Allen, die nach Orten abseits des Mainstreams suchen, seien die Ortschaften
Fánes und Sálakos empfohlen. Fánes wirkt
auf den ersten Blick eher unspektakulär.
Dringt man aber in den Ortskern vor, trifft
man auf eine knallbunte Nachbarschaft,
die es wert ist, entdeckt zu werden. Etwa
zwölf Kilometer weiter südlich lädt am
Nordhang des Profítis Ilías das beschauliche Dörflein Sálakos mit einer gemütlichen Platía zum Verweilen ein.

Das beschauliche Fánes teilt sich – wie viele Dörfer
an der Westküste – in einen Ortskern oberhalb
der Küstenstraße und den Ortsstrand. Bis noch vor
einigen Jahren kamen Touristen nur wegen des
Strands in das kleine traditionelle Dorf, dessen Bewohner hauptsächlich mit der Landwirtschaft und
erst seit wenigen Jahren auch mit dem Tourismus
ihr Geld verdienen. Sálakos hingegen ist inselweit
wegen des Mineralwassers bekannt, das in einer
kleinen Getränkefabrik unterhalb des Dorfs abgefüllt wird. Auch dieses gemütliche Dörfchen wird
nur selten von Touristen aufgesucht.

Ein farbenfrohes Nest

Bis vor einigen Jahren war das kleine Fánes noch
ein unscheinbares Knapp-900-Seelen-Örtchen,
an dem Touristen meistens vorbeifuhren. Denn es
gab keinen Grund für einen Halt. In nur wenigen
Tagen schafften es die Dorfbewohner jedoch im
Frühjahr 2011, Fánes in einen außergewöhnlichen
Hingucker zu verwandeln. Auf Initiative des lange
im Ausland lebenden Designers und Architekten
Loúkas Nikolítsis, der aus Fánes stammt, hat man

An der kleinen Platía in Fánes
sitzt man gemütlich inmitten
vieler Farben.

Beeindruckende Quelle in der Wallfahrtskapelle

das Dörfchen aufgepeppt. Mithilfe der jungen Dorfbewohner wurde Fánes in das »Dorf der Farben« verwandelt. Sie bemalten 72 Häuser, zahlreiche Stromkästen und Mülleimer im Ortskern mit knallbunten Farben, Motiven und Mustern und gaben dem Örtchen dadurch seinen ganz eigenen Charme. Für die Erkundung des farbenfrohen Dorfs mit den alten Häusern parkt man am besten nahe dem Buswendeplatz. Einen Blick lohnt auch die tagsüber meist geöffnete Dorfkirche.

Nahe gelegener Strand

Über eine etwa eineinhalb Kilometer lange Stichstraße kann man den breiten Strand von Fánes besuchen, der besonders bei Surfern und Kiteboardern beliebt ist. Da die Windverhältnisse sowohl für Anfänger als auch für Fortgeschrittene ideal sind, haben sich dort mittlerweile auch zwei Kite- und Surfschulen niedergelassen. Vom etwa 100 Meter langen Sandstrand hat man einen schönen Blick auf die Nachbarinsel Symi (s. S. 226). Gleich neben dem Strand trifft man auf den kleinen Fischer- und Sporthafen von Fánes. Unter Schatten spendenden Tamarisken laden am dortigen Parkplatz einige Bänke zum Verweilen ein.

Geheimtipp

AUSFLUGSZIEL DER RHODIER
Die Straße, die zwischen Fánes und dem nördlich liegenden Weiler Soroní ins Landesinnere verläuft, führt zur Wallfahrtskirche Ágios Soúlas, die manchmal auch Ágios Sílas genannt wird. Die im grünen Tal gelegene Kirche und das umliegende Gelände sind vor allem bei Rhodiern beliebtes Wochenendziel. Inmitten des Pinien- und Kiefernwalds lockt nämlich nicht nur die im Jahr 2003 restaurierte Kirche die Pilger, sondern auch Sportplätze, ein Verkehrsübungsplatz und eine Pferderennbahn vor allem am Wochenende viele Einheimische an. Während die parkähnliche Anlage besonders an den Wochentagen ziemlich ruhig ist, wandelt sie sich zum Kirchweihfest am 29. und 30. Juli jeden Jahres zum viel besuchten Pilgerziel. Das Highlight während dieses Festes ist das seit Jahrzehnten stattfindende Pferde- und Eselrennen. Im Kirchlein kann man Wasser, das als heilend gilt, von der Quelle abzapfen.

Frische Bergluft

Etwa 290 Meter Höhenunterschied trennen Fánes vom Dörfchen Sálakos am Nordhang des mächtigen Inselbergs. Die Ortschaft mit etwa 600 Einwohnern ist besonders wegen seiner guten, preiswerten Tavernen am Dorfplatz ein beliebtes Ausflugsziel. An der Platía mit dem markanten Brunnen und dem Rathaus aus der italienischen Besatzungszeit genießt man die typisch griechische Gemütlichkeit. Außerdem eignet sich der Weiler gut als Quartier, wenn man die rhodische Bergwelt erkunden möchte. An der Platía können Leckermäuler einen Blick in das Geschäft der Frauenkooperative werfen. Dort bieten die Dorffrauen zahlreiche süße Leckereien wie Gebäck oder die eingelegten Obstsorten *glyká tou koutalioú* an. Kunsthistorisch Interessierte sollten am Dorfrand die Friedhofskirche Kímissis tis Theotókou mit ihrem markanten Glockenturm nicht verpassen.

Schöne Natur

In Sálakos fühlen sich nicht nur diejenigen wohl, die auf der Suche nach viel Ruhe sind, sondern auch Wanderfreunde und Spaziergänger. Das Örtchen liegt umgeben von Feldern mit Walnussbäumen und Weinbergen. Der Streifzug durch die Felder und Olivenhaine lohnt besonders im August, wenn auch die Feigen reif sind.

Ein schöner Spaziergang führt etwa 400 Meter oberhalb des Hotels Nymph zu der gleichnamigen Quelle. Sie liegt in einem herrlichen kleinen Tal mit farbenprächtigen Oleanderbüschen, einer uralten Platane und einem Teich. Das hübsche Tal ist der Lebensraum von zahlreichen Schmetterlingen. Von der Quelle stammt auch das gute Trinkwasser, das in der ortsansässigen Fabrik abgefüllt wird. In der winzigen Höhle nahe der Quelle findet immer zu Weihnachten ein Krippenspiel statt.

Oben: Familiär eingerichtet wie ein Wohnzimmer sind viele Inseltavernen.
Mitte: Einstige Backöfen berichten von alten Zeiten.
Unten: Weithin sichtbar ist der Glockenturm der Friedhofskirche von Sálakos.

Infos und Adressen

ESSEN UND TRINKEN

O Michális. Die Taverne am Dorfplatz mit Stühlen und Tischen unter einem schattigen Baum ist nicht nur wegen ihrer griechischen Küche, sondern besonders wegen ihrer Grillgerichte sehr beliebt. Platía, Salakos, Tel. 22 46 02 22 09.

Platia. Im schnuckeligen Café am kleinen, bunten Dorfplatz kann man das besondere Flair des Orts besonders gut auf sich wirken lassen. Serviert werden herzhafte und süße Leckereien. Platía, Fánes, Tel. 22 41 04 24 17.

ÜBERNACHTEN

Delphini. Das kleine, familiär geführte Hotel der Familie Nikolítsis hat nicht nur einen hübschen Garten und eine Taverne, sondern spiegelt auch das farbenfrohe Flair von Fánes wider. Der öffentliche Bereich wurde wie die Häuser im Dorf von Loúkas Nikolítsis bemalt. Am Strand, Fánes, www.delfini-fanes.gr

Nymph. Das schöne, familiär geführte Hotel,1926 von einem Italiener erbaut, ist eine der ältesten Unterkünfte der Insel und heute wohl das schönste Gebäude des Orts. Das einfache, aber geschmackvoll eingerichtete Haus der freundlichen Besitzer hat nur vier Zimmer. Am Ortsrand Richtung Profítis Ilías, Tel. 22 46 02 22 06, www.nymph.gr

VERANSTALTUNGEN

Weinfest. 2013 hat man in Fánes aufgrund der Renovierung der Weinkellerei Cair, die zum Weinmuseum umgewandelt werden soll, das erste Weinfest gefeiert. Das Fest, bei dem man Weintrauben und Wein probieren kann sowie die Möglichkeit hat, selbst Wein zu treten, soll jährlich an einem Sonntag im September stattfinden. Aushänge beachten.

Speisen am Strand in der Taverne Delphini in Fánes

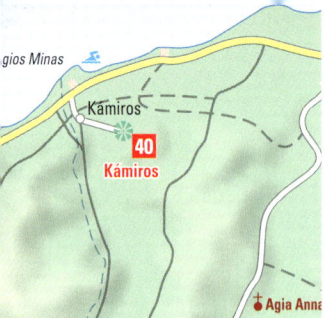

40 Kámiros
Friedvolle Ausgrabungsstätte

Eine der bedeutendsten Ausgrabungsstätten der Insel erstreckt sich abseits der Küstenorte an einem Hang über der Westküste. Die wunderschön gelegene kleinste dorische Stadt von Rhodos wurde bis ins 2. Jahrhundert n. Chr. besiedelt. Auf dem von Pinien umgebenen, stimmungsvollen Gelände mit den antiken Ruinen kann man sich ein gutes Bild von der über 2500 Jahre alten Stadtstruktur machen.

Die Überreste der antiken Stadt, von Tempeln, Zisternen und der Wasserversorgung von Kámiros liegen idyllisch eingebettet in unberührter Natur. Gut kann man dort bis heute die Grundrisse der jahrtausendealten Häuser und die typische Stadtstruktur der in hellenistischer Zeit gegründeten Siedlung erkennen. Anders als die antike Hafenstadt Líndos und das wohlhabende Ialyssós war Kámiros immer ein Landstädtchen, dessen Bewohner sich vorwiegend mit dem Handwerk sowie der

GUT ZU WISSEN

NATÜRLICH ÜBERLAUFEN
Wer während der Hauptsaison seinen Urlaub auf Rhodos verbringt und die Ausgrabungen von Kámiros besuchen möchte, muss bedenken, dass auch viele andere Touristen zu dieser Zeit unterwegs sind. Besonders am späten Vormittag und zur Mittagszeit stürmen die mit Bussen hergebrachten Urlauber das Gelände. Spätestens dann ist es mit der stimmungsvollen Atmosphäre vorbei. Für Ruhesuchende heißt es also: entweder früh aufstehen oder kurz vor Schluss kommen.

Die alte Hauptstraße von Kámiros führt durch den verschachtelten Wohnbezirk hinauf zum Akropolis-Hügel.

Die antike Stadt war auf drei Ebenen angelegt.

Landwirtschaft, vor allem Oliven- und dem Weinanbau, beschäftigten. Das bereits im 19. Jahrhundert entdeckte Kámiros, eine der drei antiken Städte von Rhodos, wurde erst in den 1930er-Jahren von italienischen Archäologen freigelegt. Zum Vorschein kamen die Ruinen einer terrassenförmig angelegten Stadt, deren Gebäude sich den Hang hinaufziehen. Die Siedlung teilt sich in drei Ebenen: der untere Ortsrand mit den öffentlichen Gebäuden, der mittlere Teil der Stadt, der als Wohnviertel diente, und das oberste Gipfelplateau, die Akropolis von Kámiros, auf dem ein wichtiger Tempel stand.

Lange Siedlungsgeschichte

Funde von mykenischen Gräbern in der Umgebung bezeugen, dass Kámiros bereits im 14. Jahrhundert v. Chr. besiedelt wurde. Die freigelegten Ruinen, die man in der Ausgrabungsstätte sieht, stammen jedoch größtenteils aus der Zeit um 200 v. Chr. Eingewanderte Dorer ließen sich um 1000 v. Chr. in Kámiros nieder, das vermutlich im 6. Jahrhundert v. Chr. seine Blütezeit erlebte. Funde wie die schönen Keramik- und Marmorarbeiten, die heute im Archäologischen Museum in Rhodos-Stadt (s. S. 50) ausgestellt sind, belegen den Reichtum

Nicht verpassen

TOLLES PANORAMA

Wer die herrliche Lage von Kámiros genießen möchte, solte den Rundgang durch die archäologische Stätte an ihrem oberen Ende beginnen. Hält man sich nach dem Kassenhäuschen und dem Café rechts der freigelegten Stadt, kann man über einen Pfad zunächst zur Akropolis hinauflaufen. Auf dem Weg bieten Pinien hin und wieder die Möglichkeit für eine schattige Pause. Oben angekommen, bekommt man einen umfassenden Überblick über die hellenistische Stadt und darüber, wie ihre Einwohner dort gelebt haben könnten. Außerdem blickt man – ohne Sichtbehinderung durch unpassend in die Landschaft gesetzte Bauten – auf Olivenhaine, Pinien- und Kiefernwälder, Felder und natürlich auf das Meer. Die freigelegten Ruinen begeht man dann von oben nach unten.

BADEN IN DER NÄHE

Wer sich auf den Weg nach Kámiros macht, muss den Tag selbstverständlich nicht ausschließlich mit kulturellem Programm verbringen. Besonders an heißen Tagen wünschen sich die meisten nach dem Rundgang durch die archäologische Stätte eine Abkühlung. Wer es eilig hat, kann ganz in der Nähe von Kámiros in zahlreichen Tavernen am Strand (unterhalb der Küstenstraße) das Meer genießen. Alle Tavernen haben an den vorliegenden Strandabschnitten auch Bademöglichkeiten geschaffen. An den Sand- und Kiessträenden gibt es Sonnenliegen und auch Strandduschen. Meist bieten wie zum Beispiel bei der Taverne Dionysos mit ihrem hübsch angelegten Garten auch einige Tamarisken Schatten. Man hat einen schönen Blick zur kleinen Nachbarinsel Symi und kann dort ganz besonders romantische Sonnenuntergänge erleben.

Einfach gut!

von Kámiros während dieser Epoche. Mit der Gründung von Rhodos-Stadt im Jahr 408 v. Chr. verlor Kámiros wie auch die anderen beiden rhodischen Städte Líndos und Ialyssós an Bedeutung. Kámiros blieb jedoch weiterhin bewohnt, bis die Stadt 226 v. Chr. von einem Erdbeben fast völlig zerstört wurde. Kurze Zeit später baute man die Siedlung wieder auf. Verlassen hat man Kámiros schließlich im 2. Jahrhundert n. Chr., als es vermutlich durch ein weiteres Erdbeben zerstört wurde.

Der öffentliche Teil der Stadt

Bei einem Spaziergang durch das Ausgrabungsgelände begeistern sowohl die Lage als auch die gut erhaltenen Grundmauern der jahrtausendealten Gebäude. Am untersten Rand nahe dem Eingang trifft man zunächst auf den größten Platz der alten Stadt, die Agora. Auf dem einst von zahlreichen Statuen und Denkmälern für Gottheiten und wichtige Persönlichkeiten geschmückten Platz sind noch einige Sockel erhalten. Am östlichen Rand der Agora schließt sich das Heiligtum der Altäre an. Das Heiligtum, auf dem die Bewohner den Göttern ihre Opfer darbrachten, bestand aus zwei mit Altären bestückten Ebenen, die durch eine Treppe miteinander verbunden waren. Östlich des Heiligtums sieht man noch die Säulenreste eines sich anschließenden Brunnenhauses.

Das Zentrum des öffentlichen Bereichs der Stadt bildete ein dorischer Tempel, der vermutlich Apollon geweiht war. Der Tempel, von dem man einige Säulen wieder aufgerichtet hat, wurde um die Jahrhundertwende vom 3. ins 2. Jahrhundert v. Chr. errichtet. Östlich des kleinen Tempels erstreckt sich der sogenannte Brunnenplatz, auf dem noch einige Inschriftentafeln stehen. Im Süden stand das Brunnenhaus mit sechs

Rundgang durch die alte Stadt

In der Ausgrabungsstätte des antiken Kámiros bekommt man einen tollen Einblick in die jahrtausendealte, zu dieser Zeit übliche Städtestruktur. Der Rundgang führt zwischen niedrigen und höheren Mauerresten hindurch, entlang der hangaufwärts erbauten Siedlung. Gut ist dabei die Trennung zwischen den öffentlichen Teilen der Stadt und den Wohngegenden zu erkennen. Der sonnenreiche Spaziergang wird mit einer fantastischen Aussicht belohnt.

Ⓐ Agora – Der Marktplatz war der wichtigste öffentliche Platz der Stadt.

Ⓑ Heiligtum der Altäre – Ein etwa 6 m langer, erhaltener Altar war dem Sonnengott Helios geweiht.

Ⓒ Apollon-Tempel – Da Apollon, der Gott des Lichts, in Kámiros verehrt wurde, geht man davon aus, dass das 9 x 8 m große Heiligtum für ihn gebaut wurde.

Ⓓ Brunnenplatz – Eine dreistufige Treppenanlage diente den Einwohnern als Sitzgelegenheit während religiöser Rituale.

Ⓔ Brunnenhaus – Das Brunnenhaus wurde im 3. Jahrhundert v. Chr. zerstört und durch einen kleineren Brunnen ersetzt.

Ⓕ Hauptstraße – Die breite Straße, die zwischen den hellenistischen Wohnhäusern zur Akropolis hinaufführt, ist noch gut erhalten.

Ⓖ Wohnhäuser – Außer den Grundmauern sieht man noch einige Treppenstufen. Gut erkennbar sind auch die schmalen Querstraßen zwischen den Gebäuden.

Ⓗ Stoa – Die hellenistische Säulenhalle mit einer Doppelreihe von etwa 150 Säulen markierte den Akropolis-Hügel.

Ⓘ Zisterne – Die riesige Zisterne hatte ein Fassungsvermögen von 600 Kubikmetern.

Ⓙ Tempel der Pallas Athene – Der Kultbau der Göttin, der bereits vor dem Erdbeben im 3. Jahrhundert dort stand, wurde danach neu aufgebaut.

Ⓚ Akropolis – Vom Akropolis-Hügel hat man heute wie damals eine herrliche Aussicht.

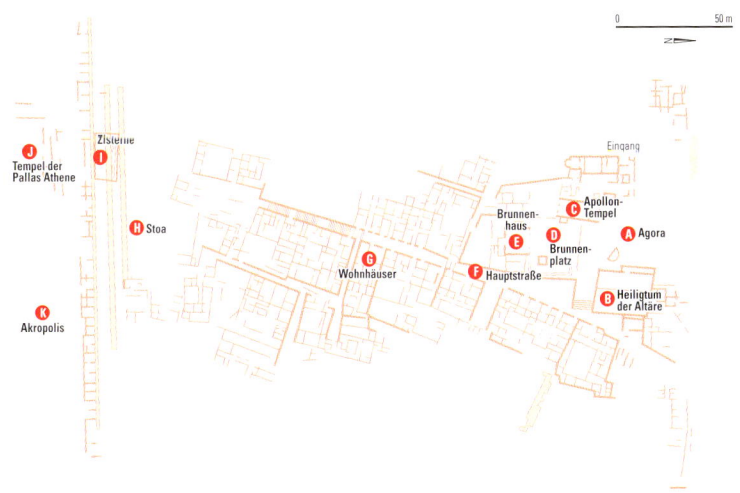

rekonstruierten dorischen Säulen und einer großen offenen Zisterne mit Wasserspeiern.

Verschachtelter Wohnbezirk

Eine breite Treppe führt von den öffentlichen Plätzen hangaufwärts zum Wohnbezirk von Kámiros. Bei genauem Hinsehen kann man entlang der Hauptstraße im Boden in Gestalt der erhaltenen Tonröhren auch das antike Wasserversorgungssystem mit Kanälen und großen Zisternen erkennen. Östlich des Wegs fallen besonders die Häuser mit den wieder aufgerichteten Säulen in den Vorhöfen auf. Diese Säulen dienten als Dachstützen. Durch die quergestellten Dächer konnte das Regenwasser in kleinen Zisternen in den Höfen aufgefangen werden. Wohnhäuser und Werkstätten wurden rasterartig durch schmale Querstraßen voneinander getrennt.

Auf dem Gipfel des Hügels

Leider ist von den einst prachtvollen Bauten auf dem Akropolis-Plateau kaum noch etwas erhalten. Erkennbar sind kurz vor Erreichen des Plateaus jedoch noch die Überreste der einst 200 Meter langen, prächtigen Säulenhalle im dorischen Stil, der Stoa. Dahinter dienten zahlreiche kleine Räume als Übernachtungsmöglichkeit für Pilger. Kleine Zisternen dienten dem Auffangen von Regenwasser. Eine große Zisterne, die der Wasserversorgung der gesamten Stadt diente, wurde bereits im 6. Jahrhundert v. Chr. erbaut. Die etwa 20 Meter lange und zehn Meter breite Zisterne wurde in den Felsen eingelassen. Erkennbar sind noch zwei Abflüsse und Treppen, über die man für die Instandhaltung hinabsteigen konnte. Einige Meter weiter südlich stand der der Göttin Athene geweihte Tempel, von dem heute nur noch der Grundriss erkennbar ist.

Oben: Kámiros ist ein gutes Beispiel für die übliche Stadtstruktur der Antike.
Unten: Im Ausgrabungsgelände kann man sich gut ins antike Leben hineinversetzen.

Infos und Adressen

INFORMATION

Kámiros. Oberhalb der Küstenstraße (nahe Kalavárda), April–Okt. tgl. 8–19.40 Uhr, Nov.–März Di–So 8–15 Uhr, Mo geschl., Eintritt 6 €, Tel. 22 41 04 00 37.

ESSEN UND TRINKEN

Dionysos Steki. In der Taverne mit weitläufigem Garten und überdachtem Balkon werden griechische Gerichte serviert. Der Strand lädt zum Baden ein. Für Kinder gibt es einen kleinen Spielplatz. Küstenstraße, Tel. 22 41 04 01 00.

New Kamiros. Gern wird die beliebte Taverne der Familie Pitropákis auch von Einheimischen besucht. Auf der Karte stehen außer den üblichen griechischen Gerichten auch viel gegrillter Fisch und Meeresfrüchte. Küstenstraße (unterhalb von Kámiros), Tel. 22 41 04 00 01.

Old Kamiros. In seiner Taverne am Sandstrand serviert Wirt Panagiótis Pitropákis griechische Speisen und Fischgerichte.

Ein großer Eukalyptusbaum spendet auch zur Mittagszeit angenehmen Schatten. Küstenstraße (unterhalb von Kámiros), Tel. 22 41 04 00 12.

ÜBERNACHTEN

Crito. In der kleinen Pension mit nur fünf einfachen Zimmern und schönem Garten wohnt man in familiärer Atmosphäre. Besonders beliebt ist die kleine Anlage von Inhaberin Katerína, die auch leckere griechische Gerichte kocht, bei Surfern. Zwischen Kalavárda und Kámiros (oberhalb der Küstenstraße), Tel. 22 41 04 00 92.

AKTIVITÄTEN

Kite Kalavarda. Am Sandstrand des nahegelegenen Dörfchens Kalavárda werden von Mai bis Oktober seit 2013 deutschsprachige Kite-Kurse für Einsteiger und Fortgeschrittene in Gruppen sowie Privatstunden angeboten. Außerdem kann man auch das Material mieten. Kalavárda, am Strand, Tel. 69 44 16 11 27, www.kite-kalavarda.com

Die Taverne Dionysos Steki lockt zum Essen am Strand.

41 Kámiros Skála und Kritinía
Herrliche Ausblicke und kulinarischer Genuss

Südlich des antiken Kámiros treffen Besucher mit dem kleinen Fischerhafen Kámiros Skála auf eine der beliebtesten Adressen der Insel für frischen Fisch. Etwa zwei Kilometer weiter südlich sollten nicht nur Romantiker zur Zeit des Sonnenuntergangs den Aufstieg zu einer der schönsten mittelalterlichen Festungen von Rhodos in Angriff nehmen. Vorher kann man im stillen Dörfchen Kritinía noch ein bisschen die Zeit vergessen.

Die meisten Touristen suchen den winzigen Fischerhafen Kámiros Skála nur dann auf, wenn sie einen Ausflug zum hübschen Nachbarinselchen Chálki (s. S. 234) unternehmen. Bei Rhodiern hingegen ist das ansonsten recht unscheinbare Kámiros Skála vor allem wegen seiner Fischtavernen sehr beliebt. Dort laden täglich Fischer aus Chálki und natürlich aus Kámiros Skála mit ihren großen und kleinen Booten den frischen Fang aus. Auch einheimische Hobby-Angler vertreiben sich an der Hafenmole gerne die Zeit.

Auffällig sind im fruchtbaren Umland des Weilers besonders die zahlreichen Gewächshäuser, die sich in der Küstenebene verteilen. Dort bauen die Einheimischen vorwiegend Frühgemüse an. In Kámiros Skála selbst gibt es indessen auch etwas für an Archäologie Interessierte zu sehen: Gleich hinter dem Parkplatz des Weilers erkennt man über einen Zaun hinweg das in eine steile Felswand gehauene Relief eines Grabes aus hellenistischer Zeit.

Oben: Kleine Buchten laden rund um Kámiros Skála und Kritinía zum Baden ein.
Unten: Die Höhlenkirche Panagía Galatoúsa liegt versteckt auf dem Weg zum Meer.

Hoch über der Ägäis

Geheimtipp

Südwestlich von Kámiros Skála thront auf einem Hügel das frei zugängliche Kastell Kritinía, das einfach nur »Kástellos« genannt wird. Bereits von Weitem sind die mächtigen Mauern auf dem grünen mit Pinien bewachsenen Felsklotz gut sichtbar. Die markante, trutzige Johanniterfestung aus dem 15. Jahrhundert ist eine der schönsten und besterhaltenen mittelalterlichen Burgen der Insel. Besucher können vom Parkplatz über einen neuen Treppenweg zum rechteckigen Kastell hinaufsteigen. An den Außenmauern sind die Wappen der Großmeister zu erkennen, unter denen der Bau stattfand. Besonders eindrucksvoll ist allerdings die Aussicht, die sich von dort oben eröffnet: Gen Westen schaut man über zwei winzige Felsinselchen und die kleine Insel Alimniá hinweg bis zur größeren Insel Chálki. Im Inselinneren schweift der Blick in das fruchtbare Umland und auf das schroffe Attáviros-Gebirge.

Besuch im Museum

Südöstlich der Johanniterburg führt die Straße zunächst bergab und dann wieder bergauf zum stillen Bergdörfchen Kritinía. An der Inselrundstraße kann man kurz vor Erreichen des Dorfs Halt beim Café Milos mit seinem kleinen Volkskundemuseum machen. Auf der Terrasse des Cafés wurde in einem Rundbau das tagsüber frei zugängliche Museum eingerichtet. Die Dorfbewohner von Kritinía sammelten zahlreiche landwirtschaftliche Geräte und Haushaltsgeräte, die heute dort zu sehen sind. Ausgestellt werden diverse Werkzeuge aus Holz und Eisen, ein alter Webstuhl und viele Küchengeräte. Außerdem sieht man Trachten, Web- und Strickarbeiten, aber auch Keramikarbeiten, die das inseltypische Kunsthandwerk präsentieren.

SCHÖNER SPAZIERGANG

Etwa 4 km südwestlich von Kritinía können alle Interessierten das verlassene Kloster Amártou (ausgeschildert!) besuchen. Erreichbar ist es sowohl über eine befahrbare Schotterpiste mit dem Mietwagen oder auch zu Fuß nach einem etwa einstündigen Spaziergang. Vorbei an Weingärten und Olivenhainen geht es zur einsam gelegenen Klosteranlage, deren schlichtes Kirchlein bereits im 15. Jahrhundert auf den Ruinen eines byzantinischen Gotteshauses erbaut wurde. Wer Lust auf eine weitere Erkundungstour hat, folgt hinter der Kirche den Schildern mit der Aufschrift »Spíleo«. Der Treppenweg führt hinunter Richtung Meer zur winzigen Höhlenkirche Panagía Galatoúsa, die der milchspendenden Muttergottes geweiht ist. In der winzigen Felskapelle, die nach einem Ikonenfund am Strand eingerichtet worden sein soll, stehen einige Heiligenbilder.

Das Dörfchen Kritinía

Da die Inselrundstraße nicht durch Kritinía führt, machen nur wenige Besucher einen Abstecher in das beschauliche Örtchen, das vom Tourismus nur wenig miterlebt. Interessant ist der Name des Orts, der sich von der Insel Kreta (griech. Kríti) ableiten lässt. Während der osmanischen Herrschaft sind einige kretische Familien ausgewandert und haben auf Rhodos nämlich Kritinía gegründet. Die Verbindung zu Kreta soll allerdings bereits auf eine Geschichte aus der griechischen Mythologie zurückgehen: Althaimenes, Enkel des sagenhaften Königs Minos von Kreta, wurde wegen eines Orakelspruchs von seinem Vater nach Rhodos geschickt. Laut Orakel würde er seinen Vater Katreus töten. Als Katreus nach Jahren nach Rhodos fuhr, um Altheimenes die Herrschaft über Kreta zu übertragen, hielt man ihn und seine Begleiter für Seeräuber. Altheimenes tötete seinen Vater aus Versehen mit einem Speer.

Ein Spaziergang lohnt in Kritinía vor allem wegen der idyllischen Gassen, die sich abseits der Platía mit der markanten Dorfkirche und der riesigen, uralten Platane erstrecken. Von dort kann man über eine betonierte Straße darüber hinaus die am westlichen Ortsrand schön gelegene Kapelle Ágios Ioánnis mit Freskenresten aus dem 16. Jahrhundert erreichen.

Oben: Das Relief des hellenistischen Felsengrabs in Kámiros Skála ist gut erkennbar.
Unten: In Kritinía trifft man sich an der Platía.

Infos und Adressen

ESSEN UND TRINKEN

Althemenis. Auf der schönen und großen Terrasse des beliebten Fischrestaurants, an dem sich fast die Wellen brechen, werden frischer Fisch und Meeresfrüchte sowie leckere griechische Gerichte serviert. Für Kinder gibt es einen kleinen Spielplatz. Kámiros Skála, am Hafen, Tel. 22 46 03 13 03.

Kastelo. Wirt Antónis bietet vor oder nach dem Aufstieg in seinem kleinen Café kühle Erfrischungen wie frisch gepressten Orangensaft oder kleine Snacks wie Sandwiches sowie eine schöne Aussicht auf die Küste und Kámiros Skála. Am Parkplatz unterhalb des Kastells Kritinía.

Mílos. Das Terrassencafé mit Mühlenruine an der Inselrundstraße bietet ein herrliches Panorama auf die vorgelagerten Inselchen. Angeboten werden außer kühlen Getränken wie frisch gepressten Säften auch kleine Snacks oder Omeletts. Inselrundstraße zwischen Burg und Kritinía

Plátanos. Vom »kafenío Plátanos«, das von einem älteren Ehepaar geführt wird, hat man eine schöne Aussicht beim Kaffeetrinken. Platía, Kritiníía, Tel. 22 46 03 12 92.

ÜBERNACHTEN

Auberge Kalopetri. Zehn von Orangen- und Zitronenhainen umgebene Apartments, von deren Terrasse sich ein herrlicher Meer- und Bergblick eröffnet, bieten viel Ruhe und Erholung pur. Die deutsch sprechende Belgierin Ulrike und ihr Mann Giánnis kümmern sich gastfreundlich um ihre Gäste. Zum Frühstück wird u. a. frisch gebackener Kuchen und hausgemachte Marmelade serviert. 900 m südlich von Kámiros Skála (nahe des Kastells Kritinía), Tel. 22 46 03 11 68, www.aubergekalopetri.com

Fischerboote sorgen in Kámiros Skála für frischen Fisch in den Tavernen.

42 Émbonas
Das Weindorf der Insel

Vier ortsansässige Weinkellereien machen das große Bergdorf Émbonas zum Touristenmagnet. Der am Hang des Attáviros gelegene Ort ist zwar nicht schön, aber eines der lebhaftesten Dörfer der Insel. Ein Besuch sei Weinliebhaber in jedem Fall ans Herz gelegt. Wanderfreunde können von Émbonas eine Wanderung zum Gipfel des 1215 Meter hohen Bergs unternehmen.

Ein beschauliches Dorf ist das große Émbonas sicherlich nicht mehr. In den letzten Jahren sind durch den Aufschwung des Weinanbaus viele Neubauten in dem großen Ort entstanden, die das ursprüngliche Flair mit der Zeit vergraben haben. Doch nach Émbonas kommt man sowieso nur wegen der Weinkellereien. Am besten besucht man diese am frühen Morgen oder kurz vor Geschäftsschluss, wenn die unzähligen Touristen, die mit den Ausflugsbussen hergebracht werden, nicht im Ort unterwegs sind. Für die Dorfbewohner hat der gut gehende Tourismus zahlreiche Vorteile: Die Dorffrauen verdienen sich mit dem Verkauf ihrer Web- und Strickarbeiten ein wenig Geld hinzu und der viele Wein, der rund um das Dorf angebaut wird, sichert in Émbonas den Verbleib der Jugend. Er schafft neben der Viehzucht und der Landwirtschaft nämlich Arbeitsplätze. In dem großen Ort leben heute noch über 1000 Einwohner.

Wein, Kultur und Wandern

Seit den 1990er-Jahren wird die Qualität der rhodischen Weine immer besser, sodass sie mittlerweile im ganzen Land einen guten Ruf genießen. Weinfreunde können sowohl im modernen

Oben: Kreative Ideen sorgen für die passende Werbung in dem Dorf mit den vielen Weinkellereien.
Unten: Außer Wein kann man in Émbonas auch den inseltypischen Tresterschnaps *soúma* verkosten.

In der Nähe: die Bucht von Glyfáda

Einfach gut!

Gebäude der großen und bekannten Weinkellerei Emery als auch bei anderen ortsansässigen Winzern mit kleinen, traditionelleren Kellereien einen Blick hinter die Kulissen werfen und die Weine verkosten. Besonders beliebt sind die trockenen Weißweine von Émbonas, die aus der in Griechenland heimischen Rebsorte Athiri hergestellt werden.

Wer etwas Kulturelles erfahren möchte, kann im Ortskern das kleine, tagsüber geöffnete Folkloremuseum besuchen. Das Geburtshaus des aus Émbonas stammenden Dichters Ioánnis Konstantákis (1908–1985) ist ein einfaches Einraumhaus von 1840, wie es in rhodischen Dörfern üblich war. Konstantákis vermachte es seiner Gemeinde, die mit der Originaleinrichtung und einigen beigesteuerten alten Gegenständen dort heute das Leben in alten Zeiten wieder sichtbar macht.

Für Kirchenfans lohnt außerhalb des Orts, an der Straße Richtung Ágios Isidoros, ein Abstecher zum Kloster Artamítis. Die kleine Klosteranlage in den griechischen Nationalfarben begeistert mit Ruhe, dem idyllischen Innenhof und in der Kirche mit der reich verzierten Altarwand vom Ende des 19. Jahrhunderts. Für Farbe sorgt das mit einem

FISCHESSEN AM MEER

Wer nach dem Besuch der Weinkellereien in Émbonas Lust auf frischen Fisch bekommen hat und an ein ruhiges Plätzchen am Meer fahren möchte, kann hangabwärts Richtung Südwesten nach etwa 12 km die Glifáda-Bucht erreichen. Hinter dem Dörfchen Lákki zweigt eine Stichstraße zur Küste ab. Die Bucht mit den zwei Tavernen wird besonders am Wochenende gerne von Rhodiern besucht. Man bekommt dort nicht nur frischen Fisch, sondern kann auch einen tollen Panoramablick auf die vorgelagerten Inseln genießen. Möchte man am Glyfáda-Strand zum Baden ins türkis schimmernde Meer, sollten Badeschuhe im Gepäck sein. Der steil abfallende Strand mit großen Kieselsteinen, an dem durch die Winde leider oft auch viele Algen angeschwemmt werden, ist sehr felsig. Für alle, die nach alternativen, äußerst ruhigen Badeplätzen suchen, ist Glyfáda ideal.

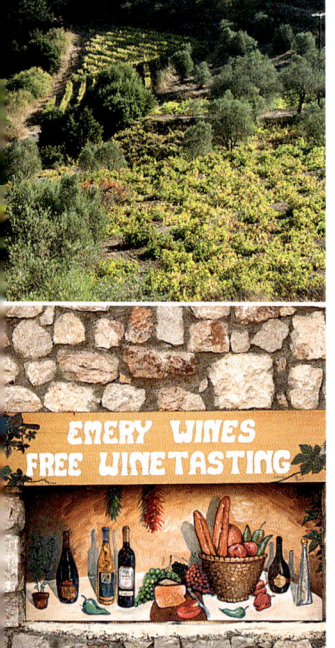

Sternenhimmel bemalte Kreuzrippengewölbe. Den Boden schmückt ein typisch rhodisches Kieselsteinmosaik mit Wellenmuster. Wer in Émbonas übernachtet, kann am Morgen außerdem in etwa drei Stunden auf den Attáviros hinaufsteigen. Die recht mühsame Wanderung, die nur für erfahrene Wanderer zu empfehlen ist, führt ohne Markierungen zwischen Geröll auf den Gipfel, der einer Mondlandschaft gleicht. Beachten sollte man, dass auf dem Berg oft dichter Nebel aufkommt.

Weinproben in den Kellereien

Die größte und modernste Kellerei, Emery, ist das Ziel der meisten Tagesausflügler und der Busse, die nach Émbonas kommen. 1923 hat die bekannte Winzerfamilie Triandafillou ihre Kelterei zunächst in Rhodos-Stadt eröffnet. Etwa 50 Jahre später verlegte die Familie ihren Sitz nach Émbonas. Emery produziert jährlich rund eine Million Flaschen, für die etwa 800 Tonnen eigene und zugekaufte Trauben verarbeitet werden. Gemütlicher und familiärer geht es zum Beispiel beim kleinen Weingut Kounáki, 1928 gegründet und damit das älteste der Insel, zu. Produziert werden in der Kellerei zehn verschiedene Weine, die je in 2000 bis 5000 Flaschen abgefüllt werden. Lohnenswert ist auch ein Besuch der Kellereien Alexandris und Merkouris, in denen außerdem der inseltypische Tresterschnaps *soúma* angeboten wird.

Oben: Die traditionelle Dorfarchitektur in Émbonas verschwindet immer mehr unter den Neubauten.
Mitte: Die Umgebung von Émbonas wird natürlich von zahlreichen Weinreben geprägt.
Unten: Die Weinkellerei Emery ist die modernste des Ortes.

Infos und Adressen

ESSEN UND TRINKEN

Obwohl sich die Tavernen des Orts auf die Versorgung der Busausflügler spezialisiert haben, genießen sie wegen ihrer guten Fleischgerichte auch bei Rhodiern einen guten Ruf. Der Besuch der Gruppen hat nämlich nicht nur Nachteile: Durch die vielen Besucher kann man davon ausgehen, dass täglich Frisches auf den Tisch kommt.

Bakis Brothers. In der alteingesessenen Metzgereitaverne bekommt man nicht nur leckere griechische Hausmannskost, sondern auch Fleisch aus der Region und im Winter sogar Wild. Der Wein stammt natürlich von den Weinkellereien. Bei der Kirche, Tel. 22 46 04 12 47.

Bakis. Historische Fotos zieren die Wände der schlichten Taverne, in der köstliche griechische Speisen und natürlich auch Grillgerichte serviert werden. Ob die neue oder die alte Taverne der Familie Bákis die bessere ist, muss jeder selbst entscheiden – auch die Einheimischen sind sich nicht einig. Am Ortsrand (nahe Emery), Tel. 22 46 04 14 42.

ÜBERNACHTEN

Ataviros. Das ganzjährig geöffnete, familiär geführte Hotel erwartet Besucher mit 16 Zimmern und einem Außenpool. Die geräumigen, einfachen Zimmer und Apartments mit Kochnische und Balkon sind sehr sauber. Angeschlossen ist auch eine Taverne. Ortsrand Richtung Kritinía, Tel. 22 46 04 12 35, www.ataviroshotel.gr

WEINKELLEREIEN

Emery. April–Okt. Mo–Fr 10–16.30 Uhr, nordöstlicher Ortsausgang, Tel. 22 41 02 91 11, www.emery.gr

Kounaki. Seitengasse von der Hauptstraße (ausgeschildert), Tel. 22 46 04 14 40, www.kounakiwines.gr

Im Laden der Weinkellerei Kounáki geht es noch recht familiär zu.

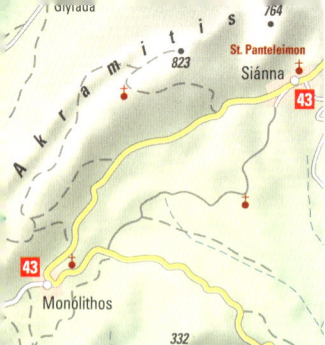

43 Monólithos und Siánna
Dörfchen zu Füßen des Akramítis

Gen Süden wird die Westküste bedeutend wilder. Die Inselrundstraße schlängelt sich mit ständig neuen herrlichen Ausblicken auf das Meer zwischen den Hängen des Attáviros und des Akramítis hindurch. Auf Höhe des Akramítis locken die Dörfer Siánna und Monólithos: Siánna wegen der Dorfkirche sowie den lokalen Spezialitäten und Monólithos wegen der tollen Aussicht von der gleichnamigen Burg.

Inmitten der hügeligen, recht grünen Landschaft am Südosthang des zweithöchsten Bergs der Insel, dem 825 Meter hohen Akramítis, liegen die beiden kleinen Dörfer Siánna und Monólithos. Ihre Bewohner beschäftigen sich hauptsächlich mit der Landwirtschaft. Während das hübsche Siánna mit lokalen Köstlichkeiten und der sehenswerten Kirche Ágios Panteleímonas in den letzten Jahren einen Aufschwung erlebt hat, ist das kleine und unscheinbare Monólithos bisweilen ein noch recht verschlafenes Nest. Nur die außerhalb gelegene Ruine einer Johanniterfestung und die am Küstenabschnitt darunter zum Baden einladenden Buchten locken manchmal auch Besucher in den Ort.

Oben: Eine der bekanntesten Johanniterburgen der Insel thront auf einem Hügel außerhalb von Monólithos.
Unten: Mit Spannung erwarten viele Touristen unterhalb der Burg den romantischen Sonnenuntergang.

Kleines Dorf mit bekannter Burg

Das überwiegend von älteren Einheimischen bewohnte Monólithos ist ein 180-Seelen-Ort und von der Küste aus nicht zu sehen. Seinen Namen verdankt er vermutlich dem riesigen Festungshügel, also dem markanten »einzelnen Felsblock« (griech.

Vor felsiger Kulisse: die Strände am Kap Fourní

»monólithos«). Ansonsten gibt es nur ein winziges Hotel und wenige Tavernen.

Wie viele andere rhodische Dörfer wurde auch Monólithos aus Angst vor Piratenangriffen im Mittelalter versteckt landeinwärts erbaut. Einzige Attraktion ist die südwestlich auf dem 236 Meter hohen Hügel thronende, gleichnamige und frei zugängliche Burgruine der Johanniter. Das im 15. Jahrhundert erbaute Kastell begeistert besonders mit seiner Lage und dem sich von dort eröffnenden Panorama auf das Meer und die kleine Nachbarinsel Chálki (s. S. 234). Besonders zur Zeit des Sonnenuntergangs ist die Burg ein sehr romantisches Ausflugsziel.

Erreichbar ist die Ruine der wehrhaften Festung, die im Jahr 1476 unter Großmeister Pierre d'Aubusson auf den Überresten einer byzantinischen Festung erbaut wurde, über steinerne Stufen. Zu sehen sind die mächtigen Festungsmauern und wenige Gebäudereste. Außerdem ist eine weiß getünchte, schlichte Kapelle erhalten, die dem Heiligen Panteleímonas geweiht ist. Dass der Heilige als Heilender von Kinderkrankheiten – sowohl physischer als auch geistiger Art – gilt, sieht man an den vielen Haargummis und -spangen, die

Nicht verpassen

WILDROMANTISCHE KIESSTRÄNDE

Wer in der hügeligen Gegend rund um den Akramitis-Berg unterwegs ist, muss nicht auf Badefreuden verzichten. An der Monólithos-Burg vorbei führt eine Asphaltstraße nach etwa 5 km zu hübschen, kleinen Kiesstränden am Kap Foúrni, wo Archäologiefreunde auch in den Fels gehauene Gräber und Höhlen aus hellenistischer und römischer Zeit entdecken können. Auf dem Weg fällt zunächst der kleine Alyki Beach auf. Wer zur breiten und größten Bucht, dem sogenannten Foúrni-Strand mit Kies und Sand, am Ende der Straße fährt, kann rechter Hand auf einem Felsen ein kleines, antikes Relief sehen, das vermutlich Cháron, den Fährmann der Toten, auf seinem Boot abbildet. Am Strand gibt es eine Beach-Bar und man kann Sonnenschirme und Liegen mieten. Wer mag, kann über einen steilen Pfad auf dem Felskap dahinter zu den Höhlen laufen.

RHODISCHE NATURPRODUKTE

Einfach gut!

Seit vielen Generationen erzeugt die aus Siánna stammende Familie Mastrosávas die typischen regionalen Produkte Honig, Olivenöl sowie den Tresterschnaps *soúma*. Besonderen Wert legt man bei den angebotenen Produkten in ihrem Geschäft Siana Natura Maria auf deren Naturbelassenheit. Bei den aromatischen Honigsorten, die von den eigenen Bienenstöcken stammen, wird auf den Zusatz von Zuckerwasser verzichtet, auch wenn die Menge des erzeugten Honigs dadurch geringer ausfällt. Kaufen kann man bei María, die gut deutsch spricht, neben dem Honig auch Olivenöl aus der eigenen Produktion sowie handgemachte Olivenölseifen und aus Olivenbaumholz hergestelltes Besteck, Salz- und Pfeffer-Mühlen, Honigbehälter und mehr. Eine lange Tradition pflegt die Familie auch in der Herstellung des inseltypischen Tresterschnapses.

Siana Natura Maria. Hauptstraße schräg gegenüber der Kirche, Siánna, Tel. 22 46 06 10 62, www.greekoliveoil-maria.com

Gläubige als Opfergaben an seine Ikone im Kirchlein gehängt haben.

Rhodische Leckereien

Das kleine Dorf Siánna liegt vier Kilometer nördlich von Monólithos am Fuße des Akramítis-Bergs. Bei Besuchern ist es vor allem aufgrund der dort angebotenen regionalen Spezialitäten sehr beliebt. Täglich werden Touristen mit Ausflugsbussen zum Einkaufen und Mittagessen in den Ort mit den steilen Gassen gebracht. Die Inselrundfahrtsausflügler bleiben jedoch meist nur kurz, werfen einen Blick in die Kirche Ágios Panteleímonas, essen in den Tavernen und erstürmen die Dorfläden.

Probieren sollte man den hervorragenden Honig, den die Einheimischen nicht nur zum Kochen und für ihre süßen Spezialitäten verwenden, sondern auch wegen seiner Heilwirkungen zu sich nehmen. Die Bienenstöcke der ansässigen Imker stehen rund um das Dorf. Sie gewinnen je nach Jahreszeit vier verschiedene Sorten: im Frühling den Blütenhonig, im Sommer die bekannteste Sorte der Insel, den Thymianhonig, und im Herbst den Pinienhonig. Im Winter gibt es schließlich den seltenen und hocharomatischen Honig, der sich aus den Erikaheidearten ergibt.

Ebenso beliebt ist auch der rhodische Tresterbrand *soúma*, der von den Inselbewohnern gerne zu *mezédes*, den vorspeiseähnlichen Kleinigkeiten, getrunken wird. In Siánna und den anderen Dörfern der Bergregion gibt es noch viele urige Schnapsbrennereien, in denen der hochprozentige *soúma* zwischen Oktober und November gebrannt wird. Dann zieht es auch viele Städter in die Dörfer. Mit etwas Glück kann man bei der Herstellung des *soúma* zuschauen. Nachdem die Maische der

Weintrauben etwa 15 Tage in Fässern gärt, kommt sie in den luftdichten Brennkessel. Die Hitze erzeugt daraus einen Dampf, der durch einen eiskalten Schlauch geleitet wird. Er wird flüssig und sammelt sich tröpfchenweise an.

Markantes Gotteshaus

Das auffälligste Gebäude von Siánna ist zweifellos die tagsüber geöffnete und für das kleine Dorf auffallend große Kirche Ágios Panteleímonas an der Platía. Das moderne Gotteshaus ersetzte Ende des 19. Jahrhunderts eine uralte Kirche direkt gegenüber, die dem gleichen Heiligen geweiht war. Das in drei Phasen zwischen dem 10. und 15. Jahrhundert immer wieder erweiterte alte Gotteshaus ist nach umfassenden Restaurierungsarbeiten in den letzten Jahrzehnten an der Platía zu sehen. In der steinernen Kirche, die mittlerweile nur auf Anfrage geöffnet wird und eine uralte Altarwand sowie neue Fresken im byzantinischen Stil birgt, wurden bis 1880 Messen gefeiert. In diesem Jahr hielt dort der damalige Metropolit eine Messe, bei der er sich wegen des Platzmangels

Oben: Mit regionalen Produkten wie Honig und Öl kann man sich an einem Stand unterhalb der Burg eindecken.
Unten: Die Kirche Ágios Panteleímonas ist das Wahrzeichen von Siánna.

mit dem Öl der Öllampen das Gewand ruinierte. Er forderte von den Dorfbewohnern, die sich als Einzige in der Umgebung keine neue Kirche leisten konnten, schnellstmöglich zumindest den Grundstein für ein neues Gotteshaus zu legen. Die Einheimischen nahmen es sich zu Herzen und versprachen ihm ein prächtiges Gotteshaus.

Nach einer guten Ernte im Jahr 1882 begannen die Dorfbewohner schließlich mit der Errichtung der heutigen Hauptkirche, die zehn Jahre später fertig gestellt war. In den 1970er-Jahren wurde sie mit prächtigen Fresken im byzantinischen Stil ausgemalt. Sie bilden Szenen aus dem Leben des Ágios Panteleímonas sowie viele Motive aus dem Neuen Testament ab. Äußerst prachtvoll ist im Kirchenraum auch die reich verzierte Altarwand. Ihre großen Ikonen sind mit der kostbaren, silbernen Abdeckung, dem sogenannten Oklad, geschmückt, sodass nur die Gesichter der Heiligen zu sehen sind. Wer die Kirche mit den zwei Glockentürmen von außen genauer betrachtet, bemerkt eine weitere Besonderheit: Drei der vier Uhren auf den Türmen sind nur aufgemalt. Die Zeit steht auf beiden Uhren der Frontseite auf 6.50 Uhr, einerseits zeigen sie den Moment im Jahr 1882, als der erste Grundstein gelegt wurde, andererseits den Zeitpunkt des Beginns des ersten Gottesdienstes im Jahr 1892. Die Uhr an der Straßenseite steht auf 9.40 Uhr und symbolisiert das Ende dieses ersten Gottesdienstes.

Oben: Ziegenherden blockieren schon mal den Verkehr.
Unten: In den Souvenirgeschäften kann man auch Web-, Häkel- und Stickarbeiten kaufen.

Infos und Adressen

ESSEN UND TRINKEN

Christos Corner. Auf der blumenreichen Terrasse der einfachen Taverne gibt es Leckeres vom Grill – sowohl Fleisch als auch Fisch – sowie gute griechische Hausmannskost. Hauptstraße, Abzweigung nach Appolákia, Monólithos, Tel. 22 46 06 13 10, www.christos-corner.com

Manos Mastrosavvas. Seit 1912 ist das Café-Restaurant bereits im Familienbetrieb. Heute wird es von Anastasía und Státhis geführt, die köstliche griechische Speisen servieren. Gekocht wird mit dem eigenen Olivenöl. An der Kirche, Siánna, Tel. 22 46 06 12 09, www.manos-siana.com

The Old Monolithos. In der Taverne des freundlichen Wirtspaars Manólis und Déspina gibt es leckere griechische und regionale Spezialitäten wie Mousaká. Saisonal werden auch wechselnde Speisen wie gefüllte Zucchiniblüten angeboten. Platía, Tel. 22 46 06 12 76.

ÜBERNACHTEN

Thomas. Von den Balkonen des winzigen Hotels mit neun einfachen, aber gemütlich eingerichteten Zimmern hat man eine tolle Aussicht

Wer Einblicke in die Produktion von Olivenöl gewinnen will, ist hier richtig.

Im Christos Corner speist man im Schatten.

auf die Umgebung und die Küste. Monólithos, Tel. 22 46 06 12 64, www.thomashotel.gr

EINKAUFEN

Olive Oil Factory. Das kleine Geschäft am Hauptplatz verspricht nicht nur einen Einblick in eine alte Olivenpresse, sondern auch hervorragende Olivenöle sowie andere rhodische Leckereien. Unterhalb der Kirche, Siánna, Tel. 22 41 06 21 19, www.ladomilos.gr

VERANSTALTUNGEN

Honig- und *Soúma*-Fest. Seit 2004 organisiert der Kulturverein von Siánna am ersten Wochenende im August jährlich ein Fest, bei dem die regionalen Produkte im Mittelpunkt stehen. Während am Samstagabend ein großes Event mit griechischer Musik und Tanz stattfindet, kann man beide Tage viel *soúma* trinken und herzhafte Gerichte sowie süße Leckereien mit Honig wie die Hefeteigbällchen *loukoumádes* oder die Sesamhäppchen *melekoúnia* probieren.

GÜNSTIG
durch Rhodos

Das beliebteste griechische Fast-Food: Gyros-Pita

Wie überall auf der Welt lässt sich auch auf Rhodos mit ein wenig Planung und bei genauem Hinsehen immer mal wieder Geld sparen – egal, ob beim Sightseeing, bei Ausflügen oder beim Essen. Es gibt ein Kombi-Ticket für die wichtigsten Museen, mehrere eintrittsfreie archäologische Stätten, günstige öffentliche Verkehrsmittel und natürlich auch Essen zu günstigen Preisen.

1. Kombi-Tickets für Museen

Archäologie-Fans und auch alle anderen, die vorhaben, einige Sehenswürdigkeiten in Rhodos-Stadt zu besichtigen, können mit dem Kombi-Ticket für nur zehn Euro gleich vier Museen besuchen: den Großmeisterpalast, das Archäologische Museum, das Museum für

dekorative Kunst und das wiedereröffnete Byzantinische Museum in der eindrucksvollen Kirche Panagía tou Kástrou. Sparen kann man beim Besuch der vier Museen acht Euro.

2. Schnell und günstig essen

Wer tagsüber nur schnell etwas während des Sightseeing-Marathons essen möchte oder abends noch spät in Rhodos-Stadt unterwegs ist und mal Lust auf Fast Food hat, sollte unbedingt eine Gyros-Pita probieren. Bei den Rhodiern ist beispielsweise der Imbiss Avgoustinos in der Neustadt (Odós Diákou Alexándrou 26) beliebt. Dort gibt es außer Pita, nach Wunsch gefüllt mit Hähnchen- oder Schweine-Gyros, Pommes, Tomaten, Zwiebeln und Tzatziki, auch Pizza, die Fleischspieße Souvláki oder andere griechische Gerichte zu günstigen Preisen (Gyros-Pita ca. 2,50 €).

3. Sightseeing zum Nulltarif

Dass der Besuch von Sehenswürdigkeiten nicht immer Geld kosten muss, beweisen auf Rhodos zahlreiche archäologische Stätten, bei denen der Eintritt frei ist. So kann man z. B. in Rhodos-Stadt den Wallgraben bestaunen und auf dem Monte Smith die antike Akropolis besichtigen. Ebenfalls frei zugänglich sind die auf der Insel verstreut liegenden Burgruinen der Johanniter wie in Monólithos, aber auch viele Kir-

chen, z. B. Ágios Nikólaos Fountoukli, und Klöster wie die Moní Skiádi.

4. Ausflüge zu den Nachbarn

Alle Reiseveranstalter haben Tagesausflüge zu den Nachbarinseln, zumindest nach Sími und Chálki, auf dem Programm. Für alle, die einen Mietwagen haben und damit zum Hafen kommen, lohnt es jedoch, die Preise zu vergleichen. Oft ist ein Besuch der Inseln auf eigene Faust günstiger. Ein Spaziergang entlang der unzähligen Stände am Mandráki-Hafen eignet sich hervorragend zum Preisvergleich. Nach Chálki kommt man von Kámiros Skála übrigens am günstigsten.

5. Mit dem Bus fahren

Wer im Urlaub nicht jeden Tag die Insel erkunden will, kann die wichtigsten Orte gut mit dem Bus ansteuern und sich den Mietwagen sparen, besonders, wenn man in Rhodos-Stadt untergebracht ist. So kostet die einzelne Fahrt mit dem etwa stündlich zwischen Rhodos-Stadt und Lindos verkehrenden Bus nur 5,50 Euro und von Rhodos-Stadt ins antike Kámiros oder zum Schmetterlingstal 5,20 Euro, vom/zum Flughafen zahlt man gerade mal 2,50 Euro. Günstiger als bei uns sind auf Rhodos übrigens auch die Taxis. Die aktuellen Tarife sind an den großen Taxi-Stationen ausgeschrieben.

AUSFLÜGE

44 Sými
Charmante Bilderbuch-Insel

Fünfzig Minuten braucht das Tragflächen-boot von Rhodos-Stadt bis zur dicht vor der türkischen Küste liegenden Insel Sými, die nicht nur Pilger mit einem bedeuten-den Wallfahrtsziel der Ägäis fasziniert. Den »Wow-Effekt« erleben die meisten schon beim Einlaufen in den malerischen Hafen, in dem die klassizistischen Villen und Herrenhäuser die Hänge emporklettern und Flair des 19. Jahrhunderts versprühen.

Spätestens wenn man angekommen ist, lässt sich nachvollziehen, warum das charmante Sými in den Sommermonaten total überlaufen ist und zahllose Rhodosbesucher die angebotenen Tagesausflüge zur 58 Quadratkilometer großen Insel nutzen. Das bezaubernde Hauptstädtchen Sými-Stadt gilt mit den farbenfrohen, stilvollen Häuschen als einer der schönsten Orte des Dodekanes. Wer Zeit hat und es sich leisten kann, sollte über Nacht bleiben. Vor,

GUT ZU WISSEN

KEIN GÜNSTIGES PFLASTER!
Den Ruf als schicke Promi-Insel möchte man sich auf Sými bewahren. So wird die Insel vom Bau großer Hotelanlagen vermutlich auch in Zukunft verschont bleiben. Das bedeutet jedoch, dass die Preise der stilvollen Unterkünfte höher sind als auf anderen Inseln des Archipels. Da man von den Stammgästen und der ab und zu eintreffen-den Prominenz allein nicht leben kann, bleibt der Tagestourismus wichtiger Wirtschaftszweig. Das spiegelt sich zum Teil auch in den Preisen der Restaurants wider.

Vorangehende Doppelseite:
Markant erhebt sich am Hafen von Chálki der Uhrenturm.
Oben: Einzigartig ist der Blick von Chorió über die Bucht von Gialós bis zur türkischen Küste.

Pastellfarbene Herrenhäuser am Gialós-Hafen

während und nach dem Besuch der Tagestouristen zeigt die Insel, die fast 2600 Einwohner zählt, nämlich unterschiedlichste Facetten. Das besonders bei wohlhabenden Griechen und Türken beliebte Eiland ist vor einigen Jahren vom unbekannten Pilgerziel und Geheimtipp britischer Urlauber in den 1990er-Jahren zum Mittelmeer-Spot mit schicken Segelbooten und Motorjachten der High-Society avanciert. Auch Politprominenz wie der ehemalige US-Präsident George Bush oder Stars wie die Sängerin Tina Turner haben Sými schon mit ihren Jachten besucht. Mittlerweile ist in der fjordartigen Hafenbucht Gialós besonders im August nur sehr schwer ein Ankerplatz zu bekommen. Mit Tausenden hinzukommenden Tagesgästen platzt Sými im Hochsommer schließlich aus allen Nähten. Umso schöner ist die bergige und buchtenreiche Insel für Ruhesuchende, Wanderfreunde, Maler und Zeichner morgens und am späten Nachmittag, wenn wieder Ruhe einkehrt.

Nostalgisches Hauptstädtchen

Schon vor dem Anlegen im Hafenbecken von Sými-Stadt begeistert seine herrliche Silhouette, eine der markantesten und bekanntesten des Dodekanes. Sýmis einziges Städtchen ist zwei-

Nicht verpassen

LECKERES MIT FLAIR

Wer eine romantische Location abseits der Massen am Hafen sucht, kann in zehn bis fünfzehn Minuten von der Brücke Richtung Nimborió zur »Taverne Thólos« laufen. Von den am Meer liegenden Tischen hat man sowohl tagsüber als auch am Abend eine fantastische Aussicht auf die den Hang emporkletternden Häuser der Stadt. Auf der Speisekarte steht sehr gute griechische Hausmannskost, von Kichererbsen mit Pilzen über gefüllte Weißkohlblätter und mit Käse gefüllte Paprika bis hin zum Zicklein. Köstlich sind auch die Fisch- und Meeresfrüchte wie die inseltypischen gebratenen Shrimps. Auf einer Tafel der äußerst aufmerksam geführten Taverne mit gutem Preis-Leistungs-Verhältnis stehen die wechselnden Tagesgerichte. Leckerer Hauswein.

Tholos. Westlich des Anlegers, an der Straße Richtung Nimborió, Gialós, Tel. 22 46 07 20 33.

227

geteilt: einerseits die von pastellfarbenen klassizistischen Villen und stattlichen Herrenhäusern umschlossene Hafenbucht Gialós und andererseits der oberhalb des südöstlichen Hangs thronende urigere Ortsteil Chorió. An der Promenade rund um den Hafen laden zahlreiche Tavernen und Cafés zum Genießen und Dolcefarniente ein. Wahrzeichen von Sými-Stadt sind der an der Hafeneinfahrt thronende steinerne Uhrturm aus dem Jahr 1881 und das während der italienischen Besatzungszeit erbaute Gebäude der Polizeistation.

Mit Blick auf die größtenteils in Ockertönen gestrichenen Häuser aus dem 18. und 19. Jahrhundert, die den Wohlstand der Symioten zur Zeit der florierenden Seefahrt repräsentieren, und an einem Denkmal vorbei, das an die Übergabe des Dodekanes an Griechenland nach dem Zweiten Weltkrieg erinnert, geht es zur Platía 8. Maíou. Dort liegen das Rathaus und das kleine Seefahrtmuseum, in dem Besucher viel über die Schwammtaucherei erfahren und Schiffsmodelle, Kompasse sowie alte Telegrafen sehen können. Südlich des Hafens erhebt sich in einer Gasse hinter der Promenade die große Ortskirche Ágios Ioánnis, die mit ihrem Kieselsteinmosaik im Hof und dem markanten steinernen Glockenturm begeistert. Die breite Treppengasse, Kalí Stráta, also »Schöne Straße« genannt, führt hinauf in den älteren Teil von Sými-Stadt.

Enge Gassen, toller Ausblick

Der Aufstieg über die Kalí Stráta mit ihren rund 500 breiten Stufen ins sehenswerte Oberdorf Chorió und seine hübschen, labyrinthartigen und teilweise treppenartigen Gassen ist mühsam, aber äußerst lohnenswert. Die im 19. Jahrhundert angelegte Straße wird von etlichen hübschen Herrenhäusern gesäumt und war einst die Hauptstraße der Stadt. Sie führt hinauf zur Platía

Oben: Die Kali Stráta ist Sýmis berühmteste Gasse.
Mitte: Die Klosterkirche ist mit einigen Fresken geschmückt.
Unten: Das Kloster Panormítis ist eins der bedeutendsten Wallfahrtsziele der Ägäis.

Syllógou, von der ein Weg zu den Ruinen der Johanniterfestung Pontikókastro aus dem 13. Jahrhundert abzweigt. Das Kastell auf dem Hügel Nouliás wurde an der Stelle eines antiken Athene-Tempels erbaut. Von der Burg sowie den etwa 20 uralten, teils restaurierten Getreidemühlen, die auf dem 200 Meter hohen Bergkamm thronen, eröffnet sich eine spektakuläre Aussicht über die zauberhafte Gialós-Bucht und gen Osten die kreisrunde Pédi-Bucht bis hin zur türkischen Küste.

Bedeutendes Wallfahrtsziel

Das bekannteste Ausflugsziel von Sými, das dem Erzengel Michael geweihte Kloster Panormítis, ist zugleich einer der bedeutendsten Wallfahrtsorte des Dodekanes. Die Pilger besuchen das Kloster, weil sie an die wundertätige Ikone des Erzengels glauben. Sie soll bei Seenot, aber auch bei familiären und finanziellen Problemen und Krankheiten helfen. Wundersam erscheint auch, dass beispielsweise an das Kloster adressierte Flaschenpost mit Wünschen von Gläubigen sogar schon vom Atlantik zum Kloster getrieben worden sein soll.

Anstatt auf eigene Faust über das Inselstädtchen mit dem Inselbus, dem Taxi oder dem Mietwagen durch den Kiefernwald im südlichen Teil der Insel zum Kloster zu fahren, lohnt sich für alle, die nur einen Blick hineinwerfen wollen, die Fähre von Rhodos zu nehmen, die am Kloster hält und nach einem etwa einstündigen Aufenthalt weiter nach Sými-Stadt fährt. Der Nachteil: Man muss die sonst friedliche Klosteranlage zusammen mit Tausenden anderen besichtigen. Der ausgedehnte Komplex des Klosters begeistert besonders durch seine Lage am Ende der Pánormos-Bucht. Innerhalb der Anlage kann man in einem Café am Anleger das Treiben beobachten oder in der auch

Einfach gut!

WOHLFÜHL-AMBIENTE

Eines der größeren Hotels auf der Insel liegt nur wenige Gehminuten vom Hafen entfernt in der Nähe der Kirche Ágios Geórgios. Das gemütliche, farbenfrohe »Opera House« ist ein im neoklassizistischen Stil neu errichteter Komplex, der aus sechs Gebäuden mit 29 gepflegten, unterschiedlich großen Wohneinheiten mit Kochnische besteht. Die hübsche Anlage mit Viersterne-Niveau bietet mit ihrem großen Garten viel Platz für alle, die es gern etwas weiträumiger haben. Das von der gastfreundlichen und hilfsbereiten Familie Mylonákis, die viele Jahre in Australien gelebt hat, geführte Hotel liegt zentral, aber dennoch abseits des Trubels am Hafen. Auf Anfrage ist ein kostenfreier Transfer vom und zum Hafen möglich.

Opera House. 150 Meter südlich des Hafens, in einer Straße hinter der Kirche, Gialós, Tel. 022 46 07 20 34, www.simioperahouse.gr

LEDERWAREN AM HAFEN

Natürlich kommt auf Sými auch das Einkaufen nicht zu kurz – vorausgesetzt man hat im Koffer noch ein bisschen Platz frei. Bei Tákis Psarrós gibt es für Shoppingfans qualitativ gute Lederwaren für Damen und Herren und auch die in feinster Handarbeit kreierten Kunstwerke des Besitzers zu entdecken. In seinem großen, alteingesessenen Laden, vermutlich das bekannteste Geschäft der Insel, arbeitet der Designer und Lederwarenproduzent täglich an neuen Produkten, die er selbst entwirft, fertigt und teilweise mit unterschiedlichen Motiven ohne Vorskizzierung durch Brandmalerei einzigartig schmückt. In seinem Geschäft Takis Leather gibt es Jacken, Hosen, Kleider, Taschen, Gürtel, Portemonnaies sowie Schuhe und Sandalen zu guten Preisen.

Takis Leather Fashion. Zwischen Uhrturm und Brücke, Gialós, Tel. 22 46 07 23 90, www.takisleather.com

Nicht verpassen

außerhalb der Inselgrenzen bekannten Klosterbäckerei eine Kleinigkeit zu essen kaufen. Erstes Ziel in der Anlage ist für die meisten der prächtige Klosterhof, zu dem der Durchgang unterhalb des barocken Glockenturms vom Anfang des 20. Jahrhunderts führt. Im Zentrum des von Arkaden gesäumten und mit einem Kieselsteinmosaik ausgelegten Innenhofs liegt die kleine Klosterkirche, die aus dem Jahr 1783 stammt. Im Kirchenraum sind Fresken aus dem 18. Jahrhundert und eine kunstvoll geschnitzte Altarwand von 1787 zu sehen.

Auch die beiden Klostermuseen, das Sakral- und das Folkloremuseum, über den Hof erreichbar, können besichtigt werden. Im Folkloremuseum werden Alltagsgegenstände der Inselbewohner aufbewahrt., so zum Beispiel viele geschmückte Besen, die Gläubige ins Kloster bringen, um die Reinigung ihrer Sünden zu erbitten. Und im kleinen Sakralmuseum sind kostbare Schätze wie liturgische Geräte oder Ikonen untergebracht.

Und sonst noch?

Wer auf der Insel bleibt, kann natürlich mehr entdecken als Sými-Stadt. Lohnenswert ist für Naturfreunde beispielsweise ein Besuch der elf restaurierten byzantinischen Weinpressen im Waldgebiet Kourkounióti auf dem Weg zum Kloster Panormitis. Sie zeugen von der bis ins 18. Jahrhundert wichtigen Weinanbautradition.

Für Badefreunde attraktiv sind selbstverständlich die Ausflüge mit den Taxibooten zu den nur über den Wasserweg erreichbaren Stränden der Insel. Äußerst eindrucksvoll ist der unerschlossene Ágios-Geórgios-Dysálonas-Strand mit Sand und Kieselsteinen, der von einer bis zu 300 Meter hohen, rauen Felswand umsäumt wird. Verpflegung

muss man sich selbst mitbringen. Gut zum Schnorcheln geeignet ist die romantische, von Zypressen
umsäumte Nánou-Bucht mit Kieselsteinen und
kristallklarem Wasser, wo es auch eine Taverne gibt.
Ein weiterer Strand liegt inmitten rauer Felsland-
schaft. Die mit wilden Zypressen bewachsene Ágios-
Vasílios-Bucht mit Kieselsteinen ist steil abfallend,
touristisch unerschlossen und besonders bei Nudis-
ten beliebt. Westlich von Sými-Stadt lohnt außerdem der malerische Strand Ágios Emilianós einen
Besuch mit dem Boot. Dort begeistert besonders der
über einen steinernen Steg erreichbare Felsen, auf
dem die gleichnamige Kirche steht.

Mit einem Fahrzeug kann man das etwa zwei
Kilometer nordwestlich von Sými-Stadt gelegene,
recht einsame Fischerdorf Nimboriós mit rund
100 Häusern, einigen Kapellen und Kieselstrand
besuchen. Auch lohnt die östlich gelegene Pédi-
Bucht einen Ausflug, die aufgrund des zu über-
querenden Hügels am besten per Bus oder Taxi
erreichbar ist. Von den beiden Tavernen dort kann
man stundenlang die im Wasser dümpelnden
Fischerboote beobachten. Außerdem lohnt von
Pédi der etwa halbstündige Fußweg zur östlich liegenden Nachbarbucht Ágios Nikólaos. Der Sand-
Kiesel-Strand mit dem ganz langsam ins Tiefe
abfallenden Wasser und den Schatten spendenden
Tamarisken-Bäumen ist hervorragend für einen
entspannten Aufenthalt mit Kindern geeignet.

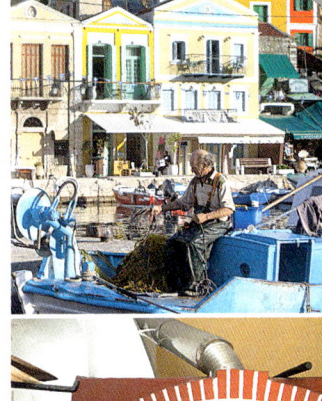

Oben: Viele Strände sind nur
über den Wasserweg erreichbar.
Mitte: Ein Fischer in Gialós
kümmert sich um seine Netze.
Unten: In der Bäckerei von Gialós
gibt es Herzhaftes und Süßes.

Infos und Adressen

VERBINDUNGEN

Von Rhodos-Stadt finden zwischen April und Oktober täglich Ausflüge nach Sými statt. Außerdem gibt es vom Mandráki-Hafen mehrmals täglich Linienverbindungen (auch mit den schnelleren Tragflächenbooten). Aktuelle Informationen über die Verbindungen geben die Reisebüros in Rhodos-Stadt. Infos auch bei der Reederei Sea Dreams (www.seadreams.gr).

Wer ein Hotel in Gialós bucht, hat einen tollen Blick auf die Bucht.

Dodekanisos Seaways bietet beispielsweise täglich zwei Möglichkeiten an. Einerseits mit Stopp am Kloster Panormítis: Abfahrt in Rhodos-Stadt ist um 9 Uhr, Ankunft beim Kloster um 10.30 Uhr und um 11.45 Uhr vom Kloster weiter nach Sými-Stadt. Zurück geht es um 16.30 Uhr, Ankunft in Rhodos-Stadt ist um 18 Uhr. Die direkte Fahrt nach Sými-Stadt startet um 8.30 Uhr, Ankunft ist um 9.20 Uhr. Zurück von Sými-Stadt geht es um 17.35 Uhr, Ankunft in Rhodos-Stadt um 18.30 Uhr. Infos: www.12ne.gr

INSELBUS UND TAXIS

Sowohl die beiden Inselbusse als auch die fünf Taxis der Insel starten auf der Südostseite des Anlegers. Zwischen 8 und 23 Uhr gibt es einen stündlich abfahrenden Bus, der Gialós mit Chorió und Pédi verbindet. Rückfahrt von Pédi stündlich zwischen 8.30 und 23.10 Uhr. Der zweite Inselbus fährt zum Kloster Panormítis. Dieser startet in Gialós Mo–Fr um 6.50, 10.30 und 14.30 Uhr und fährt um 7.30, 12 und 16 Uhr vom Kloster Panormítis wieder zurück. Sa und So fährt der erste Bus eine Stunde später, startet also um 7.50 Uhr in Gialós und fährt um 8.30 Uhr ab dem Kloster wieder zurück. Infos: Tel. 22 46 07 13 11.

Die aktuellen Touren der Taxi-Boote und Bootsausflüge werden meist am Abend zuvor auf Tafeln am Hafen ausgehängt, Infos und Buchung z. B. beim Symi Taxi Boat Paulos-Kostas (Tel. 69 36 44 46 03).

AUTO– UND MOPEDVERMIETUNGEN

Wer auf der Insel bleibt, kann rund um den Hafen bei einigen Vermietern ein Moped oder auch ein Auto mieten. Anbieter sind Back Street Bikes, Tel. 69 41 41 95 00 (mobil), www.symirentabike.com, oder Glaros Rent a Car, Tel. 22 46 07 19 26, www.glarosrentacar.gr. Auch Boote werden vermietet: Yiannis, Tel. 69 36 88 01 76 (mobil).

ESSEN UND TRINKEN

Giorgos. Unter Weinranken werden im Oberdorf griechische Gerichte serviert. Freitagabends ab 21 Uhr Live-Musik. Platía, Chorió, Tel. 22 46 07 19 84.

Pantelis. In dem Fischrestaurant mit typisch griechischem Flair und freundlichem Service werden die köstlichen Meeresfrüchte liebevoll zubereitet. Äußerst schmackhaft sind auch die unterschiedlichen Vorspeisen. Promenade (nahe der Bushaltestelle), Gialós, Tel. 22 46 07 21 14.

Mylopetra. Das Restaurant in einem historischen Gebäude mit stilvollem Ambiente ist eine gute Adresse für Feinschmecker. Auf dem Menü stehen kreative, mediterrane Gerichte, die aus feinsten Zutaten zubereitet werden. Es gibt auch Kindergerichte. Tgl. ab 19.30 Uhr, Gasse hinter der Kirche Ágios Ioánnis, Gialós, Tel. 22 46 07 23 33, www.mylopetra.com

ÜBERNACHTEN

Aliki. Im Jahr 1999 wurde das klassizistische Haus von 1895 liebevoll restauriert. Seitdem verspricht das Hotel mit zwölf Doppelzimmern, drei Suiten und schicker Lobby eine stilvolle Atmosphäre. Promenade (nahe dem Uhrturm), Tel. 22 46 07 16 65, www.symi-hotel-aliki.gr

Thea. Die fünf individuell, mit liebevollen Details eingerichteten Apartments mit Blick auf den Hafen befinden sich in einem neoklassizistischen Haus von 1913 und sorgen für Urlaub in gemütlicher und stilvoller Atmosphäre. Südseite des Hafens, Gialós, Tel. 22 46 07 25 59, www.symi-thea.gr

AUSGEHEN

Tsáti Bar. Im hübsch eingerichteten Lokal gleich am Meer gibt es gute Cocktails oder griechisches Bier auf Sitzkissen und an kleinen Tischen. Den Sonnenuntergang begleitet Musik zum Relaxen. An der Straße Richtung Nimborió, Gialós, Tel. 22 46 07 24 98.

AKTIVITÄTEN

Kalodoukas Holidays. Das Reisebüro der Familie Kalodoúkas organisiert schon seit Jahrzehnten Ausflüge auf der Insel. Das Angebot umfasst Bootsausflüge zu unterschiedlichen Stränden und Wanderungen. Am Anfang der Kalí Stráta, Gialós, Tel. 22 46 07 10 77, www.kalodoukas.gr

VERANSTALTUNGEN

Klosterfest. Am 8. November jeden Jahres wird zu Ehren des Erzengels Michael ein großes Fest im Kloster Panormítis gefeiert.

Fähren verbinden die Inseln des Archipels miteinander.

45 Chálki
Schnuckeliger Inselzwerg

Chálki ist mit nur einem bewohnten Ort ideal für einen Tagesausflug. Das hübsche Nimborió (auch Emborió), das auch Hafen der 28 Quadratkilometer großen Insel ist, wirkt wie gemalt. Zweistöckige klassizistische Häuser umarmen den Anleger: Sie haben markante Ziegeldächer und zeigen sich entweder mit steinernen Mauern sowie bunten Türen und Fenstern oder leuchten mit pastellfarbenen Fassaden.

Täglich bringen Ausflugsboote von Kámiros Skála (s. S. 208) oder auch mehrmals wöchentlich von Rhodos-Stadt Besucher auf das zwergartige weitgehend karge Nachbarinselchen. Chálki, das bis heute recht ursprünglich und idyllisch geblieben ist, begeistert mit dem zauberhaften Örtchen Nimborió. Die Insel ist ideal für alle, die einen Streifzug durch die malerische Ortschaft machen wollen und – ohne lange Wege zurücklegen zu müssen – einfach nur entspannen möchten.

GUT ZU WISSEN

ORGANISIERT ODER AUF EIGENE FAUST?
Private Anbieter bieten im Mandráki-Hafen von Rhodos-Stadt (s. S. 58) Tagesausflüge zu den Nachbarinseln an. Manchmal sind die Preise vergleichbar mit denen der Linienverbindungen, andere Male sind sie überteuert. Vergleichen lohnt also! Besonders bei kleinen Inseln wie Chálki kann man den Ausflug auch gut auf eigene Faust planen. Schnell kann man Chálki mit dem Boot von Kámiros Skála oder Rhodos-Stadt erreichen und das winzige Nimborió selbst erkunden.

Oben: Tolle Kontraste – die schroffen Hügel von Chálki und der farbenfrohe Ort Nimborió
Unten: In Nimborió vertreiben sich die Männer die Zeit beim Kartenspielen.

Die Kuppel-Basilika am Emborio-Friedhof

Da die meisten Villen des Orts in der Hand britischer Reiseveranstalter sind, müssen sich alle, die hier übernachten möchten, frühzeitig um eine Unterkunft kümmern. Ideal ist Chálki für Gäste, die Erholung pur suchen, Bücher im Gepäck haben oder einfach nur die überwiegend kiesigen Strände besuchen möchten, denn es gibt kaum Fahrzeuge und nur wenige Ziele, die man ansteuern könnte.

Rückblick in die Jahrtausende

Chálki verdankt seinen Namen vermutlich dem Kupfer, das man auf der Insel einst gefunden hat. Chalkós ist die griechische Bezeichnung für Kupfer. Wegen Keramik- und Messerfunden in der alten Inselhauptstadt Chorió weiß man sicher, dass Chálki bereits in der Jungsteinzeit bewohnt wurde. Um 1100 v. Chr. kamen die Dorer von Rhodos auf die Insel und brachten den Apollon-Kult mit nach Chálki. Im 5. Jahrhundert v. Chr. gelangte die Insel unter rhodischen Einfluss und wurde später – wie auch die große Schwesterinsel – von diversen Fremdherrschern besetzt. Die Johanniter kamen 1204 und bauten auf dem alten Akropolis-Hügel eine Festung, die durch Blickkontakt zu den Festungen in Kritinia auf Rhodos und auf dem

Geheimtipp

AUF DIE UNBEWOHNTE INSEL

Wer auf Chálki ein paar Tage verbringt, kann sich von den Fischern in Nimborió in einer halben Stunde zur unbewohnten Nachbarinsel Alimiá hinüberfahren lassen (ab 25 Euro, auch als Ausflug mit Barbecue). Das gerade mal 6,5 Quadratkilometer große Eiland ist mit seinem schönen großen Badestrand ein lohnenswertes Erlebnis für Einsamkeitsuchende. Auf der Insel, die vor rund 50 Jahren verlassen wurde, sind noch Gebäudereste und die Ruine einer alten Johanniterburg erhalten. Viel los ist auf Alimiá nur zum beweglichen Kirchweihfest zu Ehren des Heiligen Georg am Ágios-Georgios-Kloster. Sonst wird Alimiá nur von Seglern und Fischern besucht oder von herumspazierenden Ziegen sowie im Sommer selten auch von Hirten bewohnt. Wann Ausflüge nach Alimiá stattfinden, kann man Tafeln am Hafen entnehmen. Es geht meist um 10 Uhr los, zurück ist man um 16 Uhr.

Typische Unterkunft: ein Haus am Meer

**WOHNEN
AM HAFEN**

Am nordöstlichen Ende der Bucht von Nimborió gibt es zwei restaurierte Häuser, die zu erholsamen Stunden einladen. Die große »Villa Praxithéa« hat zwei Etagen, deren zwei große Apartments (153 und 107 Quadratmeter) Platz für sieben und fünf Personen bieten. Für Paare ist die 40 Quadratmeter große »Villa Aristéa« ideal. Sowohl von den Balkonen und der Terrasse als auch von den kleinen Badeplätzen gleich vor den Häusern im neoklassizistischen Stil hat man eine fantastische Aussicht auf die malerische Kulisse von Nimborió. Wer mag, kann sich auch gleich von der Terrasse aus die Zeit beim Angeln vertreiben. Kleine Leitern führen von den Badestellen an den traditionell eingerichteten Steinhäusern mit modernem Komfort (z. B. WLAN) direkt ins kristallklare Wasser.

Villa Praxithéa und Villa Aristéa.
Promenade, Tel. 69 72 42 72 72,
www.villapraxithea.com

Einfach gut !

Inselchen Alimiá für die Sicherheit von Rhodos sorgen sollte.

Als Ende des 15. Jahrhunderts die Angriffe der Osmanen gefährlicher wurden, evakuierte man die Insel 1493. Chálki wurde jedoch erst 1522 von den Osmanen erobert. Den wirtschaftlichen Aufschwung erlebte die Insel wieder im 19. Jahrhundert. Wie die Bewohner der Dodekanes-Inseln Sými (s. S. 226) und Kálymnos (s. S. 262) verdienten die Chalkioten ihren Lebensunterhalt rund um die Wende vom 19. ins 20. Jahrhundert mit dem Schwammtauchen. Aus dieser Zeit stammen auch die meisten alten Villen in Nimborió. 1922 kamen schließlich die Italiener nach Chálki; jetzt lebten auf der Insel nur noch 2000 Einwohner. Heute gibt es hier 434 dauerhaft lebende Bewohner, zu denen sich im August rund 2000 Touristen pro Tag hinzugesellen. Im Jahr 1982 wurde Chálki von der UNESCO zur »Insel des Friedens und der Freundschaft für die Jugend der Welt« erklärt.

Charmantes Örtchen

Wie ein Farbklecks erstreckt sich das kleine Nimborió in der sichelförmigen Bucht, in der bunte Fischerboote vor Anker liegen, vor der steinernen

Rundgang durch Chálki

Wie im romantischen Filmset

Ein Tagesausflug nach Chálki lässt genügend Zeit, um das einzige Inselstädtchen Nimborió zu erkunden, durch die malerischen Gassen zu flanieren und in einer der Tavernen an der Mole die regionalen Leckereien zu probieren. Ein Sprung ins kühle Nass bietet sich sowohl am Hafenrand von Nimborió als auch am nahe gelegenen Póndamos Beach an. Wer das verlassene Chorió oder gar das Kloster Ái Giánnis Alárga besuchen will, muss aufgrund der Kürze der Zeit ein Taxi oder den einmal am Tag verkehrenden Inselbus nehmen. Infos zu der Abfahrtszeit des Busses gibt es am Hafenamt.

A Uhrenturm – Der Turm wurde von im Ausland lebenden Chalkioten gestiftet.

B Kirche Ágios Nikólaos – Eindrucksvoll ist der fünfstöckige Glockenturm. Leider ist das angeschlossene Kirchenmuseum meist geschlossen.

C Traditionelles Haus – Wie die klassizistischen Häuser von Chálki einst eingerichtet waren, sieht man in dem privaten Museum. Tägl. 11–15 und 18–20 Uhr, Tel. 22 46 04 52 84.

D Windmühlen – Vom Hügelkamm mit den drei alten Windmühlen südlich von Nimborió hat man einen tollen Blick auf das Inselstädtchen. Der Weg ist allerdings schattenlos, im Sommer sollte man ihn nicht antreten.

E Chorió – Auffällig ist im verlassenen Dorf die gut erhaltene Kirche Panagía, die wohl aus dem 15. Jahrhundert stammt. Dort findet am 14. August, vor dem Feiertag Mariä Himmelfahrt, ein großes Kirchweihfest statt.

F Johanniterfestung – Zwischen den teilweise erhaltenen Burgmauern mit ihren Zinnen kann man noch die Überreste der einstigen Burgkapelle Ágios Nikólaos sehen.

G Kloster Ái Giánnis Alárga – Das abgelegene Kloster bietet sich für ein Picknick in völliger Einsamkeit an. Verpflegung nicht vergessen!

Kulisse der rauen Hügellandschaft der Insel. Auf dem südlichen Hügelkamm sieht man außerdem die Ruinen von drei uralten Windmühlen. An der Mole kann man die Fischer bei der Instandhaltung ihrer Netze beobachten. Von der Platía führt die einzige Straße aus der Ortschaft hangaufwärts hinaus. Außerdem weisen dort Schilder zum Folkloremuseum hin, dem »Traditionellen Haus von Chálki«, wo Besucher einen guten Eindruck von der ursprünglichen Einrichtung eines typischen Inselhauses bekommen. Die romantische Ortschaft begeistert jedoch vor allem, wenn man sich ein wenig in den Gassen mit den liebevoll restaurierten, pastellfarben gestrichenen Herren- und Bürgerhäusern verliert.

Auffallend sind außerdem bereits von der Mole zwei Türme, die zwischen dem Häuserkonglomerat emporsteigen. Der erste, nahe dem Anleger, ist der steinerne Uhrturm vor dem weiß getünchten, klassizistischen Rathaus. Das auffällige Gebäude wurde im 19. Jahrhundert als Jungenschule erbaut. Nördlich des Anlegers erhebt sich der höchste Glockenturm des Dodekanes. Er gehört zur 1860 erbauten Kirche Ágios Nikólaos und begeistert aus der Nähe mit seinem Durchgang, in den antike marmorne Bauelemente eines Apollon-Tempels eingefasst wurden. Der Vorhof der Kirche wird von einem schwarz-weißen Kieselsteinmosaik und einer hohen Zypresse geschmückt. Im Kircheninneren staunen Besucher über die vergoldete Altarwand und den

Oben: Trockensteinmauern begrenzen die Felder im Inselinneren.
Mitte: Ein altes Haus in Nimborió dient heute als Folkloremuseum.
Unten: Der Kánia-Strand ist am besten per Boot zu erreichen.

Blick von der Empore mit sakralen Exponaten, die bei Gottesdiensten früher den älteren Frauen vorbehalten war.

Verlassenes Chorió

Etwa drei Kilometer westlich von Nimborió, eine Stunde zu Fuß bergauf, liegt das heute unbewohnte Chorió, das man natürlich einfacher mit einem Fahrzeug erreicht. So weit im Landesinneren war die einstige Inselhauptstadt vor den gefürchteten Piratenangriffen geschützt. Seine Bewohner verließen den Ort in den 1960er-Jahren. Mittlerweile wird jedoch wieder ein wenig restauriert. Für einige Häuschen wurde einst auch antikes Baumaterial genutzt. Die Ruinen der alten Steinhäuser klettern den Hang empor, auf dessen Gipfel noch die Überreste einer Johanniterburg aus dem 15. Jahrhundert zu sehen sind. Vom Gipfel eröffnet sich eine fantastische Aussicht über Nimborió, das Meer und die markante Bergwelt von Rhodos.

Badefreuden auf Chálki

Die meisten Tagestouristen wandern gleich nach ihrer Ankunft in Nimborió zum westlich gelegenen Sandstrand Póndamos, sodass es dort zu dieser Zeit meist relativ voll wird. Die ansonsten recht romantische Badebucht mit einigen Tamarisken und dem seichten Wasser ist gut für Familien mit Kindern geeignet. Es gibt eine Taverne oberhalb des Strands, Liegen und Sonnenschirme. Am südöstlichen Ende von Nimborió liegt außerdem der kleine Ftenágia-Strand. Vorbei an der ehemaligen Schwammfabrik geht es über einen Steinpfad in etwa 15 Minuten zu Fuß zur kleinen Kiesbucht mit Taverne. Bootstaxis bringen Besucher außerdem zu den einsameren Kieselstein-Stränden Giáli und Trachiá sowie zum winzigen, aber sehr schönen, nördlich von Nimborió gelegenen Kánia-Beach.

Einfach gut!

BESUCH EINES KLOSTERS

Eine interessante Tagestour, die man gut mit einem Fahrzeug zurücklegen kann, führt von Nimborió über Chorió zum nicht mehr bewohnten Kloster Ái Giánnis Alárga. Die Strecke verläuft ab Chorió für etwa fünf Kilometer über die einzige Straße der Insel in südwestliche Richtung. Auf dem Weg durch die steinerne Landschaft, in der ab und zu Bienenstöcke und ein paar alte Kapellen stehen, liegt der Duft von Oregano und Thymian in der Luft. Am Ende der Straße, die außerdem immer mal wieder von Pferchen mit Wildziegen flankiert wird, trifft man auf das Kloster. Eine wundertätige Ikone zieht Gläubige an. Touristen sind besonders von der Ruhe fasziniert. Eine wohl hundert Jahre alte Zypresse begeistert vor der Klosterkirche. Ein auffälliges, zwölf Meter langes Modell eines Zweimasters wurde im Jahr 2013 von einem Mann aus Chálki gestiftet. Das große Klosterfest findet am 29. August statt.

Infos und Adressen

VERBINDUNGEN

Die schnellste Verbindung von Rhodos nach Chálki gibt es ab Kámiros Skála an der Westküste (s. S. 208). Die Überfahrt mit der »Fedon« dauert 45 Minuten und kann als Tagesausflug im Sommer täglich unternommen werden. Abfahrt ist von Kámiros Skála Mo um 9.30 Uhr, Di–Sa um 9.15 Uhr und So um 9 und 11 Uhr. Die Rückfahrt von Chálki ist Mo–Sa um 16 Uhr. So geht es um 17 und 19 Uhr wieder zurück. Infos unter Tel. 69 37 25 25 25 (mobil).

Von Rhodos-Stadt gibt es sowohl private Anbieter, die Tagesausflüge im Programm haben, als auch eine Linienverbindung. Dodekanisos Seaways fährt Di und Do um 8.30 Uhr von Rhodos-Stadt, Ankunft auf Chálki ist um 9.45 Uhr. Zurück geht es ab Chálki um 17.05 Uhr. Aktuelle Infos zu den unterschiedlichen Möglichkeiten bekommt man in den Reisebüros auf Rhodos. Infos Dodekanisos Seaways: www.12ne.gr

Bootstaxis bringen auf Chálki Besucher zu den Stränden der Insel. Infos am Hafen.

ESSEN UND TRINKEN

Ftenágia. Der ideale Ort für ein schattiges Mittagessen ist die gemütliche und herzlich geführte Taverne direkt am gleichnamigen Strand. Auf der Speisekarte stehen griechische Hausmannskost und Grillgerichte, natürlich Diverses aus dem Meer sowie die leckeren Kleinigkeiten *mezédes*. Ftenágia-Strand, Tel. 69 45 99 83 33, www.ftenagia.gr

Maria. Ein typisch griechisches Bild präsentiert die Taverne am Ortsplatz mit ihren blau-weiß karierten Tischdecken und blauen Stühlen unter schattigen Bäumen sowie freundlichem Service. Lecker sind die Fischgerichte und besonders empfehlenswert ist der griechische Salat. Promenade (am kleinen Platz), Tel. 22 46 04 53 00.

Mavri Thalassa (Black Sea). Die Fischtaverne ist eine der »klassischen« Adressen auf Chálki. Man kommt nicht nur zum Fisch und Meeresfrüchte essen, sondern auch wegen der wenigen die Karte füllenden Speisen mit griechischer Hausmannskost. Besonders lecker

Schnell gelangen Touristen mit der Fähre von Rhodos auf die Insel Chálki.

sind die in der Pfanne gebratenen Shrimps. Nimborió, Promenade (letzte Taverne im Süden) Tel. 22 46 04 52 21.

Minori. In der Taverne von María und Mike gibt es köstliche Speisen, die auch einen Hauch von der Insel Kreta versprechen. Dort stammt María her, die für Essen wie bei Muttern sorgt. Besonders lecker ist das Lamm mit Wildkräutern, das gulaschartige *stifádo* mit Zwiebeln und die gefüllten Weinblätter *dolmádes*. Nimborió, Promenade (nördlich des Anlegers), Tel. 69 48 72 93 96 (mobil).

Póndamos. In der Taverne am gleichnamigen Strand gibt es tagsüber leckere Fisch- und Meeresfrüchte sowie die bei Griechen beliebten Spaghetti mit Hummer. In dem angeschlossenen Beach-Café kann man auch nur etwas trinken. Póndamos, am Strand, Tel. 22 46 04 52 95.

Theodosia. Urlauber und Einheimische sitzen schon am frühen Morgen in der großen Konditorei/Café und genießen bei einem Kaffee und den köstlichen griechischen Süßspeisen oder bei einem leckeren Eis den Blick auf die anlegenden Fähren. Nimborió, Promenade (nahe des Anlegers), Tel. 22 46 04 52 78.

ÜBERNACHTEN

Aretanassa. Hübsch und einfach eingerichte-tes Hotel, untergebracht in einem historischen Gebäude, mit hellen Zimmern, angeschlossenem Restaurant und tollem Blick auf den Ort. Freundlicher Service, gemütliche Sonnenterrasse und direkter Zugang zum Meer. Südostende der Bucht, Tel. 22 46 07 09 27, www.aretanassa-hotel.gr

EINKAUFEN

Dimitri's Bakery. Die äußerst beliebte kleine Bäckerei ist vor allem für ihre mit Käse oder Spinat gefüllten Blätterteigtaschen bekannt.

Chálkis ursprüngliches Flair begeistert

Es gibt aber auch Süßes wie Apfelkuchen oder Croissants. Nimborió, am hinteren Teil des Platzes.

AKTIVITÄTEN

Prima Travel. Wer Lust hat, Chálki mit dem Fahrrad zu erkunden, kann von Rhodos eine organisierte Tour zur Insel buchen. Jeden Dienstag bietet der Veranstalter Prima Travel Ausflüge nach Chálki mit Radtour an (Preis da. 35 Euro). Prima Travel, Odós 28i Oktobríou 74, Rhodos-Neustadt, Tel. 22 41 02 07 57, www.primatravel.gr

Tierschutz. Wer sich im Tierschutz engagieren und streunenden Katzen und Hunden auf der Insel helfen möchte, kann den in Deutschland ansässigen Verein Tierhilfe Chalki (Animal Help Chalki) kontaktieren. Tierhilfe Chalki e.V., Dreikönigstr. 7, 69177 Heidelberg, www.tierhilfe-chalki.de

46 Tílos
Nahe gelegener Ruhepol

Das 63 Quadratkilometer große Tílos, eine der ruhigsten Inseln des Dodekanes, wird zumeist von Ruhesuchenden und wilden Campern besucht. Die Insel lockt sowohl mit schönen Sand-Kies-Stränden als auch mit dem verlassenen Dorf Mikró Chorió, dem auf einem Felsen thronenden Kloster Ágios Panteleímonas und der jahrtausendealten Geschichte der Zwergelefanten.

Während die Camper im Sommer den Schatten unter den Tamarisken des Éristos-Strandes oder am abgeschiedener gelegenen Strand Pláka suchen, wohnen Paare oder Familien in bescheidenen Pensionen und kleinen Hotels im Hafenörtchen Livádia. Auf der 500-Seelen-Insel begegnet man sich in diversen Buchten oder an der einzigen Verbindungsstraße zwischen Hafen und dem Kloster Ágios Panteleímonas. Doch Tílos begeistert auch mit der Natur. Das bergige, schroffe und teilweise dicht bewachsene Eiland zählt Hunderte Kräuter- und

GUT ZU WISSEN

MOBIL AUF DER INSEL
Wer Tílos mit der Fähre ansteuert und auch montags bis samstags zum Kloster Ágios Panteleímonas fahren möchte, sollte sich gleich am Hafen um einen fahrbaren Untersatz kümmern – auch wenn der Aufenthalt nur wenige Stunden dauert und der Bus zum Hauptort und zu den Stränden günstiger ist. Beachten sollte man, dass die einzige Tankstelle (zwei Kilometer außerhalb von Livádia) bis 14 Uhr und dann erst wieder von 18.30 bis 21 Uhr (also erst wieder nach Abfahrt der Fähren) geöffnet hat.

Oben: Im Hafenort Livádia lädt der lange Strand zum Baden ein.
Unten: Die weiß gekalkten Häuser und Hotels werden meist von bunten Blumen geschmückt.

Blumenarten, darunter zwölf Orchide-
enarten, Mohn oder auch Strandlilien.
Schon in der Antike gab es hier Thymian,
Salbei oder Kamille, von deren heilender
Wirkung auch die griechische Mythologie berichtet: Tílos, Sohn der Nymphe Halia, kam von Rhodos
auf die Insel, um Heilkräuter für seine kranke Mutter zu sammeln. Als diese wieder gesund wurde,
kehrte er zurück und baute zum Dank Tempel für
die Götter Apollon und Poseidon. Ihm verdankt
die Insel also auch ihren Namen.

Einfach gut!

Sehenswertes Ruinendorf

Nur wenige Kilometer trennen Livádia vom Ruinendorf Mikró Chorió, dem »Kleinen Dorf«, das vom
15. Jahrhundert bis in die 1960er-Jahre bewohnt
war. Dann zogen die Bewohner an die Küste und
gründeten Livádia. Im »Geisterdorf«, in dem heute
nur noch ein paar Ziegen leben, kann man durch
die schmalen Gassen zwischen Olivenbäumen, den
Ruinen der Steinhäuser und den Resten der alten
Burg umherlaufen.

Die kleine Inselhauptstadt

Der Inselhauptort Megálo Chorió, also »Großes
Dorf«, liegt sieben Kilometer nordwestlich des
Hafens am Ágios-Stéfanos-Hügel. Ein Spaziergang durch die Gassen des Ortskerns führt zur
Taxiárchi-Kirche mit einem Kieselsteinmosaik im
Hof. Im Museum des Orts können Interessierte nach
dem Kirchenschlüssel fragen. Im Kirchenraum sieht
man eine farbenfrohe holzgeschnitzte Ikonostase
und mit Silberblechen geschmückte Ikonen, die
von der alten Kirche bei der mittelalterlichen Burg
hierher gebracht wurden. Über einen Pfad können
Wanderfreunde nördlich des Dorfs hinauf zur Burg
steigen – für Tagesausflügler ist die Zeit aber zu
knapp. Die Burg wurde auf den Ruinen des antiken

GEMÜTLICH WOHNEN

Im Jahr 2008 hat Familie Christofis begonnen, die bereits bei der Einfahrt in den Hafen sichtbare weiße Anlage mit blumengeschmückten Außenbe-reichen an der schroffen Felswand zu bauen. Heute ist das Hotel »Ilidi Rock« eines der schönsten der In-sel. Das ganzjährig geöffnete Haus verfügt über 47 Zimmer und 12 Apartments mit einer fantastischen Aussicht auf die Bucht von Livádia und mit einem kleinen Kiesstrand unterhalb der Hotelanlage, an dem es außer Liegen und Sonnenschir-men auch eine Snack-Bar gibt. Der hilfsbereite Hotelier Ilías Christofis zog im Jahr 1984 zum Arbeiten nach Rhodos. Nur zwei Jahre später kehrte er zurück auf seine Heimatinsel, wo er 1986 das erste Hotel eröffnete.

Hotel »Ilidi Rock«. Am Hang hinter dem Hafen, Livádia, Tel. 22 46 04 42 93, www.ilidirock.gr

Wenn die Sonne sinkt, kommt Leben in das Ruinendorf.

Nicht verpassen

AUSSERGEWÖHN-LICHE BAR

Tilos ist mit Sicherheit nicht für sein ausschweifendes Nightlife-Angebot bekannt, mit einer Ausnahme: die »Mikro Chorio Bar«. Die außergewöhnliche Bar im verlassenen Dörfchen, die von einem eigens verlegten Netz für Strom durch Generatoren versorgt wird, sorgt im Sommer für einen Drink und ausgelassene Party-Nächte in einzigartigem Ambiente. Sie öffnet am späten Abend, sodass die verlassenen Häuser und Gassen von Mikró Chorió durch die versteckte Beleuchtung richtig in Szene gesetzt werden. Mit Blick auf die angestrahlten Ruinen finden alle, die auf Tilos übernachten, eine einzigartige Ausgehadresse.

Mikro Chorio Bar. Kostenloser Bus-Transfer von Livádia (am Hafen, vor dem Mini-Market Eleni) tägl. um 23, 24 und 1 Uhr hin und um 23.50, 00.50 und 1.50 Uhr zurück; Fr und Sa auch 3 und 4 Uhr, Sa auch 5 Uhr, Tel. 69 32 08 60 94.

Telos erbaut, bis in die frühchristliche Zeit vermutlich der einzige besiedelte Ort der Insel. Man sieht dort noch einige wenige Reste der hellenistischen Akropolis und der alten Kirche des Erzengels Michael. Außerdem hat man eine fantastische Aussicht über die Insel.

Die Zwergelefanten

Wichtigste Sehenswürdigkeit von Megálo Chorió ist die Paläontologische Sammlung. In der zwei Kilometer südöstlich des Orts gelegenen Höhle Charkadió, die man leider nicht besichtigen kann, wurden Knochen von Hirschen und Zwergelefanten gefunden, die bereits vor 45 000 Jahren auf der Insel lebten. Eines der jüngsten Skelette wird auf 1300 v. Chr. datiert, was bedeutet, dass wohl Menschen etwas mit dem Aussterben der Zwergelefanten auf Tilos zu tun hatten. Im Museum erläutern Knochen der Zwergelefanten, Skizzen und anderes Infomaterial die Ausgrabungen in der Höhle sowie die Elefanten selbst. Sie hatten eine Schulterhöhe von 1,20 bis 1,50 Metern und wogen vermutlich etwa 650 Kilo. Ihre Kleinwüchsigkeit lässt sich auf den verkleinerten Lebensraum auf der Insel zurückführen.

Auf Tílos unterwegs

Die wichtigsten Sehenswürdigkeiten von Tílos kann man mit einem Mietwagen oder Roller während eines Tagesausflugs schaffen. Zur Orientierung: Die Autofahrt von Livádia zum Kloster Ágios Panteleímonas dauert etwa eine halbe Stunde. Zwischenstopps lohnen bei der Paläontologischen Sammlung in Megálo Chorió und im verlassenen Dorf Mikró Chorió, wo man am besten der Beschilderung zur »Mikro Chorio Bar« folgt. Die Öffnungszeiten des Museums und die des Klosters sind an die Tagesausflügler angepasst.

Ⓐ Livádia – Das Hafenörtchen lädt vor der Rückfahrt und natürlich für alle, die auf Tílos übernachten, wegen des Strandes und geselliger Abende zu einem Aufenthalt ein.

Ⓑ Mikró Chorió – Das »Kleine Dorf« wurde aus Angst vor Piratenangriffen im Landesinneren erbaut.

Ⓒ Megálo Chorió – In dem winzigen Museum kann man in kurzer Zeit etwas über die vor vielen Jahrtausenden auf der Insel lebenden Zwergelefanten erfahren.

Ⓓ Icons and Paintings – Kunstfans sollten dem französischen Maler Pierre-Marie Bordrez in seinem Atelier und seiner Galerie einen Besuch abstatten. Er malt Ikonen und schöne Motive der Insel sowie Porträts (Öl auf Leinwand). An der Straße zwischen Megálo Chorió und Éristos, www.icons-and-paintings.com

Ⓔ Éristos-Strand – Ideal für alle, die auch auf Tílos das Badevergnügen nicht missen möchten.

Ⓕ Kloster Ágios Panteleímonas – Nicht nur Kirchenfans begeistert das Kloster. Schon die Anfahrt entlang der Küste ist landschaftlich besonders reizvoll.

Ⓖ Ágios Antónios – Wer in einer hübschen Bucht und in Ruhe frischen Fisch essen möchte, fährt zum Mittagessen nach Ágios Antónios.

Schön gelegenes Kloster

Südwestlich von Megálo Chorió liegt, mitten in einem von riesigen Zypressen und Platanen bewachsenen Waldgebiet, gut versteckt das byzantinische Kloster Ágios Panteleímonas. Das an einem steilen Hang des 645 Meter hohen Bergs Profítis Ilías über dem Meer gebaute Kloster wurde zwischen 1470 und 1480 gegründet. Das bezeugt eine erst im Jahr 1986 entdeckte Wandmalerei in der Klosterkirche, die den Stifter und Gründer, Mönch Íonas, mit einem Modell des Gotteshauses in der Hand abbildet. Die Klosterkirche mit den uralten Fresken wurde an der Stelle eines antiken Tempels erbaut. Die Anlage besteht zudem aus einem markanten Turm, den Klosterzellen und Küchenbereichen.

Einfach zugängliche Strände

Der 1200 Meter lange Sand-Kies-Strand von Éristos gilt als schönster Strand von Tílos und erstreckt sich südlich von Megálo Chorió. Ein weiterer gern besuchter Strand, nordwestlich des Inselhauptortes, ist Ágios Antónios. Bekannt ist die Bucht, die auch als kleiner Fischerhafen dient, aufgrund ihrer markanten Felsen. Wenige Kilometer westlich trifft man auf den Kieselsteinstrand Pláka.

Oben: Besonders stolz ist man in Megálo Chorió auf die gefundenen Zwergelefanten.
Mitte: Markant liegt die weiße Kirche Tímios Stavrós zwischen den Hausruinen von Mikró Chorió.
Unten: Ein beliebter Ausflug: Das Kloster Ágios Panteleímonas.

Infos und Adressen

VERBINDUNGEN

Fähranbindung. Zwischen Rhodos-Stadt und Tílos im Sommer täglich. Es bieten sich sowohl mit der auf Tílos ansässigen Reederei Sea Star also auch mit Dodekanisos Seaways Tagesausflüge an. Infos und Tickets bekommt man in den Reisebüros auf Rhodos.

Tagesausflüge mit Sea Star: Mo, Do, Sa Abfahrt von Rhodos-Stadt um 9 Uhr, Ankunft auf Tílos um 10.20 Uhr, zurück geht es ab Tílos um 17 Uhr, Ankunft in Rhodos-Stadt ist um 18.20 Uhr. Infos: Tel. 22 46 04 40 00, www.tilosferries.gr

Tagesausflüge mit Dodekanisos Seaways: Di, Do Abfahrt von Rhodos-Stadt um 8.30 Uhr, Ankunft auf Tílos um 10.30 Uhr, zurück geht es ab Tílos um 16.20 Uhr, Ankunft in Rhodos-Stadt ist um 18.20 Uhr. Infos: www.12ne.gr

Inselbus. Er verbindet Livádia im Sommer täglich mit Megálo Chorió und den Stränden Éristos und Ágios Antónios. Die Route ist Livádia–Megálo Chorió–Éristos–Ágios Antónios–Livádia. Er startet Mo–Sa in Livádia um 7.30, 8.30, 10.50, 13.30, 16.30, 19 und 22 Uhr. Zurück geht es ab Megálo Chorió um 7.45, 9.45, 12.45, 14.45, 17.45, 19.20 und 22.10 Uhr. So startet der Bus um 9.30 und dann um 10.20 Uhr in Livádia, dann wie Mo–Sa, zurück fahren die Busse am Vormittag von Megálo Chorió um 9.45 und 10.30 Uhr.

Mietwagen bekommt man in Livádia, z .B. bei Drive, Tel. 22 46 04 41 73 oder Stefanakis, Tel. 22 46 04 43 60, www.tilos-travel.com

ESSEN UND TRINKEN

Omonia. Mit typisch griechischer Dorfplatzatmosphäre wird an den Tischen des ältesten *kafenío* des Orts unter einem schattigen Baum köstliche griechische Landküche wie Zicklein mit Gemüse und Kartoffeln oder Zucchinipuffer serviert. Ideal für ein gemütliches Mittagessen. Livádia, Tel. 22 46 04 42 87.

Nautilos. Die in den griechischen Nationalfarben blau und weiß gehaltene Taverne am Strand bietet nicht nur schöne Ausblicke, sondern auch gute Gerichte von der griechischen Hausmannskost bis hin zum frischen Fisch. Livádia, Promenade, Tel. 22 46 04 41 68.

To Delfíni. Die Tische unter den Tamarisken am winzigen Hafen von Ágios Antónios bieten zum Essen einen schönen Blick auf die im Wasser taumelnden Fischerboote. Wer Lust auf Fisch hat, sollte nach dem frischen Fang fragen. Ágios-Antónios-Bucht, Tel. 22 46 04 42 52.

ÜBERNACHTEN

Sea View Apartments. Die von Hotelbesitzerin Séva freundlich geführte Anlage am Hang besteht aus 30 hübsch eingerichteten Wohneinheiten und bietet sowohl von den großen Balkonen als auch von der Frühstücksterrasse eine tolle Sicht auf Livádia. Ein kleiner Pfad führt zum 150 m entfernten Ortskern. Livádia, von der Hauptstraße Richtung Megálo Chorió ausgeschildert, Tel. 22 46 04 44 27, www.seaview-tilos.gr

Einen Blick wert ist das Atelier von Pierre-Marie Bordrez.

47 Kos-Stadt
Idee für den nächsten Urlaub

Wer Lust hat, eine weitere große Insel des Archipels zu besuchen oder Recherchen für ein mögliches zukünftiges Urlaubsziel zu machen, sollte die 120 Kilometer nördlich von Rhodos gelegene Insel Kos besuchen. Die Zeit im Rahmen eines Tagestrips reicht für den Besuch der schönen Inselhauptstadt. Sie präsentiert sich mit vielen Hinterlassenschaften verschiedener Kulturen aus drei Jahrtausenden.

Der Tagesausflug zur drittgrößten Insel des Dodekanes, die drei Seemeilen von der türkischen Küste entfernt liegt, verspricht Besuchern einen schönen Tag in einer lebhaften Stadt. Kos-Stadt ist von Rhodos aus gut mit dem schnellen Katamaran zu erreichen. Gleich nach dem Ausstieg aus dem Schnellboot an der Spitze einer kleinen Landzunge läuft man entlang der Mole des idyllischen runden Mandráki-Hafens. Dort liegen nicht nur viele Ausflugs-, sondern auch hübsche Fischer- und Segelboote sowie Motorjachten vor Anker. Westlich und östlich schließen sich die Strände von Kos-Stadt mit den dahinterliegenden Urlaubsvierteln an.

Der Ortskern erstreckt sich gleich hinter der hübschen Uferpromenade. An vielen Ecken trifft man auf charmante Plätze, antike Ausgrabungen, Zeugnisse der Kreuzritter und der Italiener, osmanische Moscheen sowie hübsche Einkaufsstraßen, Cafés und Restaurants. In Kos-Stadt lässt sich gut eine Zeitreise durch die letzten drei Jahrtausende unternehmen. Ein Erdbeben zerstörte zwar im Jahr 1933 viele Gebäude. Die Italiener bauten die Stadt jedoch wieder auf und sorgten für einen großen Teil des heutigen Bilds. Für Griechenland

Oben: Über den Dächern der Stadt erheben sich bis heute die Minarette der von den Osmanen erbauten Moscheen.
Unten: Immer karger wird das Gemüse- und Obstangebot in der alten Markthalle.

Historische Bauten und Palmen säumen die Promenade.

Einfach gut!

eher unüblich sind auch die angelegten Fahrradwege – für Besucher eine schöne Alternative zur Erkundungstour zu Fuß.

Gleich zu Beginn

Bereits bei der Anfahrt sieht man von der Fähre die markante Johanniterfestung, die sich im Osten an den Mandráki-Hafen anschließt. Der Spaziergang auf der Mole verläuft entlang der wehrhaften Festungsmauern bis zur mit Palmen gesäumten Uferpromenade. Von dort erreicht man nach nur wenigen Metern die Platía Lótzias mit der Platane des Hippokrates, dem berühmtesten Arzt der Antike. Er wurde 460 v. Chr. auf Kos geboren und soll später unter dieser Platane seine Schüler unterrichtet haben. Eine Brücke führt südlich der Platane zum Eingang der Kreuzritterfestung, dem Kastell Neratziás. Die kleinere, immer noch erkennbare Festung wurde bereits 1436 an der Stelle eines byzantinischen Kastells erbaut. Zwischen 1495 und 1514 wurde die Festung durch einen weiteren Mauerring verstärkt. Die kleine Halbinsel war vermutlich schon in der Antike befestigt. Von den Mauern, die mit Wappen der Großmeister verziert sind, eröffnen

Ein Ausflug ins Inselinnere verspricht Nähe zur Natur.

Einfach gut!

AUSFLUG INS DORF PLATÁNI

Wie zu osmanischen Zeiten leben im südwestlich des Ortszentrums liegenden Dorf Platáni, das mittlerweile zu Kos-Stadt gehört, griechisch-orthodoxe und türkischstämmige, muslimische Griechen harmonisch zusammen. Platáni, das einst den türkischen Namen Kermetes trug, begeistert nicht mit Sehenswürdigkeiten, aber mit kulinarischen Genüssen. In den am Dorfplatz liegenden, alteingesessenen Tavernen bekommt man köstliche traditionelle Gerichte mit türkischen Aromen. Lecker sind zum Beispiel der gegrillte und pikante Hackfleischspieß *adana kebab* oder die gefüllten Zucchiniblüten *anthí*. Außerdem bekommt man hier auch das türkische Joghurtgetränk Ayran.

Öffentliche Verkehrsmittel. Der Stadtbus fährt Mo–Fr von der Haltestelle an der Aktí Miaoúli (östlich der Festung) halbstündlich in das Dorf.

sich immer wieder schöne Ausblicke auf die Stadt, das Meer und die Berge.

Im Festungsinneren liegen zwischen Wildwuchs und Blumen zahlreiche steinerne Altäre und Grabstelen sowie antike Bauelemente.

Zurück auf dem Platz mit der Platane fallen ein markantes Gerichtsgebäude aus der italienischen Besatzungszeit und die Lótzia-Moschee aus der osmanischen Epoche auf. Im Süden säumen den Platz die tagsüber meist frei zugänglichen Ausgrabungen der antiken Agora. Der antike Marktplatz wurde im 4. Jahrhundert v. Chr. errichtet. Die Ritter überbauten ihn im Mittelalter mit Häusern, die auch noch von den Osmanen genutzt wurden. Im Jahr 1933 wurden die Gebäude des ehemaligen Ritterviertels jedoch durch das Erdbeben zerstört, sodass die antiken Überreste wieder zum Vorschein kamen.

Der zentrale Platz

Westlich entlang der Agora läuft man durch die mit Tavernen gesäumte Odós Nafklírou auf den zentralen Platz der Stadt zu: die Platía Eleftherías. Dort lohnt – wenn geöffnet – ein Blick ins Archä-

Rundgang durch Kos-Stadt

🅐 Platane des Hippokrates – Die riesige Platane soll über 2 500 Jahre alt sein. Platía Lótzias.

🅑 Kastell Neratziás – Für die Besichtigung der 1514 fertiggestellten Festung braucht man mindestens eine halbe Stunde. April–Okt. tgl. 8–20 Uhr, Nov.–März Di–So 8–15 Uhr, Aktí Koundourióti, Tel.22 42 02 79 27, Eintritt 4 €, Kombi-Ticket (3 Tage gültig) mit Archäol. Museum, Casa Romana und Asklípio (s. S. 142) 13 €.

🅒 Lótzias-Moschee – Im Mauerwerk der 1786 erbauten Moschee wurden Elemente antiker und mittelalterlicher Bauten eingefasst. Platía Lótzias.

🅓 Agora – Der antike Marktplatz ist einer der weitläufigsten Griechenlands. Zwischen Platía Lótzias und Odós Ippokrátous.

🅔 Archäologisches Museum – Eine Statue des Arztes Hippokrates ist die wichtigste Skulptur im Museum. April–Okt. Di–So 8–20 Uhr, Platía Eleftherías, Tel. 22 42 02 83 26, Eintritt 6 €.

🅕 Defterdar-Moschee – Die alten Ladenräume im Erdgeschoss der früheren Moschee dienen als Geschäfte und Cafés. Platía Eleftherías.

🅖 Markthalle – Das Angebot ist heute eher auf den Tourismus zugeschnitten. Man bekommt aber regionale Köstlichkeiten. Mo–Sa 7–23, So 10–22 Uhr, Platía Eleftherías/Platía Ag. Paraskevís.

🅗 Kirche Agía Paraskeví – Die Bischofskirche wurde in den 1980er-Jahren mit Fresken im byzantinischen Stil ausgemalt. Tgl. 7–13 und 17–18.30 Uhr, Platía Ag. Paraskeví.

🅘 Casa Romana – Das römische Wohnhaus gibt einen guten Eindruck über die Wohnverhältnisse in römischer Zeit. April–Okt. Di–So 8–20 Uhr, Nov.–März Di–So 8–15 Uhr, Leofóros Grigoríou E., Eintritt 6 €.

🅙 Odeon – Bei den Ausgrabungen im Jahr 1929 wurden 18 Marmorskulpturen gefunden, die im Archäologischen Museum ausgestellt sind. Leofóros Grigoríou E.

🅚 Antikes Ausgrabungsgelände – Schilder machen zwischen den Ruinen die einzelnen Bauwerke vorstellbar. Leofóros Grigoríou E.

AUSFLUG IN DIE ANTIKE

In der Antike pilgerten Menschen nach Kos, um zum Asklipío zu fahren. Sie erwarteten dort vor allem Heilung ihrer Krankheiten. Die bedeutendste archäologische Stätte der Insel liegt vier Kilometer außerhalb der Stadt und gleicht immer noch einer Kuranlage. Der Tempel des Äskulap (oder Asklepios), des Gottes der Heilkunst, stand auf der oberen Ebene des Geländes. Im unteren Bereich erfolgte die Kur, und in der Mitte gab es Opferstätten und Altäre. Da die Ausgrabungsstätte nur bis 15 Uhr besichtigt werden kann, sollte man den zweistündigen Ausflug gleich nach der Ankunft auf Kos beginnen. Vom Hafen kommt man entweder mit dem Taxi oder dem blauen Mini-Zug zum Asklipío. Der Zug auf Gummirädern fährt Dienstag bis Sonntag zwischen 10 und 17 Uhr.

Asklipío. April–Okt. tgl. 8–20, Nov.–März Di–So 8–15 Uhr, Tel. 22 42 02 83 26, Eintritt 8 € (Kombi-Ticket s. S. 251).

ologische Museum, das in einem Bau aus der italienischen Besatzungszeit untergebracht ist. Im Atrium sind einige römische Statuen und ein Bodenmosaik aus dem 3. Jahrhundert zu besichtigen. Es zeigt Hippokrates, der in einem weißen Gewand vor einem Felsen sitzt und den per Boot ankommenden Asklepios, den Gott der Heilkunst, erwartet. Statuen aus römischer und hellenistischer Zeit und weitere Mosaike sieht man auch in anderen Räumen des Museums.

Das Zentrum der Platía Eleftherías bildet die im Jahr 1725 erbaute Defterdar-Moschee. Dahinter lohnt ein Blick in die kleine, 1934 erbaute Markthalle, in der man landes- und inseltypische Spezialitäten kaufen kann, so z. B. die in Zuckersirup eingelegten Minitomaten *glikó tou koutalioú ntomatáki*. Auf einer Terrasse hinter der Markthalle erhebt sich die große Bischofskirche von Kos, Agía Paraskeví.

Über die östlich gen Süden verlaufende Odós Vas. Pávlou kommt man schließlich, vorbei an den spärlichen Ausgrabungen eines Dionysos-Heiligtums, zur größeren Straße Leofóros Grigoríou E. Auf der gegenüberliegenden Straße gelangt man zum prächtigen römischen Wohnhaus Casa Romana, das die Italiener in der ersten Hälfte des 20. Jahrhunderts aufwändig restaurierten. Erbaut wurde es ursprünglich zwischen Ende des 2. und Anfang des 3. Jahrhunderts. Die Villa mit 36 Zimmern, drei Innenhöfen und dem Atrium ist mit Mosaiken aus derselben Zeit geschmückt. Auf dem Gelände sind außerdem Reste römischer Thermen erhalten. Folgt man der Straße gen Westen, sieht man linker Hand eine kurze Zypressenallee, die zum antiken Odeon führt, einem kleinen Theater aus römischer Zeit. Es besaß einst 14 Sitzreihen und Platz für 750 Personen und war in der Antike überdacht. Die Räume unter den Rängen wurden als Läden und Werkstätten genutzt.

Ausgrabungen der antiken Agora

Streifzug durch die Ausgrabungen

Gleich gegenüber dem Theater erstreckt sich noch
ein antikes Ausgrabungsgebiet. Das Gelände gehört
zu den wichtigsten archäologischen Stätten der
Insel. Die Mauerreste, Bögen und Mosaike stammen
von Bauten, die zwischen dem 3. und 4. Jahrhundert errichtet wurden. Zu sehen sind die Überreste
von Straßen und diversen Gebäuden. Die einst von
Ost nach West verlaufende Straße Decumanus
war von Säulenhallen umgeben und 10,5 Meter
breit. Interessant sind auch die Fußbodenmosaike
in einigen Häusern der römischen Siedlung. Eines
der wichtigsten Gebäude ist das Gymnasium, von
dem man 17 Marmorsäulen gefunden hat. Es war
180 Meter lang und 90 Meter breit und hatte einen
rechteckigen Hof, der auf allen Seiten von Säulenhallen gesäumt war. 1940 wurde außerdem das mit
Skulpturen geschmückte Nymphäum, ein Brunnenhaus, restauriert. Im Zentrum seines Hofs gab es
einen Brunnen, der abwechselnd mit Marmorplat-
ten und quadratischen Mosaiken mit geometrischen
Mustern geschmückt war.

Oben: Das Kastell Neratziás
begeistert nicht nur von innen,
sondern auch von außen.
Unten: Vor der Städtischen
Markthalle treffen sich auch
noch die alten Herren gern.

Infos und Adressen

VERBINDUNGEN

Der Katamaran »Dodekanisos Pride« von Dodekanisos Seaways verbindet Rhodos-Stadt von Mai bis Oktober Mo, Mi und Fr–So mit Kos. Los geht es auf Rhodos um 8.30 Uhr, Ankunft Kos-Stadt um 10.55 Uhr. Zurück geht es von Kos um 16.15 Uhr, Ankunft auf Rhodos ist um 18.30 Uhr. Infos: www.12ne.gr

Wer über Nacht oder mehrere Tage auf Kos bleiben möchte, kann dreimal wöchentlich auch mit Olympic Air von Rhodos aus fliegen. Tagesausflüge sind per Flugzeug nicht möglich. Infos: www.olympicair.com

ESSEN UND TRINKEN

Aenaos. In dem Café am zentralen Platz ist immer etwas los, auch wenn alkoholische Getränke hier nicht ausgeschenkt werden. Dafür bekommt man den griechischen Mokka noch im typischen Messingkännchen serviert. Platía Eleftherías (Deferdar-Moschee).

Ciao. Das hübsche, kleine Café-Bistro mit charmanter Atmosphäre und einigen Außentischen ist eine gute Wahl für einen leckeren Kaffee, einen der vielen Tees oder einfach nur ein Glas Wein oder einen Drink. Serviert werden aber auch köstliche Pizza, Pasta und Risotto.

Nur selten findet man in Griechenland auch Fahrradwege.

Odós Iféstou 12/Ecke Odós Filíta, Tel. 22 42 02 77 18.

Eliá. Die beliebte Taverne in einem hübsch restaurierten Haus von 1890 wird von zwei jungen Männern geführt, die köstliche, teilweise kreativ abgewandelte griechische Gerichte in Form der kleinen *mezédes* servieren. Dazu gibt es eine große Auswahl an Ouzo und Weinen sowie Tresterschäpsen aus verschiedenen Regionen des Landes. Odós Apelloú 27, Tel. 22 42 02 21 33, www.elia-kos.gr

Hamam Club. Ursprünglich als türkisches Bad errichtet, dient das Gebäude heute nicht nur abends als Club in historischen Gemäuern, sondern tagsüber mit der schönen Terrasse auch als guter Café-Spot, um das Treiben an der Platía Lótzias zu beobachten. Odós Nafklírou.

Otto e Mezzo. Im gemütlichen Innenraum und im hübschen Garten wird ausgezeichnetes italienisches Essen serviert. Es gibt eine umfassende Auswahl an Pasta sowie gute Fleischgerichte in guten Portionen. Große Weinkarte. Odós Apelloú 21, Tel. 22 42 02 00 69.

Lofáki. Besonders für diejenigen, die über Nacht in der Stadt bleiben, lohnt zum Sonnenuntergang die Fahrt ins 4 km südlich gelegene Panorama-Restaurant, das nicht nur mit dem Blick über die Stadt bis zur türkischen Küste und die umliegenden Inseln begeistert, sondern auch mit hervorragender griechischer und internationaler Küche. Ágios Nektários, Tel. 22 42 02 19 82, www.lofaki.gr

Stadium. In einem hübschen Gebäude im neo-barocken Stil werden in eleganter Atmosphäre internationale und interessant verfeinerte griechische Gerichte wie der gebackene Weichkäse *manoúri* mit Honig und Mastix oder Zicklein mit Honig und Thymian serviert.

Auch die Kleinen verbringen in Griechenland die Zeit am liebsten mit Freunden.

Odós Vas. Georgíou 26, Tel. 22 42 02 78 80, www.stadiumrestaurant.com

ÜBERNACHTEN

Americana. Das Hotel in einem ruhigen Wohnviertel erwartet Besucher mit elf einfach eingerichteten Zimmern, einer von vielen Pflanzen gesäumten Terrasse und besonders familiärer Atmosphäre. Odós Karaiskáki 14, Tel. 22 42 02 29 47, www.americana-kos.com

Kos Aktis Art Hotel. Das minimalistisch gestaltete Designhotel mit 42 Zimmern hat zwar seinen Preis, bietet aber luxuriös eingerichtete Zimmer mit gläsernen Balkonen und einzigartigem Meerblick. In dem direkt am Wasser gelegenen Haus wird zum Frühstück eine große Auswahl regionaler Köstlichkeiten gereicht. Odós Vas. Georgíou 7, Tel. 22 42 04 72 00, www.kosaktis.gr

EINKAUFEN

Kem. Qualitative Leder- und Kunstlederhandtaschen von der landesweit beliebten griechi-

schen Taschenmanufaktur lassen Frauenherzen höher schlagen. Odós Xánthou 5/Platía Konítsis, Tel. 22 42 02 26 70, www.kemgroup.gr

Narkissus. Seit 1984 bekommt man in dem Geschäft zahlreiche hübsche Souvenirs wie Keramik oder Instrumente zur Deko sowie eine umfassende Auswahl an Spielbrettern für Backgammon und Schach. Odós Iféstou 20, Tel. 22 42 02 44 91.

N. Reissi. Schöner handgefertigter und selbst designter Goldschmuck, von Ketten und Medaillons über Ringe und Ohrringe bis zu Armreifen. Platia Kazoúll 1, Tel. 22 42 02 82 29.

AKTIVITÄTEN

Fahrradfahren. Aufgrund der recht gut angelegten Fahrradwege werden in Kos-Stadt auch viele Fahrräder vermietet. Zum Beispiel bei: George Rent Motorbikes, Odós Kanári 26, Tel. 22 42 02 41 57 oder bei Moto Motion, Odós Kanári 40, Tel. 22 42 02 18 56.

48 Kastellórizo (Megísti)
Östlichster Punkt Griechenlands

Der Inselzwerg Kastellórizo ist das perfekte Ziel für Verliebte auf der Suche nach Zweisamkeit und für alle, die den Geräuschpegel der Stadt vergessen wollen oder auf der Suche nach Erholung sind. Einen Katzensprung liegt das Inselchen, auf dem die Uhren langsamer zu ticken scheinen als auf den anderen Inseln des Archipels, von der türkischen Küste entfernt. 130 Kilometer trennen es von Rhodos.

Besonders für Ruhesuchende lohnt das gerade mal neun Quadratkilometer große Kastellórizo, das durch nur zwei Seemeilen vom Ort Kaş an der türkischen Küste getrennt wird, mehr als einen Tagesausflug. Trubel- und Nightlife-Fans sollten allerdings spätestens nach einem zusätzlichen Tag für den Besuch der einzigartigen Blauen Grotte (s. Autorentipp S. 257) wieder abreisen. Auf der Insel, die offiziell Megísti heißt, aber unter dem Namen Kastellórizo bekannt ist, ist es nämlich einfach nur gemütlich ruhig. Lauter wird es im Hochsommer während des Aufenthalts der Tagestouristen oder bei den Volksfesten wie am 21. Mai zu Ehren der Schutzheiligen Konstantínos und Eléni oder am 19. Juli, dem Vortag des Profitis-Ilías-Festes. Traditionell springen die Insulaner an diesem Tag in Kleidung ins Meer. Doch auch wenn das Inselchen auf der Landkarte wie ein winziger Fleck wirkt, steht das Leben dort nicht still. In den 1970ern haben viele Italiener die östlichste Insel Griechenlands für sich entdeckt und aus einigen verlassenen Häusern im Inselhauptort hübsche Feriendomizile gemacht.

Der Naturhafen von Mégisti ist von Häuschen im klassizistischen Stil umgeben.

Kastellórizos bekannteste Attraktion

Kein Wunder, denn das unter Denkmalschutz stehende Örtchen begeistert mit
den kleinen, farbenfroh bemalten Häuschen
im klassizistischen Stil, die den Naturhafen
der Insel säumen. Im Hochsommer gesellen sich
zu den Inselbewohnern und Italienern die Einsamkeitsfans hinzu. Wer auf der Suche nach vielen
tollen Stränden ist, der ist auf Kastellórizo jedoch
fehl am Platz. Die 19 Kilometer lange Küstenlinie
lädt mit ihrem tiefen, kristallklaren Wasser an den
felsigen Buchten, wie in der östlich des Inselhaup-
torts liegenden Mandráki-Bucht, hauptsächlich
zum Schwimmen ein. Außer Badeschuhen und
Taucherbrille sollten Besucher auch Wanderschuhe
im Gepäck haben. Die von Ziegenpfaden durchzo-
gene, karge Berglandschaft macht einsame Stunden möglich: Zwischen verlassenen Häusern und
einigen Johannisbrot- und Olivenbäumen treffen
Wanderer auf Ziegen und mit Glück auch mal auf
eine Landschildkröte.

Ein bisschen Geschichte

Archäologische Funde belegen, dass Kastellórizo
bereits in der frühen Jungsteinzeit besiedelt wurde.
Wie auch auf den anderen Inseln des Dodekanes
zogen die Dorer in der Antike auf die Insel.

Nicht verpassen

EINZIGARTIGE GROTTE

Eigentlich ist das Über-
nachten auf Kastellórizo
allein schon wegen eines
Ausflugs zur Blauen Grotte ein
Muss. Wer bleibt, sollte sich zudem die wegen der dort lebenden
Mönchsrobben Fókiali-Grotte
genannte Meereshöhle unbedingt
anschauen. Obwohl sie 40 Meter
breit, 75 Meter lang und 35 Meter
hoch ist, muss man bei der Einfahrt durch die Felsöffnung den
Kopf einziehen. Die an der Süd-
ostküste von Kastellórizo liegende
Grotte kann man nur morgens mit
den kleinen Bootstaxis besuchen,
die im Hafen des Inselhauptstädt-
chens liegen. Die Stalaktiten in
der Höhle werden bei niedrigem
Sonnenstand durch die reflek-
tierenden Sonnenstrahlen in ein
fantastisches Licht getaucht. Die
Höhle schimmert dann in jeglichen
Blau- und Türkistönen.

Bootstaxi. Z. B. Sea Taxi Antonis
Daily Cruises, Tel. 69 77 77 69 27,
www.kastellorizo.gr

Im Jahr 1306 fiel Kastellórizo an die Johanniter, die eine alte Burg auf dem Hügel erweiterten. Erst in dieser Zeit änderte sich der Name der Insel von Megísti, was auf den antiken Gründer Megistéas zurückgeht, in den heute gängigen Namen Kastellórizo. Diese Bezeichnung verdankt sie der »Kastello Rosso« genannten Johanniterburg. 1523 eroberten die Osmanen das kleine Eiland. Seine Blütezeit erlebte Kastellórizo Ende des 19. Jahrhunderts.

Anfang des 20. Jahrhunderts zählte es fast 13 000 Einwohner, bis zur Belagerung während des Ersten Weltkriegs zunächst durch die Franzosen und dann durch die Italiener. Nach den Bombardements durch die Italiener im Ersten und durch die Deutschen im Zweiten Weltkrieg wanderten die meisten Einwohner nach Australien, andere nach Ägypten oder Palästina aus. 1948 erfolgte schließlich der Zusammenschluss mit Griechenland. Heute zählt das Eiland knapp 500 Einwohner.

Anmutiges Hafenstädtchen

Wer auf der Insel übernachtet, kann bei Ankunft im malerischen Hauptstädtchen Kastellórizo beginnen, die innere Uhr langsamer zu stellen. Alle anderen müssen sich meist etwas sputen, zumindest, wenn man die wenigen Sehenswürdigkeiten im Ort erkunden möchte. Die vielen restaurierten Häuschen der Inselhauptstadt, die sich in die Ortsteile Pigádia

Oben: Bunte Häuser zieren auch die Nordseite des Hafens.
Mitte: Reste der namensgebenden Ritterburg Kastello Rosso
Unten: Früh übt sich – Kinder beim Angeln in der Bucht

Kastellórizo (Megísti)

(am Hafen) und Choráfia (rund um die Kirche Ágios Konstantínos und Agía Eléni) teilt, schmiegen sich zwischen den Hafen und die im Hintergrund ansteigenden Hügel. In den wenigen Cafés, Tavernen und Restaurants, die die Promenade säumen, wird schnell klar, dass man zur Erholung herkommt. Dort vertreiben sich Einheimische und Touristen die Zeit. Besonders am Abend, wenn die Lichter angehen und sich die Hausfassaden im Hafenbecken mit dem glasklaren Wasser spiegeln, wird es bei einem Wein oder Ouzo richtig gemütlich und romantisch. Mit Blick auf die Fischer, die an der Mole ihre Netze reinigen oder die Tavernen mit dem frischen Fang beliefern, und den im Hafenbecken dümpelnden Fischer- und Segelbooten lässt sich hier aber auch tagsüber gut das süße Nichtstun genießen. Ein Spaziergang lohnt auch durch die engen, labyrinthartigen Sträßchen hinter der Hafenpromenade. In den gepflasterten Gassen begeistern die traditionellen, farbenfrohen Herrenhäuser mit ihren zum Teil hölzernen Balkons.

Der Hügel mit den roten Felsen

Dort, wo die Fähren anlegen, erhebt sich der markante Hügel, dem die Insel ihren Namen verdankt. Auf dem Kamm thront die Ruine der Johanniterburg Kastello Rosso aus dem 14. Jahrhundert. Im Jahr 1788 wurde das Kastell von Lámbros Katsónis, dem griechischen Rückeroberer von Kastellórizo, zerstört, der so die Insel von den osmanischen Fremdherrschern befreien konnte. Eine dorische Inschrift in einem Felsen bezeugt, dass der Hügel schon in der Antike bebaut war.

Bevor man auf den Hügel steigt, lohnt ein Spaziergang entlang der Mole und rund um das vorspringende Felskap. Auf dem Weg passiert man zunächst die restaurierte Moschee, deren auffälliges Minarett bis heute die Hafeneinfahrt markiert. In der wäh-

Geheimtipp

ANDERS ALS DER REST

Wer anstelle einer Erkundung der Inselhauptstadt einfach mal etwas anderes unternehmen möchte, kann westlich des Orts den Hang des 273 Meter hohen Hügels Vígla hinaufsteigen. 401 Stufen einer Treppenstraße, die einst von vielen Häusern flankiert wurde, führen vom Ort hinauf zum verlassenen Burgkloster Ái Giórgis tou bounoú, das also dem Heiligen Georg des Berges geweiht ist. Falls die Klosterkirche geöffnet ist, lohnt ein Blick ins Innere. Ein Durchgang führt in eine kleine Höhle beziehungsweise Katakombe mit einer Quelle und einem Fresko. Ist die Kirche verschlossen, wird der Aufstieg aber auf jeden Fall mit der herrlichen Aussicht über das Städtchen und die vorgelagerten winzigen Felsinselchen hinüber zur türkischen Küste belohnt. Wer mag, kann den Berg auch weiter erklimmen und zu den Ruinen der alten Burg Palékastro hinaufsteigen.

rend der zweiten Hälfte des 18. Jahrhunderts errichteten Moschee hat man das tagsüber geöffnete, kleine Museum für Volkskunst eingerichtet. Dort wird die jüngere Geschichte der Insel präsentiert. Eine weitere sehenswerte Sammlung auf dieser Seite des Hafens ist im Archäologischen Museum untergebracht. Die in einem historischen Gebäude beherbergte Ausstellung zeugt mit Funden aus der Antike über die frühchristliche bis in die nachbyzantinische Zeit von der Inselgeschichte.

Ein Pfad führt rund um das Kap außerdem zu einem gut erhaltenen, in den Felsen gehauenen lykischen Grab aus dem 4. Jahrhundert v.Chr., das durch ein markantes Relief rund um den Eingang beeindruckt. Wer zur Johanniterburg hinaufsteigt, kann auf dem Hügel schließlich noch die Überreste eines alten Hamams und einer Windmühle besichtigen. Gleich unterhalb der Burg sieht man die Doppelkirche, die den Heiligen Dimítrios und Nikólaos geweiht ist. Die Stufen, die vom Hafen hinaufführen, leiten Besucher auch in den Stadtteil Choráfia mit der von Zypressen und Eukalyptusbäumen gezierten Platía Ágios Geórgios. Hier steht nicht nur die Schule der Insel, sondern auch die markante Kirche Ágios Konstantínos und Agía Eléni. Für den Bau des im Jahr 1835 errichteten Gotteshauses wurden zehn monolithische Marmorsäulen verwendet, die von einem antiken Apollontempel in Anatolien (Türkei) stammen und das Kreuzrippengewölbe tragen.

Oben: Die Osmanen bauten an der Hafeneinfahrt einst die kleine Moschee.
Mitte: Die alte Burg Palékastro diente einst dem Schutz der Insel.
Unten: Das kleine Archäologische Museum ist eins der beiden Museen von Kastellórizo.

Infos und Adressen

VERBINDUNGEN

Mit Dodekanisos Seaways kann man zwischen Juni und Oktober jeden Mittwoch auf eigene Faust einen Tagesausflug (Aufenthalt ca. 4 Stunden) nach Kastellórizo unternehmen. Abfahrt von Rhodos-Stadt ist um 9 Uhr, Ankunft Kastellórizo um 11.20 Uhr. Zurück geht es um 15.30 Uhr, Ankunft in Rhodos-Stadt um 17.50 Uhr, www.12ne.gr

Im Hochsommer gibt es mehr Fährverbindungen. Infos geben die Reisebüros im Mandráki-Hafen in Rhodos-Stadt. Außerdem kann man Tagesausflüge bei privaten Unternehmen mit längerem Aufenthalt buchen, z. B. bei Europe Travel, Rhodos-Stadt, Tel. 22 41 04 55 00, www.europetravel.gr

Wer die sechsmal wöchentlich stattfindenden Flüge zwischen Mai und Oktober mit Olympic Air (www.olympicair.com) nutzen möchte, muss über Nacht bleiben.

SEHENSWERTES
Archäologisches Museum. April–Okt. Di–So 8–11 Uhr, Eintritt 2 €.

ESSEN UND TRINKEN

Alexandra. In der beliebten Taverne von Wirtin Alexándra werden die griechischen Speisen liebevoll verfeinert. Besonders lecker sind die Meeresfrüchte-Vorspeisen (*mezédes*) und natürlich der frische Fisch. Promenade, Tel. 22 46 04 90 19.

Billy's. In der Fischtaverne des jungen Wirts Vassílis (Billy) gibt es Leckeres aus dem Meer, von Meeresfrüchten über frischen Fisch bis hin zu Hummer. Promenade, Tel. 22 46 04 92 24.

Platania/Mediterraneo. Im Schatten einer großen Platane wird auf dem malerischen Plätzchen köstliche griechische Hausmannskost wie Kichererbsenpuffer, Moussaka oder Lamm aus dem Ofen serviert. Platía Ágios Geórgios, Tel. 22 46 04 92 06.

ÜBERNACHTEN
Megísti. Das zuvorkommend geführte Hotel am Meer verspricht von den 19 freundlich eingerichteten Zimmern, darunter vier neue Suiten, herrliche Ausblicke. Zum Frühstück werden lokale Spezialitäten serviert. Nordwestliches Ende des Hafens, Tel. 22 46 04 92 19, www.megistihotel.gr

Wirt Billy Chondros mit seinem Vater vor ihrer Taverne am Hafen.

49 Kálymnos
Die Insel der Schwamm-taucher

Der vierstündige Tagesausflug von Rho-dos-Stadt nach Kálymnos ist in Rela-tion zur etwa dreistündigen Fahrtzeit mit der Fähre nur etwas für speziell Interessierte oder für diejenigen, die einfach mal einen Ausflug abseits des Mainstreams machen möchten. Kálymnos ist kein Massentourismus-Ziel. Man er-fährt etwas über die lange Tradition der Schwammtaucherei oder kommt für ein paar Tage zum Klettern.

Kálymnos steht nur bei sehr wenigen Besuchern als Tagesausflug von Rhodos auf dem Programm. Besuchen sollte man die Insel jedoch auf jeden Fall, wenn man ein alternatives und traditionelles Ziel sucht. Bereits das kleine Hauptstädtchen Póthia mit dem Inselhafen macht deutlich, dass es auf Kálymnos nicht nur um Tourismus geht. Bewohnt wird die viertgrößte Insel des Dodekanes von etwas mehr als 16 000 Einwohnern, von denen etwa drei Viertel in der Hauptstadt leben. Da sich zahlrei-che Inselbewohner im 19. Jahrhundert mit dem Schwammtauchen beschäftigt haben und diese Tradition lediglich auf einer Insel des Dodekanes auch nach dem Zweiten Weltkrieg fortgeführt wurde, wurde Kálymnos als Schwammtaucherinsel bekannt. Die Schwämme wurden zu dieser Zeit nicht nur innerhalb Griechenlands verkauft, man belieferte auch das Ausland. Heute gibt es nur noch eine verschwindend geringe Anzahl aktiver Schwammtaucher, die aus Kálymnos stammen. Auch die verarbeiteten Schwämme werden zumeist aus dem Ausland oder aus anderen Gegenden Grie-chenlands importiert.

Oben: Der Inselhauptort Póthia zeigt sich als typisch griechische Kleinstadt.
Unten: Kálymnos ist weltweit für seine Schwammtaucher bekannt.

Absoluter Adrenalinkick mit Ausblick

Traditionelle Kleinstadt

Das Städtchen Póthia, das Ankunftsort
und Ziel der Tagestouristen ist, gewährt
einen Einblick in eine typisch griechische Kleinstadt. In den Cafés und Tavernen an der Promenade rund um den geschäftigen Hafen und
entlang des sich anschließenden Fischer- und
Jachthafens vertreiben sich hauptsächlich Einheimische und Segler die Zeit. Tagsüber kommen
einige Tagestouristen aus Rhodos und von der
Nachbarinsel Kos (s. S. 248) hinzu. Póthia dehnt
sich zwischen zwei markanten Hügeln und an
deren Hängen aus. Zwischen einer Vielzahl neuer
Gebäude kann man in den Gassen hinter der
Promenade noch einige alte Herren- und Kapitänshäuser aus dem 19. Jahrhundert entdecken.
Beim Spaziergang durch die Stadt ist der Weg
das Ziel. An der Promenade kann man in einigen Schwammfabriken bei der Verarbeitung der
Schwämme zusehen und sie natürlich auch in unterschiedlichsten Qualitäten und Formen kaufen.

Spaziergang durch die Stadt

Der Spaziergang durch Póthia führt nicht nur an
der Promenade entlang, an der ein paar kleine

Einfach gut!

KÁLYMNOS ALS KLETTERPARADIES

Sowohl wegen der Sport-
kletterrouten als auch hin-
sichtlich der unterschiedlichen
Klettermöglichkeiten gilt Kálymnos
als eines der Topklettergebiete
Europas. Kletterer sollten somit
einen mehrtägigen Aufenthalt mit
vielen Routen im westlichen und
nordwestlichen Teil einplanen. In
den 1990er-Jahren entdeckte der
italienische Kletterer Andrea di Bari
das ideale Felspotenzial und begann
1997 gemeinsam mit anderen Klet-
terern mit dessen Erschließung.
Im Rahmen internationaler Kletter-
treffen finden immer wieder Rou-
tenerschließungen statt, sodass
Kálymnos mittlerweile rund 3000
bestens ausgerüstete Routen aller
Schwierigkeitsgrade in verschiedenen Sektoren zählt. Obwohl man
ganzjährig klettern kann, ist der
Herbst besonders empfehlenswert.

Klettern auf Kálymnos. Aus-
führliche und aktuelle Infos,
Kletter-Guide und mehr (englisch):
www.climbkalymnos.com

Schwammfabriken zum Stöbern einladen, sondern auch zu drei Museen. In den Schwammfabriken im südlichen Teil der Promenade werden die auf Steinen im Meer wachsenden Schwämme gereinigt und verkauft. Die erste Bearbeitung der ursprünglich fast schwarzen Schwämme erfolgt schon auf den Booten. Die Taucher treten so lange auf ihnen herum, bis die milchige Flüssigkeit entfernt ist und sie ihre braune Farbe erhalten. In den Fabriken werden sie dann von Steinen gereinigt und zurechtgeschnitten. Ihre helle, gelbe Farbe bekommen die Schwämme durch die letzte Waschung mit chemischen Mitteln. Wer Genaueres über die Verarbeitung und die Taucher erfahren möchte, kann sich nicht nur in den kleinen Fabriken darüber informieren, sondern auch das Marinemuseum am Hauptplatz von Póthia besuchen.

An der Platía Christoú fällt der markante, ockerfarbene Gebäudekomplex aus der italienischen Besatzungszeit auf, in dem das Rathaus, das Kulturzentrum und das Kreisamt der Insel untergebracht sind. Am mit Kieselsteinmosaiken geschmückten Platz erhebt sich auch die im Jahr 1861 erbaute Bischofskirche Metamorfóseos tou Sotíros Christoú. Im Kirchenraum beeindrucken die teilweise vergoldete Ikonostase aus Marmor mit ihren wertvollen Ikonen und den Wandmalereien von örtlichen Künstlern sowie der prächtige Bischofsthron. Im Gebäude der ehemaligen Volksschule ist das Marinemuseum untergebracht, das vor allem von der Schwammtaucherei und ihrer Entwicklung berichtet. Viele Ausstellungsstücke wurden von ehemaligen Tauchern zur Verfügung gestellt. Man sieht Taucheranzüge und Ausrüstung, lernt etwas über die Risiken des Berufs und über das Alltagsleben der Taucher, bekommt Informationen zu Schwämmen, ihrer Verarbeitung und der Verkaufsentwicklung. Mithilfe von alten Fotos, Karten, Ankern und vielem mehr erfährt man zudem etwas über die Geschichte

Oben: Blick auf die kleine Nachbarinsel Télendos
Mitte: In den kleinen Schwammfabriken erfährt man viel über die Schwämme und kann natürlich auch diverse Arten kaufen.
Unten: Lohnenswert ist der Aufstieg zum Kloster Ágios Sávvas.

Hübsches Ambiente in vielen Ecken von Póthia

der griechischen Seefahrt. Angeschlossen ist auch ein kleines Folkloremuseum.

Modernes Archäologisches Museum

Folgt man von der Promenade der Beschilderung, gelangt man zum 2009 eröffneten Archäologischen Museum. Es liegt neben einem Herrenhaus aus dem 19. Jahrhundert, in dem der bekannteste Schwammhändler der Insel, Nikólaos Voúvalis, gelebt hat. In der Ausstellung berichten Exponate von der jahrtausendealten Geschichte von Kálymnos. Im ersten Raum werden größtenteils Funde aus den Höhlen der Insel präsentiert, die aus dem Neolithikum bis zur mykenischen Zeit, also von 5300 bis 1065 v. Chr., stammen. Die größte Sammlung des Museums umfasst Funde vom Apollon-Heiligtum, dem wichtigsten antiken Heiligtum der Insel. Eindrucksvoll sind die vielen Marmorskulpturen aus dieser Zeit. Weiterhin sieht man silberne und bronzene Münzen, die von Kálymnos und der Nach-

Nicht verpassen

MODERNES AMBIENTE

Die 2013 neu eröffnete »Hammer's Wine Bar« an der Promenade bei der Marina von Kálymnos versprüht dezentes Jachthafen-Flair. Von den Terrassen hat man einen schönen Blick auf die vor Anker liegenden Motor-, Segel- und Fischerboote. Das hübsche italienische Restaurant ist vor allem bei Seglern äußerst beliebt und bietet eine schöne Alternative zu den griechischen Tavernen. In temperamentvoller Atmosphäre serviert das französisch-italienische Wirtspaar köstliche italienische Gerichte. Ausgezeichnet ist auch die große Weinauswahl. Für Segler werden Dienstleistungen wie Wäscheservice und Duschen angeboten.

Hammer's Wine Bar. Promenade, nördlicher Teil.

Oben: Auch eine Statue an der Uferstraße zeugt von der Tradition der Schwammtaucher.
Unten: Alte Windmühlen vor den Überresten der Johanniter-Burg Chrisocheriás in der Nähe von Póthia

barinsel Kos stammen, sowie Funde wie kleine Idole oder Werkzeug aus der Ausgrabungsstätte der antiken Stadt Dámos nordwestlich von Póthia. Aus den Nekropolen der Insel stammen goldene Schmuckstücke, Vasen und gläserne Objekte. Präsentiert werden auch markante Bronzearbeiten aus hellenistischer Zeit. Wichtigstes Ausstellungsstück ist dabei die Bronzestatue der *Frau von Kálymnos*. In der ersten Etage sieht man schließlich Objekte aus frühchristlicher, byzantinischer und nachbyzantinischer Zeit, Elemente verschiedener alter Bauwerke, Keramikobjekte und Ikonen.

Kloster mit Panoramablick

Wer anstatt der Museumsbesuche lieber einen atemberaubenden Panoramablick über Póthia genießen möchte, fährt mit einem Taxi zur hübschen Klosteranlage Ágios Sávvas hinauf, die auf dem südlichen Hügel hoch über der Kleinstadt thront. Zu Fuß ist der hangaufwärts verlaufende, gut 45-minütige Weg mit dem fast genauso lang andauernden Rückweg für Tagesausflügler viel zu stressig. Das von Nonnen bewohnte, Mitte des 20. Jahrhunderts gegründete Ágios-Sávvas-Kloster begeistert nicht nur durch seine Lage, sondern vor allem durch die fotogene, blumenreiche Anlage. Das dem Schutzheiligen der Insel, dem Heiligen Sávvas, geweihte Kloster besteht aus den Zellen der Nonnen, einer kreuzförmigen, überkuppelten Hauptkirche und kleinen, weiß getünchten Kapellen. Die große Kirche ist vollständig mit Fresken ausgemalt. Dort wird auch die Kopfbedeckung des Heiligen aufbewahrt. Erst seit Ende des letzten Jahrhunderts (1992) wird der als wundertätig geltende Mönch (1862–1948) in der griechisch-orthodoxen Kirche offiziell als Heiliger angesehen. Seine Reliquien sind im Kloster, das auch Allerheiligen-Kloster genannt wird, zu sehen. Sie sind Ziel vieler Pilger. Ansehen kann man sich auch die Klosterzelle, in der er gelebt hat.

Infos und Adressen

VERBINDUNGEN

Tagesausflüge mit Dodekanisos Seaways
Mai–Okt. Mo, Mi und Fr–So um 8.30 Uhr von
Rhodos-Stadt, Ankunft Póthia um 11.35 Uhr.
Zurück ab Póthia um 15.35 Uhr, Ankunft Rho-
dos-Stadt um 18.30 Uhr, Info: www.12ne.gr

SEHENSWÜRDIGKEITEN

Archäologisches Museum. April–Okt.
Di–Fr 8.30–15 Uhr, Straße im Ortskern (ausgeschildert), Eintritt 4 €, Tel. 22 43 02 31 13.

Kloster Ágios Sávvas. Tägl. 7–14 und 16–20
Uhr, Hügel südlich des Hafens,
Tel. 22 43 02 89 91.

Marinemuseum & Volkskundliches Museum.
Zum Redaktionsschluss wegen Restaurierung
geschlossen, sonst Mo–Sa 10–13 Uhr,
Platía Christoú, Tel. 22 43 05 11 50.

ESSEN UND TRINKEN

Zacharoplastío Alachoúzou. In der familiär
geführten Konditorei werden seit 1938 die
Rezepte für köstliche Süßspeisen weitergegeben. Spezialität ist der in Zuckersirup getränkte

Einblick in ein typisches, altes Herrenhaus

Blätterteig mit Cremefüllung, *galaktompoúreko.*
Promenade, nördlicher Teil,
Tel. 22 43 02 94 46.

O Pantelís. Seit über 25 Jahren werden in
der beliebten Taverne frischer Fisch und
Meeresfrüchte, aber auch leckere Fleischgerichte und große Salate serviert. Guter Hauswein. Promenade (neben »Hotel Olympic«),
Tel. 22 43 05 15 08.

ÜBERNACHTEN

Villa Melina. Wer bleiben möchte, findet in
einem Herrenhaus aus den 1920er-Jahren
eine charmante Atmosphäre aus alten Zeiten.
Die Zimmer verteilen sich im Haupthaus und in
zwei Gebäuden rund um den Garten mit Außenpool. Nahe dem Museum, Tel. 22 43 02 26 82,
www.villa-melina.com

INFORMATION

Touristeninformation. Mai–Okt.
Mo–Fr 7.30–15 Uhr, am Hafen von Póthia,
Tel. 22 43 02 92 99, www.kalymnos-isl.gr

Der frische Fang wird direkt verkauft.

50 Marmaris
Ausflug in die Türkei

Mit Hunderttausenden Besuchern im Jahr ist die Küstenstadt Marmaris eines der beliebtesten Urlaubsziele in der Türkei. Die Hafen- und Hotelstadt erstreckt sich unterhalb der mit Pinien bewachsenen Hügel und lockt nicht nur mit Sonne, Strand und Meer. An der Uferpromenade richtet sich der Blick auf die vor Anker liegenden Motorjachten und Segelboote. Der Basar lädt zum Shoppen und Feilschen ein.

Wer von Rhodos-Stadt einen Ausflug ins türkische Marmaris unternimmt, wechselt auch den Kontinent. In rund einer Stunde geht es von Europa nach Asien. Marmaris, einst ein beschauliches Fischerdorf, hat sich seit Ende des 20. Jahrhunderts zu einer der wichtigsten Touristenhochburgen der Türkei entwickelt. Dort treffen sich nicht nur unzählige Pauschalurlauber in riesigen All-inclusive-Hotels, sondern auch Kreuzfahrttouristen, Tagesausflügler und der Jetset aus aller Welt, der mit teuren Segel-

GUT ZU WISSEN

MIT DEM HANDY UNTERWEGS

Wer im Urlaub sein Handy nutzt und im griechischen Mobilnetz dank der neuen EU-Roaming-Verordnung ohne zusätzliche Gebühren telefoniert, muss in der Türkei vorsichtig sein. Die Türkei gehört nicht zur EU, und die ein- und ausgehenden Telefonate sowie der mobile Datentransfer, also das Surfen im Internet, können bei der Roaming-Nutzung im türkischen Netz sehr teuer werden. Am besten an diesem Tag das Telefon nicht benutzen!

Unzählige Segelboote liegen im Jachthafen von Marmaris.

Ein Denkmal Atatürks, dem Begründer der Republik Türkei, begrüßt Anreisende am Hafen.

Nicht verpassen

und Motorjachten an einem von Tausenden Liegeplätzen der Marinas anlegt. Der exklusive Jachthafen Netsel Marina zwischen Altstadt und Verkehrshafen gehört zu den modernsten und größten im Mittelmeerraum. Gleich daneben herrscht im Verkehrshafen, der von Kreuzfahrtschiffen und Katamaranen aus Rhodos angelaufen wird, reges Treiben. Im Ausflugshafen westlich der Altstadt liegen hingegen viele traditionelle, hölzerne Gulet-Schiffe an den Stegen.

Lohnenswert ist das Flanieren auf der kilometerlangen Uferpromenade rund um das historische Viertel Tepe Mahallesi mit dem Burgberg. Auf der teils palmengeschmückten Promenade ist immer etwas los. Und obwohl sich Marmaris auf den ersten Blick als moderne Küstenstadt präsentiert, freuen sich die meisten Tagesausflügler auf das orientalische Flair im historischen Viertel auf der kleinen Landzunge.

Beliebte Lage seit Jahrtausenden

Die gut geschützte Bucht von Marmaris war schon vor Jahrtausenden für den Seehandel attraktiv. In der Antike war sie ein wichtiger Handelsknotenpunkt zwischen Rhodos und Ägypten. Belegt ist

STREIFZUG AUF DEM BASAR

Selbstverständlich ist der Besuch des Basars von Marmaris kein Geheimtipp! Er ist aber für die meisten Tagesausflügler das Highlight des Marmaris-Ausflugs. Bei dem heftigen Erdbeben 1958 wurde der alte Basar größtenteils zerstört. Der neu aufgebaute Markt wurde schließlich überdacht, daher auch der Name Gedeckter Basar (Kapalı Çarşı). Heute bietet er Shopping-Fans Hunderte Geschäfte mit dem unterschiedlichsten Warenangebot. In dem rasterartig angelegten Basar kann man Keramik, Porzellan und Glaswaren, orientalische Gewürze, Lebensmittel und Süßspeisen, Schuhe, Textilien und Lederwaren, Teppiche und Schmuck und vieles mehr kaufen. Einen Blick lohnen auch die kleineren Seitenstraßen, in denen man teilweise noch viele außergewöhnliche Schätze entdecken kann. Das Feilschen gehört natürlich dazu!

die Besiedelung von Marmaris, das damals Physkos hieß, im 6. Jahrhundert v. Chr. Zu dieser Zeit siedelten sich die von der Insel Kreta stammenden Karer, erfahrene Seeleute, dort an. Sie nutzten den uneinsehbaren Ort für Überfälle auf die Phönizier, die derweil über Rhodos und andere ägäische Inseln herrschten. Nach dem 3. Jahrhundert v. Chr. wurde Physkos von Ptolemäern, Hellenen, Römern und Byzantinern, 1425 von den Osmanen erobert.

Sultan Süleyman der Prächtige ließ im Rahmen seines Rhodos-Feldzugs im Jahr 1522 auf den Ruinen einer alten Burg eine neue Festung erbauen. Laut Volksmund soll er sich eine so prächtige Festung gewünscht haben, dass man sie auch noch von Rhodos aus sehen sollte. Als der Sultan die eher beschauliche Burg zum ersten Mal erblickte, war er schockiert und rief »Mimar as!«, was so viel bedeutet wie »Hängt die Architekten!«. Im Laufe der Zeit soll daraus der heutige Name der Stadt entstanden sein.

Oben: Nur noch wenige Häuser aus alten Zeiten sind in Marmaris heute erhalten.
Mitte: Der gemütliche Platz Çeşme Meydanı ist ein beliebter Treffpunkt der Einheimischen.
Unten: Hübsch ist der Innenhof der kleinen Festung.

Sehenswert in der Altstadt

Ein Bummel durch die autofreie Altstadt rund um die Burg führt Besucher durch hübsche und teils treppenartige, enge und steile Gassen. Im Tepe

Infos und Adressen

Mahallesi genannten Viertel sind noch einige typisch osmanische Fachwerkhäuser, wenige auch mit den charakteristischen Holzerkern, zu sehen. Die alten Häuser wurden umfassend restauriert und stehen unter Denkmalschutz. In vielen Häuschen sind Souvenirläden und Cafés untergebracht. Kleine Geschäfte haben sich außerdem in der bereits 1545 erbauten Karawanserei Hafza Sultan Han niedergelassen, die am Treppenaufgang zur Burg zu finden ist. Die Karawanserei diente einst als Aufbewahrungshalle für Handelswaren, bis sie mit den Schiffen vom Hafen abtransportiert wurden.

Wer die kleine Festung Marmaris Kalesı ve Müzesi besucht, in der auch ein archäologisches Museum untergebracht ist, kann nachvollziehen, warum Sultan Süleyman wohl einst unzufrieden mit der Größe des Bauwerks war. Im Museum sieht man Funde aus der Umgebung wie steinerne Kanonenkugeln, antike Skulpturen, Keramiken und Inschriftentafeln. Besonders lohnt das herrliche Panorama über Marmaris.

Westlich unterhalb empfiehlt sich ein Spaziergang zum Çeşme Meydanı, dem Brunnenplatz mit orientalischem Flair, auf dem auch die Eski İbrahim Ağa-Moschee von 1789 steht. Wer sie besichtigen möchte, muss die Schuhe ausziehen und auf angemessene Kleidung achten. Frauen müssen Schultern und Haare mit einem Tuch bedecken. Im Gebetshaus gibt die sogenannte Quibla-Wand die Gebetsrichtung an. Von der Mimber-Kanzel spricht der Imam das Freitagsgebet.

Nordwestlich des Burgviertels können Shopping-Fans in den Gassen des Basars (Kapali Çarşı) den Ausflug ausklingen lassen (s. Autorentipp S. 269). Wer über Nacht bleibt, findet zwischen Altstadt und Basar die Partymeile von Marmaris, die sogenannte Bar Street.

VERBINDUNGEN

In Rhodos-Stadt bieten zahlreiche private Veranstalter Tagesausflüge nach Marmaris an. Buchen kann man auch in den Reisebüros. Nicht vergessen: Reisepass oder Personalausweis mitnehmen!

SEHENSWÜRDIGKEITEN

Marmaris Kalesı ve Müzesi. Di–So 8.30–12 und 13–17.30 Uhr, Barbaros Cad. Altı, Tel. +90 25 24 12 14 59, Eintritt 8 TL. Tipp: Wer die Burg besuchen möchte, sollte vor dem Aufstieg Geld wechseln (z. B. indem man sich ein kleines Souvenir kauft und sich das Rückgeld in Türkischen Lira auszahlen lässt). Anders als in Geschäften und Restaurants wird hier nur die Landeswährung akzeptiert.

ESSEN UND TRINKEN

Castle Cafe & Bar. Der stufenreiche Aufstieg zum Lokal auf dem Altstadthügel wird mit einem grandiosen Blick über die Dächer der Stadt bis zur Netsel Marina und das Meer belohnt. 37. Sokak No. 59, Burg-Viertel, Tel. +90 25 24 12 75 28.

Dede. Das Restaurant mit türkischen und internationalen Gerichten sowie viel Fisch ist in einem hübsch restaurierten Altstadthaus untergebracht. Barbaros Cad. 15, Tel. +90 25 24 13 17 11, www.dederestaurant.com

INFORMATION

Touristen-Information. Tägl. 8.30–12 und 13–17.30 Uhr, Iskele Meydanı 2, Tel. +90 25 24 12 10 35.

REISEINFOS

Eine der bekanntesten Buchten ist
die Anthony-Quinn-Bucht bei Faliráki.

Auf dem Land hat man Fortbewegungsmittel jeglicher Art.

Anreise per Flugzeug

Charter- und Low-Cost-Flüge verbinden zwischen April und Oktober alle großen und viele kleine Flughäfen in Deutschland, Österreich und der Schweiz mit dem Flughafen Diagóras auf Rhodos. Die Flugzeit beträgt rund drei Stunden. Wer lieber per Linienflug anreisen möchte, fliegt über Athen. Mehrmals täglich geht es von Griechenlands Hauptstadt dann mit Aegean Airlines oder Olympic Air nach Rhodos.

Der Flughafen von Rhodos liegt etwa 15 Kilometer von Rhodos-Stadt entfernt bei Paradissi. Wer nicht von seinem Reiseveranstalter abgeholt wird oder ein Auto gemietet hat, kann mit dem Bus oder Taxi die Reise fortsetzen. Die aktuellen Preise in verschiedene Orte sind ausgehängt. 2017 kostete das Taxi nach Rhodos-Stadt 25 €, nach Lindos 63 €.

Linienbusse fahren von der Bushaltestelle an der Hauptstraße (außerhalb des Flughafengeländes) zwischen 6.30 und 23.15 Uhr ungefähr alle halbe Stunde nach Rhodos-Stadt ab. Von der Inselhauptstadt aus fahren dann Busse zu allen anderen Orten der Insel.

Anreise per Auto/Fähre

Auf direktem Weg von Italien aus ist Rhodos nicht zu erreichen. Wer mit dem

Auto oder per Schiff anreisen möchte, muss von Italien nach Pátras auf dem Peloponnes übersetzen und dann von Piräus aus die Fähre nehmen. Aktuelle Fährpläne findet man unter der Website www.greekferries.gr.

Autofahren/Mietwagen

Am Flughafen und in jedem Ferienort kann man bei zahlreichen Anbietern Autos, Motorräder und Mopeds mieten. Dafür reicht meist der nationale Führerschein, bei größeren und internationalen Unternehmen wird zur Sicherheit meist auch eine Kreditkarte verlangt. Vorabbuchungen im Internet sind oft günstiger, z. B. unter www.holidayautos.de oder www.adac.de (Mitglieder des ADAC).

Die Höchstgeschwindigkeit beträgt innerorts 50, auf Landstraßen 90 und auf Schnellstraßen 110 km/h. Bei Missachtung der Straßenverkehrsordnung kassiert die Polizei drastische Bußgelder: Fahren ohne Sicherheitsgurt oder Motorradhelm kostet 350 €, beim Überfahren roter Ampeln oder eines Stoppschilds sind schon mal 700 € fällig.

Busse

Das einzige öffentliche Verkehrsmittel auf Rhodos ist der Bus. Fernbusse der Busgesellschaften KTEL und RODA fahren vom »Neuen Markt« (Néa Agorá) in Rhodos-Stadt in die Dörfer. Es gibt Winter- und Sommerfahrpläne. Die aktuellen Fahrzeiten erfragt man am besten bei der Touristen-Info in der Odós Papágou.

Einkaufen

In Rhodos-Stadt gibt es alles, was Einheimische und Besucher benötigen. Internationale Labels sind dort ebenso vertreten wie zahlreiche Filialen griechischer Schuh- und Modemacher. In Souvenirgeschäften, vor allem in Rhodos-Stadt und Líndos, findet man sowohl Billigware als auch hochwertige inseltypische Souvenirs, beispielsweise aus Keramik. Die größten Keramik-Geschäfte findet man an der Hauptstraße zwischen Rhodos-Stadt und Líndos.

Beliebte Mitbringsel sind daneben kulinarische Spezialitäten wie Wein, Olivenöl oder Käse, selbst entworfener und hergestellter Gold-, Silber- und Modeschmuck sowie Lederwaren und Schuhe aus griechischen Manufakturen.

Fähren verkehren täglich zwischen den Inseln.

275

Geld

Die Landeswährung in Griechenland ist der Euro, die Centmünzen nennen die Griechen *leptá*. Bargeld kann man an Automaten mit EC-/Maestro- oder Kreditkarte und PIN-Code ziehen, teilweise sogar mit deutscher Menüführung. Allgemeine Sperrnummer für deutsche Karten bei Kartenverlust: Tel. 00 49 116 116.

Gesundheit (Ärzte, Notruf)

Notruf – Krankenwagen: 166
Polizei: 100
Feuerwehr: 199

Zwischen Griechenland und Deutschland sowie Österreich besteht ein Sozialversicherungsabkommen. So kann man sich theoretisch gegen Vorlage der European Health Card der gesetzlichen Krankenversicherung kostenlos behandeln lassen. Bei Notfallbehandlungen, in staatlichen Krankenhäusern und Erste-Hilfe-Stationen klappt das auch für alle Nicht-EU-Bürger problemlos; viele Ärzte erwarten von ausländischen Patienten jedoch Barzahlung. Eine Auslandskrankenversicherung ist zu empfehlen.

Klima und Reisezeit

Die touristische Saison dauert auf Rhodos von April bis Oktober. Das Wetter ist in dieser Zeit meist beständig und die Sonne scheint häufig. Für eine frische Brise sorgen Nord- und Westwinde. Im Juli und August, auch der Ferienmonat für die Griechen, erreichen die Temperaturen oft

In der Neustadt von Rhodos treffen sich die jungen Leute gern zum Kaffee.

Zahlreiche Strände laden an Rhodos' Küste zum Baden ein.

die 40 °C-Marke, sodass die Reisezeit für Wanderer und Kulturreisende eher ungeeignet ist. Die Wassertemperaturen sind auch im Oktober noch angenehm. Da es zwischen Dezember und Mitte März oft stürmisch und regnerisch ist, eignet sich diese Zeit nur für die, die in Rhodos-Stadt wohnen und Museen besichtigen wollen. Blumenfreunde sollten Rhodos zwischen Mitte März und Mai besuchen.

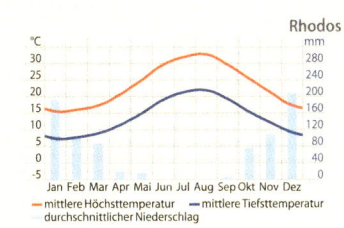

Rauchen

Rauchen ist in allen öffentlichen Gebäuden, Flughäfen und Verkehrsmitteln verboten. In Tavernen, Cafés und Diskotheken versucht der Staat das seit dem Jahr 2009 bestehende Rauchverbot umzusetzen und droht mit drastischen Strafen. Gastronomen interessiert das Gesetz jedoch recht wenig, die Einheimischen noch weniger.

Telefonieren

Vorwahlen: Griechenland 00 30, Deutschland 00 49, Österreich 00 43, Schweiz 00 41
Griechische Telefonnummern sind im Festnetz wie im Mobilfunk zehnstellig. Ortsvorwahlen gibt es nicht. Durch die neue EU-Roaming-Regelung entfallen

Fantastischer Blick auf den Strand unter dem Hotel

seit Juni 2017 die zusätzlichen Roaming-Gebühren für Telefonate mit dem Handy im EU-Ausland, also auch auf Rhodos. Vorsicht ist geboten, wenn sich das Handy ins türkische Mobilfunknetz einwählt. Das kann hohe Kosten verursachen!

Trinkgeld

Wie überall auf der Welt gibt man auch in Griechenland Trinkgeld für guten Service – egal ob im Restaurant, Hotel oder Taxi. Aufgrund der mittlerweile äußerst niedrigen Stundenlöhne in der Gastronomie freut man sich in Griechenland umso mehr darüber. Anders als in Deutschland ist es oft üblich, sich zunächst das Wechselgeld auszahlen zu lassen und dem Kellner danach einen angemessenen Betrag zu geben oder ihn auf dem Tisch liegen zu lassen.

Übernachtung

Rhodos hält für jeden Geschmack und Geldbeutel die passende Unterkunft bereit: Luxushotels, All-inclusive-Anlagen, Pensionen und Boutique-Hotels, Studios (*domátia*) und Apartments (*garsoniéres*, *diamerísmata*). Die meisten Mittelklasse- und Luxushotels liegen im Norden und im Südosten. Die Dörfer im Süden und Landesinneren bieten oft Privatzimmer und kleinen Apartmenthotels. Das Angebot an Ferienhäusern ist äußerst klein.

Zeit

In Griechenland gilt die osteuropäische Zeit (MEZ+1). Es ist somit immer eine Stunde später als in Deutschland, Österreich oder der Schweiz.

JANUAR

1. Januar: **Neujahr** (Feiertag)
6. Januar: **Theofánia** (Feiertag). Die Taufe Jesu ist Anlass für Prozessionen, z. B. zum Mandráki-Hafen in Rhodos-Stadt. Nach der Messe wirft der Priester ein Kreuz ins Wasser. Junge Männer springen hinterher. Wer es vom Meeresboden holt, wird ein gutes Jahr haben.

FEBRUAR/MÄRZ

40 Tage vor Ostern: **Rosenmontag** (Feiertag). Die Griechen nutzen diesen Tag zum Drachensteigen am Strand und zum Picknicken. Der größte Karnevalsumzug findet am Sonntag vor Rosenmontag in Kremastí statt.
25. März: **Unabhängigkeitstag** und **Mariä Verkündung** (Feiertag).
Ende März: **Olivenfest** in Láerma mit Musik, Tanz und vielen Spezialitäten aus Oliven (Aushänge beachten!).

APRIL

Karfreitag bis Ostermontag (6.–9. April 2018, 26.–29. April 2019, 17.–20. April 2020): **Ostern** wird im griechisch-orthodoxen Kirchenjahr nach dem julianischen Kalender gefeiert, sodass es fast immer auf einen anderen Termin fällt als bei uns. Für griechische Familien ist es das bedeutendste christliche Fest. Am Karfreitag wird in jeder Kirche der *epitáfios*, der das Grab Christi symbolisiert, geschmückt und abends nach dem Gottesdienst in feierlichen Prozessionen durch die Orte getragen. Am Ostersamstag, kurz vor Mitternacht, erlöschen in den Kirchen bis auf das Ewige Licht in einer Öllampe die Lichter. Davon ausgehend entzünden die Gläubigen Kerzen und der Priester verkündet: »Christós anésti« – Christus ist auferstanden. Zu Hause wird dann mit der Familie die *magirítsa*, eine Suppe mit Lamminnereien, gegessen. Ostersonntag wird im großen Familienkreis gefeiert und Lämmer brutzeln über Holzkohle am Spieß.

MAI

1. Mai: **Tag der Arbeit** (beweglicher Feiertag)

JUNI

14./15. Juni: **Kirchweihfest** mit Leckereien, Ständen mit Textilien und Spielzeug am Kloster Profítis Amós in Faliráki.

JULI

25.–27. Juli: **Klosterfest auf Tílos**. Im Kloster Ágios Panteleímonas findet jährlich ein dreitägiges Fest statt.

AUGUST

Wochenende vor dem 15. August: **Honig- und *Soúma*-Fest** in Siánna, bei dem die regionalen Produkte im Mittelpunkt stehen.
15. August: **Mariä Entschlafung** (Feiertag). Am 15. August und am Vorabend wird oft mit Musik und Tanz gefeiert.
Mitte August: Zehntägiges **Fest mit Handwerkermarkt** in Kremastí.

SEPTEMBER

6.–8. September: **Kirchweihfest Panagía Tsambíka**. Am Kloster Káto Tsambíka wird anlässlich des Geburtstags der Muttergottes das größte Kirchweihfest der Insel gefeiert.
7. September: **Kirchweihfest im Kloster Skiádi** zum Geburtstag der Muttergottes.
Mitte September: **Internationales Festival Rhodos**. Im Großmeisterpalast finden klassische Konzerte statt.

OKTOBER

28. Oktober: **Óchi-Tag** (Nationalfeiertag).

NOVEMBER

8. November: **Kirchweihfest im Kloster Panormítis** auf Sými.

DEZEMBER

25./26. Dezember: **Weihnachten/1. Weihnachtstag** (Feiertage).
31. Dezember: **Silvester**.

RHODOS
für Kinder und Familien

Weitläufige Strände wie Prasonísi bieten auf Rhodos auch Kindern viel Platz.

Die Griechen sind außerordentlich kinderfreundlich und nehmen ihre Kleinen überall mit. Vor allem im Sommer ist es durchaus üblich, dass Kinder am späten Abend noch auf Straßen oder Plätzen spielen oder mit ihren Eltern in Restaurants und Cafés sitzen. Spielplätze gibt es auf Rhodos zwar in fast jedem Dorf, oft sind die Schaukeln oder sonstige Spielgeräte aber verrostet oder in die Jahre gekommen – ein kleiner Sicherheitscheck ist vor der Benutzung ratsam.

Gerichte speziell für Kinder oder Kinderportionen gibt es meist nur in den touristischen Lokalen. In Tavernen, die vorwiegend von Einheimischen besucht werden, gibt es zwar keine gesondert für Kinder erwähnten Gerichte. Man findet für Kinder aber immer etwas, das ihnen schmeckt, wie Spaghetti, Pommes frites oder die Hackfleischbällchen *keftédakia*.

Wer in kleineren Hotels oder Pensionen bucht und Babys oder Kleinkinder dabei hat, sollte sich erkundigen, ob ein Babybett vorhanden ist. Auch Kindersitze sind bei den Autovermietern meist Mangelware. Am besten, man sagt schon bei der Buchung Bescheid, dass einer benötigt wird oder nimmt ihn von zu Hause mit. Babynahrung und Windeln sind in Griechenland teurer als in Deutschland, aber in allen Apotheken und auch in Supermärkten erhältlich.

Aktives Erleben

Wasserspaß, Minigolf und Go-Kart-Fahren – das kommt bei Kindern immer gut an. Von folgenden drei Einrichtungen werden sie begeistert sein. Vielleicht kann man auch den Besuch der Erlebniswelten im »Austausch« zu »kulturellen Zugeständnissen«, d.h. der Besichtigung von Burgen, Ausgrabungsstätten und Museen in Aussicht stellen.

Mini Golf. Die Mini-Golf-Anlage in der Nähe von Lárdos verspricht Spaß für die ganze Familie. Tgl. 10–24 Uhr. Straße zwischen Lárdos und Péfki. Tel. 22 44 04 43 22. www.minigolf.gr

Lardos Go Karts. Auf der Go-Kart-Bahn mit gemütlicher Atmosphäre dürfen auch schon die Kleinen hinters Steuer. Tgl. 9.30–1 Uhr. Straße zwischen Lárdos und Lárdos-Beach. Tel. 22 44 04 47 00.

Waterpark. Im Wasserpark bei Faliráki gibt es nicht nur Wasserrutschen, sondern auch ein kleines Piratenschiff, ein Klettergerüst im Wasser oder den Tarzan-Pool mit Kletterseilen. Auch die Erwachsenen kommen nicht zu kurz. Mai, Sept.–Okt. tgl. 9.30–18 Uhr, Juni–Aug. tgl. 9.30–19 Uhr, Eintritt 24 €, Kinder (3–12 Jahre) 16 €, Kleinkinder gratis, nördliches Ortsende (gegenüber dem Hotel Esperides Beach), Faliráki, Tel. 22 41 08 44 03, www.water-park.gr

Kino

9D-Kino – Throne of Helios. Besonders für Kinder und Jugendliche ist das Thema Geschichte meist uninteressant. Im 9D-Kino hat man mit den beiden mehrsprachigen Filmen »Der Thron des Helios« (Erwachsene 10 €, Kinder 6 €) und »Das Rhodos-Rennen« (für alle 5 €) die Möglichkeit, Geschichte und Mythologie (zumindest gefühlt) hautnah mitzuerleben. Spezialeffekte wie sich bewegende Stühle oder die Schnee- und Regenmaschine sorgen für viel Spaß mit Lernfaktor. Spielzeiten tgl. alle 30 Minuten von 10–23 Uhr, Kombi-Ticket für beide Filme Erwachsene 13 €, Kinder 9 €, 25i Martiou 2 & Ethnárchou Makaríou, Rhodos-Stadt, Tel. 22 41 07 68 50, www.throneofhelios.com

Tiere

Kinder lieben Tiere. Auf Rhodos können sie sie zu Lande und zu Wasser erleben. Besonders Mädchen werden von der Aussicht auf Ausflüge zu Pferde fasziniert sein. Hier finden Sie die Möglichkeiten dazu:

Aquarium. In 28 Becken kann man zahlreiche Bewohner des Mittelmeers wie Muränen, Aale, aber auch große Zacken-barsche und Stachelrochen beobachten. Ein offenes Salzwasserbecken mit einem Schwamm, Seesternen und Rochen lädt Groß und Klein zum Anfassen ein. April–Okt. tgl. 9–20.30 Uhr, Nov.–März tgl. 9–16.30 Uhr, Eintritt 5,50 €, Kinder 3,50 €, Senioren (über 65 Jahre), 3,50 €, Platía Enidríou – Odós Ko, Rhodos-Stadt. Tel. 22 41 02 73 08, www.hcmr.gr

Eselsritt. Der Ritt von Lindos hinauf zur Akropolis ist für die meisten eine schnelle und bequeme Möglichkeit, um auf den Burgberg zu gelangen. Für die Kleinen ist der Trip mit den Eseln und Maultieren ein außergewöhnliches Erlebnis, das zu den Highlights des Urlaubs gehört. Lindos, nahe der Bushaltestelle am Eingang A.

Elpida Ranch. Das deutsch-griechische Paar Elpida und Avgoustinos bietet

Was für ein Erlebnis: per Esel hinauf zur Akropolis von Líndos

diverse Reitausflüge an. Das Angebot umfasst die unterschiedlichsten Ausritte, beispielsweise auch einen Ausflug, bei dem mit den Pferden geschwommen wird. Außerdem können Teenager ab 16 Jahren (ab 12 Jahren in Begleitung der Eltern) auch Bogenschießen. Von der Straße zwischen Láerma und Kloster Thári ausgeschildert, Tel. 69 48 13 29 77, www.elpidaranch.eu

Fárma Ródou (Straußenfarm). Auf dem Gelände der Farm können sich Klein und Groß die Tiere nicht nur ansehen, sondern dürfen Strauße und andere Tiere auch füttern.
Tgl. 9–18.30 Uhr, Erwachsene 5,50 €, Kinder (3–12 Jahre) 3 €, Kleinkinder frei, abseits der Straße zwischen Westküste und Petaloúdes, Tel. 22 41 08 17 17, www.farma-rhodes.com

Museum

Spielzeugmuseum (Rhodes Toy Museum). Ende 2016 wurde das inmitten von Oliven gelegene private Spielzeugmuseum eröffnet, das seitdem ständig erweitert wird. Sehen kann man in Griechenland gefertigtes Spielzeug aus den 1930er- bis 1990er-Jahren, darunter sogar griechisches Playmobil, Puppen, Autos und Brettspiele. Eine Spielecke im Eingangsbereich und Flipper-Automaten im Untergeschoss laden zum Spielen ein. April-Okt. 10–17 Uhr, Eintritt frei, 1 km östlich von Archípoli (an der Straße Richtung Psinthos), Tel. 69 85 70 22 10 (mobil), www.toymuseum.gr

Ein Spielzeugmuseum zwischen Olivenbäumen befindet sich östlich von Archípoli.

Natur und Strand

Viel Platz zum Toben und Spielen haben die Kleinen überall in der freien Natur, beispielsweise im Rodini-Park (s. S. 70), im Waldgebiet rund um den Profitis Ilías (s. S. 90) und selbst mitten in Rhodos-Stadt im Wallgraben (s. S. 46). Darüber hinaus bieten sich zum Herumtollen für die Kids natürlich alle kinderfreundlichen, flach abfallenden Strände, wie es sie unter anderem in Kolímbia (s. S. 86) und Péfki (s. S. 126) gibt, oder aber weitläufige Sandlandschaften wie von Prasonísi (s. S. 166) an.

Kleiner Sprachführer

Groß	Klein	Umschrift
A	α	a
B	β	v, w
Γ	γ	g, j
Δ	δ	d
E	ε	e
Z	ζ	s, z
H	η	i
Θ	θ	th
I	ι	i
K	κ	k
Λ	λ	l
M	μ	m
N	ν	n
Ξ	ξ	ks, x
O	ο	o
Π	π	p
P	ρ	r
Σ	σ	s, ss
T	τ	t
Υ	υ	i, y
Φ	φ	f
X	χ	ch
Ψ	ψ	ps
Ω	ω	o

DAS WICHTIGSTE AUF EINEN BLICK

Guten Morgen/Tag (bis etwa 13 Uhr)
  kaliméra
Guten Tag/Abend (ab etwa 13 Uhr)
  kalispéra
Gute Nacht kaliníchta
Hallo, Tschüss (Du-/Sie-Formel) Jiás-sou/Jiássas
Ich heiße… Me léne…
Wie geht es Dir/Ihnen? Ti kánis/Ti kánete?
Auf unser Wohl! (Prost!) Jiámmas

Ich verstehe Sie (nicht) (den) sas katalawéno
Wo ist…? pu íne…?
Die Rechnung bitte! Ton logariasmó parakaló!
Ja/Nein Ne (sprich: nä)/óchi
vielleicht ssos
in Ordnung, okay endáxi
bitte parakaló
Bitte sehr! oríste
Danke (sehr)! efcharistó (polí)
Entschuldigung signómi
Hilfe! voíthia!
gut – schlecht kaló – kakó
viel – wenig polí – lígo
groß – klein megálo – mikró
oben – unten (e)páno – káto
warm – kalt zestó – krío
ich egó
du esí
er – sie – es aftós – aftí – aftó
Dorf chorió
Kirche eklissía
Platz platía
Stadt póli
Strand paralía
Hafen limáni
Haltestelle stássi
Bus leoforío
Fähre/Schiff férri-bot/karávi

ZAHLEN

1	éna
2	dío
3	tría
4	téssera
5	pénte
6	éxi
7	eftá

8	ochtó
9	ennéa
10	déka
11	éndeka
12	dódeka
20	íkosi
30	triánda
40	saránda
50	peninda
100	ekató
1000	chília

KULINARISCHES LEXIKON

Salate und Pürees

choriatiki saláta griechischer Salat
melindzanó saláta Auberginenpaste
taramósaláta Fischrogen-Püree
tzatzíki (gesprochen: dzadzíki) Joghurt mit Gurken und Knoblauch

Fleischgerichte

arní Lammfleisch
brisóla Kotelett
chirinó Schweinefleisch
giouvétsi (juvétsi) Kalbfleisch mit Nudeln in Tomatensoße
katsíki Zicklein
keftédes Hackfleischbällchen
kokkinistó Rindfleisch in Rotweinsauce
kotópoulo Hühnchen
kounélli Kaninchen
kreatópita Blätterteigtasche mit Fleischfüllung
moschári Rindfleisch
moussaká Auberginen-Kartoffel-Auflauf
paídákia Lammkoteletts
sikóti Leber
stifádo Fleisch mit Zwiebeln in Tomaten-Zimt-Soße

soutzoukákia Hackfleischröllchen
souvláki Fleischspießchen
pansétta Schweinerippchen

Fisch und Meeresfrüchte

astakós Languste
fangrí Zahnbrasse
garídes Scampi
glóssa Scholle oder Seezunge
kalamarákia Calamares
mídja Muscheln
chtapódi Krake
solomós Lachs
soupjés Sepia (Tintenfisch)
tónos Thunfisch
tsipoúra Dorade (Goldbrasse)

Gemüsegerichte

briám Schmorgemüse in Tomatensoße
bámjes Okraschoten
dolmádes Weinblätter mit Reis-(Hackfleisch-)Füllung
eliés Oliven
fassolákia grüne Bohnen
jemistá gefüllte Tomaten oder Paprikaschoten
kolokíthia Zucchini
patátes (tiganités) Kartoffeln (Pommes)
pitaroúdia frittierte Gemüsepuffer

Obst

karpoúsi Wassermelone
peppóni Honigmelone
portokáli Orange
staffília Weintrauben

Süßes

karidópitta Walnusskuchen
milópitta Apfelkuchen
ravaní Grießkuchen